Tobias Hermanutz

Avantgardistische Chormusik als komponierte Negative Theologie

Dissertation, angefertigt an der Hochschule für Musik Karlsruhe
zur Erlangung des Grades eines Doktors der Philosophie

Tag der mündlichen Prüfung: 12.11.2014
Rektor: Prof. Hartmut Höll
1. Berichterstatter: Prof. Dr. Thomas Seedorf
2. Berichterstatter: Prof. Dr. Matthias Wiegandt

Tobias Hermanutz

Avantgardistische Chormusik als komponierte Negative Theologie.
György Ligeti: Lux aeterna
Dieter Schnebel: AMN
Helmut Lachenmann: Consolation II
Heinz Holliger: Psalm

© Tectum Verlag Marburg, 2015

Zugl. Diss., Hochschule für Musik Karlsruhe, 2014

ISBN: 978-3-8288-3516-0

Umschlagabbildung: © Tobias Hermanutz
Umschlaggestaltung: Mathias Keiler | Tectum Verlag
Satz und Layout: Mathias Keiler | Tectum Verlag
Druck und Bindung: CPI buchbücher.de, Birkach
Printed in Germany
Alle Rechte vorbehalten

Besuchen Sie uns im Internet
www.tectum-verlag.de

Bibliografische Informationen der Deutschen Nationalbibliothek
Die Deutsche Nationalbibliothek verzeichnet diese Publikation
in der Deutschen Nationalbibliografie; detaillierte bibliografische
Angaben sind im Internet über http://dnb.ddb.de abrufbar.

Tobias Hermanutz

Avantgardistische Chormusik als komponierte Negative Theologie

György Ligeti: Lux aeterna

Dieter Schnebel: AMN

Helmut Lachenmann: Consolation II

Heinz Holliger: Psalm

Tectum Verlag

Meinen Eltern

Inhalt

1 Prolog

Die vorliegende Arbeit über »avantgardistische Chormusik als komponierte Negative Theologie« ist interdisziplinär angelegt. Der Titel enthält daher sowohl musikalische als auch theologische Termini, die allerdings einiger Erläuterungen bzw. Konkretisierungen bedürfen. Zudem wird innerhalb dieses Titels eine These aufgestellt, die auf ihre Plausibilität hin untersucht sein soll.

Der vielfältig gebrauchte Begriff der »Avantgarde« wird heute im wissenschaftlichen Diskurs überwiegend kritisch gesehen, nicht nur, weil so manche künstlerische Avantgardebewegung des 20. Jahrhunderts trotz ihres Anspruchs auf ästhetische Deutungshoheit zumindest teilweise versiegt ist oder rückblickend als überwunden gilt, sondern auch, weil die Idee eines autoritären künstlerischen Führungsanspruchs, die kennzeichnend für viele dieser Avantgarde-Bewegungen war, in der Postmoderne generell abgelehnt wird. Dennoch wird der Terminus der Avantgarde hier verwendet, da er als Schlagwort angemessen erscheint, um eine Gruppierung von Werken innerhalb eines bestimmten Zeitraums (späte 1950er bis frühe 1970er Jahre) zu beschreiben. Avantgarde wird in diesem Sinne weniger als historischer Terminus des 20. Jahrhunderts gebraucht, sondern vielmehr zur qualitativen Erfassung eines kompositorischen ‚Vorangehens' innerhalb der

Chormusik, dessen Neuerungen in ihrer Radikalität gegenüber ästhetischen Normen eklatant waren.

Mit dem Begriff »Chormusik« sind Werke jenes Zeitraums gemeint, welche für ein A-cappella-Ensemble komponiert wurden. Bewusst fanden ähnliche in Frage kommende Werke (z.B. *Madrasha II* von Schnebel oder *Consolation I* von Lachenmann) wegen ihrer instrumentalen oder elektronischen Parts keine Berücksichtigung. Um eine gewisse Vergleichbarkeit zu gewährleisten, wurden zudem vier Werke von gleicher Besetzung (16-stimmiger gemischter Chor) und etwa gleicher Dauer (ca. 10 Minuten) ausgewählt. Dies schließt eine eingehende Analyse und Deutung beispielsweise von Holligers *Dona nobis pacem* aus. Gleichwohl repräsentieren die vier Werke die kompositorische Vielfalt jener Zeit, da sie allesamt von aus heutiger Sicht herausragenden, jedoch völlig unterschiedlichen Komponisten-Persönlichkeiten musikalischer Avantgarde stammen: *Lux aeterna* von György Ligeti, *AMN* von Dieter Schnebel, *Consolation II* von Helmut Lachenmann und *Psalm* von Heinz Holliger.

Die zweite Hälfte des Titels »als komponierte Negative Theologie« impliziert die These der Deutbarkeit jener vier Chorwerke mittels Kategorien einer speziellen theologischen Richtung. Dabei rückt ganz bewusst im weitesten Sinne »geistliche« Chormusik ins Blickfeld, um dem interdisziplinären Ansatz zwischen Musikwissenschaft und Theologie gerecht zu werden. Mit »geistlich« ist hierbei nicht etwa Kirchenmusik oder liturgische Musik gemeint, also Musik, welche sich für bestimmte religiöse Zwecke funktionalisieren ließe, sondern Werke, in welchen ein geistliches Sujet thematisiert ist. Der Begriff des geistlichen Sujets meint ein religiöses bzw. theologisches Ideensubstrat. Es ist somit zwischen einem geistlichen Sujet und der bloßen Verwendung eines geistlichen Textes zu unterscheiden. Bezogen auf das musikalische Werk wäre ein geistliches Sujet der sinnhafte Zusam-

menhang zugrundeliegender theologischer bzw. religiöser
Ideen, die sich auf mehreren Ebenen des Werks manifestieren
und ggf. auf größere Zusammenhänge verweisen bzw. Teil
solcher Zusammenhänge sind.[1]

Das Attribut des Geistlichen impliziert allerdings noch
eine andere Dimension. Gemeint ist zusätzlich eine Musik,
welche durch die Art und Weise ihrer Beschaffenheit das Potential hatte, dem Menschen innerhalb der Moderne[2] die Option zu eröffnen, neue religiöse Erfahrungen zu machen. Eine
solche Erfahrung konnte beispielsweise die Rückgewinnung
der Möglichkeit einer vor der Vernunft und der historischen

---

1   Das Sujet kann sich auf mehreren Ebenen manifestieren (etwa auf
     textlicher und musikalischer bzw. kompositorischer Ebene so-
     wie auf visueller Ebene im niedergeschriebenen Notenbild), es
     weist aber auch über die konkreten Materialebenen des musika-
     lischen Werks hinaus. Ein solches Sujetverständnis knüpft an lite-
     raturwissenschaftliche Sujettheorien an. Vgl. Z. Andronikashvili:
     Die Erzeugung des dramatischen Textes, Berlin 2009, S. 11: „Das
     künstlerische Material kann sowohl auf der Ebene der jeweiligen
     medialen Präsentationstechnik [...] als auch auf der nicht vom
     Medium abhängigen Ebene [...] auf eine bestimmte Weise orga-
     nisiert, arrangiert, in eine sinnhafte Ordnung gebracht werden."
     Diese Ordnung wird von Andonikashvili als Sujet bezeichnet.

2   Wenn in dieser Arbeit immer wieder vom Menschen innerhalb
     der Moderne die Rede ist, so wird damit nicht auf einen musi-
     kalischen Epochenbegriff rekurriert, sondern es ist ein moder-
     nes Menschenbild in philosophisch-theologischem Kontext ge-
     meint. Eine so verstandene Moderne beginnt bereits im Zeitalter
     der Aufklärung. Da die entscheidende Krisis der Moderne mit im-
     mensen Herausforderungen vor allem für die Theologie (z.B. bzgl.
     Theodizee bzw. Gottesverständnis) sich allerdings innerhalb des
     20. Jahrhunderts ereignet, steht der Mensch der Moderne nach
     1945 im Mittelpunkt des Interesses. Auch wenn in dieser Arbeit
     auf jene Moderne der zweiten Hälfte des 20. Jahrhunderts zurück-
     geblickt wird, ist hier nicht der Rahmen gegeben, um auf die kon-
     troverse Diskussion, wann die Moderne ende und wie der Begriff
     der Postmoderne zu definieren sei, einzugehen.

Situation der Moderne verantwortbaren Gottesrede mit Hilfe von Kategorien Negativer Theologie sein.

Ist diese Beschränkung auf geistliche Musik sinnvoll, so mag man fragen. Denn Lachenmann weist zu Recht darauf hin, dass man, wenn man denn wollte, auch die Webern'schen Bagatellen op. 9 oder Cages 4,33 negativ-theologisch verstehen könnte,[3] und es fände sich sicherlich auch für eine solche Deutung geeignete »profane« Chormusik. Das hier angedeutete Lachenmann'sche Misstrauen rührt von der Tatsache her, dass im Hinblick auf die Kompositionen der Avantgarde, und hier bildet Chormusik keine Ausnahme, der Begriff »geistlich« zugegebener Maßen undeutlich bleibt, da die Grenzen durchlässig sind. Die wenigsten Komponisten jener Zeit, mit Ausnahme vielleicht von Dieter Schnebel, verstanden sich als Komponisten einer »geistlichen« Musik. Und doch möchte ich an diesem Begriff und seiner oben angeführten offenen bzw. weiten Definition festhalten, denn: Musik, welche sich eines geistlichen Sujets bedient, möge dieses auch theologisch nicht immer eindeutig sein, und welche zudem das Potential in sich trägt, neue religiöse Erfahrungen zu ermöglichen, muss es sich gefallen lassen, vor einem geistlichen bzw. theologischen Hintergrund gedeutet zu werden. „Der Gegenstand geistlicher Musik ist der von Theologie und kann nur von ihr her bestimmt werden"[4], resümierte Dieter Schnebel in seinem viel beachteten Aufsatz *Geistliche Musik heute*, und auch wenn man dieser Aussage nicht vorbehaltlos zustimmen möchte, so wird man sich ihr doch modifizierend anschließen müssen: Der Gegenstand einer Musik, welche sich geistlicher Sujets bedient, ist sicherlich auch der von Theologie und darf somit auch von ihr her bestimmt werden. Dass sich eine Neubestimmung des Geistlichen in der Mu-

---

3   Vgl. Korrespondenz mit H. Lachenmann, Kapitel 8.3, S. 252.

4   D. Schnebel: Geistliche Musik heute, in: Anschläge – Ausschläge, München 1993, S. 246.

sik des 20. Jahrhunderts am deutlichsten und radikalsten in der Chormusik der 1960er Jahre zeigte, unterstützt zusätzlich den hier verfolgten Deutungsansatz.

Nun drängt sich allerdings die Frage auf, von welcher Theologie her das Geistliche jener Musik gedeutet werden soll. Clytus Gottwald hat in seinen Schriften zum Verhältnis von Neuer Musik und Theologie,[5] welche Impulsgeber für die Wahl dieses Forschungsgebietes sind, seine Deutungen unter den Begriff der spekulativen Theologie gestellt.[6] Die vorliegende Arbeit möchte den Blick jedoch, wie bereits angedeutet, auf einen anderen Zusammenhang lenken.[7]

Damit das Deuten nicht beliebig wird, muss es sich um eine Theologie handeln, welche dem Wesen der Musik entspricht, eine Theologie also, die nicht auf einer weit entfernten theologischen oder philosophischen Metaebene quasi lediglich von außen deutet, sondern eine Theologie, welche die kompositorischen Bedingungen bzw. Anliegen, die Kompositionsprozesse und das klingende Resultat berücksichtigt. Dies erfordert eine Theologie, die im Entstehungszeitraum der Werke eine nicht unerhebliche Relevanz innerhalb des geisteswissenschaftlichen Diskurses spielte.

Wenn es sich dann noch um eine Theologie handelte, die sowohl auf eine reichhaltige Tradition zurückblicken, als auch Antworten auf heutige Fragestellungen liefern könnte, wäre ein fundierter und nachhaltiger Deutungsansatz gefun-

---

5   Vgl. z.B. C. Gottwald: Religion und Neue Musik – eine Mesalliance?, in: Musikalische und theologische Etüden, hrsg. v. W. W. Müller, Zürich 2012. Dieser Aufsatz ist eine Art Zusammenfassung von Gottwalds Buch *Neue Musik als spekulative Theologie*.

6   Vgl. Kapitel 2.4, S. 51ff.

7   Bei allem Potential Negativer Theologie, bei allen aufgezeigten Querverweisen und Analogien handelt es sich hier doch in erster Linie um eine musikwissenschaftliche Arbeit, die keinesfalls als theologische Streitschrift für oder wider bestimmte theologische Richtungen bzw. Konzeptionen missverstanden werden soll.

den, der die nachfolgend analysierte Chormusik des 20. Jahrhunderts plausibel in aktuelle theologische Diskurse zu stellen vermag.

All diesen Anforderungen können unterschiedliche Konzeptionen der so genannten Negativen Theologie gerecht werden.[8] Negative Theologie kann aus ihrer vielfältigen und jahrhundertealten Historie heraus auf ein Potential zurückgreifen, das Impulse für moderne und aktuelle Problemstellungen bereithält. Gerade deshalb spielt sie auch in heutigen theologischen Diskursen eine so gewichtige Rolle, sie ist keineswegs zufällig, sondern im Gegenteil völlig zu Recht ein evidentes modernes theologisches Thema.

In diesem Sinne verdichten sich theologische und musikalische Ausgangspunkte zur anfangs aufgestellten These der Deutbarkeit avantgardistischer Chormusik als komponierter Negativer Theologie. Handelt es sich hierbei nun aber um eine These im eigentlichen Sinne, also um eine Behauptung, die im Folgenden verifiziert werden soll? In gewisser Weise ja, denn es soll durchaus gezeigt werden, dass jene Werke avantgardistischer Chormusik nicht nur mit Negativer Theologie in Verbindung gebracht werden können, sondern dass ihnen selbst »negierendes Potential« eingeschrieben ist, dass sie also selbst als negativ-theologische Aussagen gedeutet werden können. Gleichwohl ist immer dann, wenn innerhalb dieser Arbeit ein Werk als komponierte Negative Theologie bezeichnet wird klar, dass es sich hierbei um eine Analogie im Sinne einer ästhetischen Spiegelung handelt, denn Musik ist zunächst freilich Musik und sonst nichts, auch nicht Theologie, sie kann diese nur ästhetisch spiegeln und dadurch allerdings einen große theologische Aussagekraft entwickeln.

---

8   Wenn im Folgenden von Negativer Theologie per se die Rede ist, geschieht dies im Bewusstsein, dass es »die Negative Theologie« nicht gibt, sondern nur eine Vielzahl von Konzeptionen, welche unterschiedliche theologische Akzente setzen.

Vielmehr als um eine These handelt es sich jedoch um einen Versuch. Sowohl Analysen als auch Deutungen haben keinen Absolutheitsanspruch. Es sind vielmehr Versuche, in diesem Fall Versuche unter Zuhilfenahme des freilich mit Mängeln, Inadäquatheiten und Grenzen behafteten Mediums der Sprache, bestimmte Beziehungen, Analogien und Potentiale von Musik offenzulegen. Als ein solcher Versuch möchte diese Arbeit gelesen werden.

Interdisziplinäre geisteswissenschaftliche Arbeiten stehen nicht selten unter dem Verdacht, Bereiche zwanghaft miteinander verknüpfen zu wollen, welche sich nur durch hermeneutische Winkelzüge verbinden lassen, zumal wenn die von den modernen Geisteswissenschaften teilweise mit Skepsis betrachtete Disziplin der Theologie involviert ist. Eine Arbeit wie die vorliegende muss sich also bereits von ihrer Methodik her auch die Aufgabe stellen, diesen Verdacht zu widerlegen. Ihr hermeneutischer Aufbau muss klar nachvollziehbar sein. So gehen der angestrebten Deutung Analysen voraus, die dann mit dem ebenfalls vorweg dargestellten Bereich der Negativen Theologie verknüpft werden können. All dies geschieht auf der Grundlage einer Betrachtung von allgemeinen Bedingungen, welche im folgenden Kapitel aus doppeltem Grund als »Nährböden« bezeichnet werden. Der methodische Gesamtaufbau der Arbeit gliedert sich also in drei Phasen, wobei die Phase der Konkretisierung den Hauptteil der Arbeit ausmacht:

I.   thematische Orientierung bzw. Problemorientierung (Prolog),

II.   Kontextualisierung (Nährböden) und

III. Konkretisierung (Analysen, Negationen und Deutungen).

Die Übergänge zwischen den Phasen sind ganz im Sinne eines hermeneutischen Wiederaufgreifens fließend, so dass beispielsweise der Analyseansatz durchaus Kontextualisierungen von Sprache und Musik bzw. Sprache als Musik beinhaltet und die theologischen Ausführungen im Kapitel der Negationen ebenfalls den Kontext von Konzeptionen Negativer Theologie beleuchten.

Herzlicher Dank gilt den Komponisten Heinz Holliger, Helmut Lachenmann und Dieter Schnebel sowie Clytus Gottwald für die wertvollen Korrespondenzen und Begegnungen, die diese Arbeit bereichert haben. Bei Herrn Prof. Dr. Thomas Seedorf möchte ich mich für die Unterstützung, Betreuung und die vielfachen Anregungen und Impulse während des Entstehungsprozesses bedanken. Nicht zuletzt bedanke ich mich bei Ute Elena Hamm, deren Revisionen zur endgültigen Gestalt dieses Buches wesentlich beigetragen haben.

Der Abdruck aller Notenbeispiele erfolgt mit freundlicher Genehmigung der Musikverlage Breitkopf & Härtel (Wiesbaden), C. F. Peters (Leipzig, London, New York) und Schott Music (Mainz).

München, im Dezember 2014
Tobias Paul Hermanutz

2 Nährböden

Kontextualisierung war und ist ein notwendiger musikprak-
tischer wie musikwissenschaftlicher Zugang zu Werken und
Komponisten, denn diese stehen nicht in einem geschichts-
losen Raum, sondern sind geschichtliche Erscheinungen, die
aus einem gewissen Umfeld mit gewissen Kontexten stammen und die gegebenenfalls in ein neues Umfeld verweisen,
neue Kontexte erschließen und somit Zukunft in sich tragen.
Für die Musik der 1950er und 1960er Jahre, insbesondere für
die Musik des Serialismus und Postserialismus[1] ist eine Kontextualisierung unabdingbar, da diese einen vorher in diesem Ausmaß nicht existenten Grad der Reflexivität beinhaltet,
welcher nicht nur die geistige Situation der Zeit wiederspie-
gelt, sondern zutiefst den Prozess der kompositorischen Arbeit bestimmt. Enrico Fubini unterstellt in seiner *Geschichte
der Musikästhetik* dem, was er Avantgarde nennt, dass sie häu-
figer einem kritischen, ästhetischen, philosophischen Impuls

---

1   Auch wenn die Verwendung dieser Termini gewisse definito-
     rische Ungenauigkeiten mit sich bringt, sollen sie hier zur Um-
     schreibung bestimmter Denkformen und Entwicklungen dienen.
     Zur Unterscheidung siehe auch Kapitel 2.1.

als einem im eigentlichen Sinne musikalischen folge.[2] Es verhält sich allerdings nicht so, dass die Kompositionen lediglich Illustration oder Beiwerk zu ästhetischen und philosophischen Positionen sind, geht es bei den Diskursen um Gestalt, Funktion und Bedeutung der Musik innerhalb der Moderne doch stets um die Sache selbst: die Musik.

Die Kontextualisierung der vier Werke von Ligeti, Schnebel, Lachenmann und Holliger soll im Folgenden in vier Themenkomplexen erfolgen: »Serialismus« und »John Cage« als vorwiegend musikalische bzw. musikgeschichtliche Nährböden, »Gesellschaft« als vorwiegend musiksoziologischer Nährboden und »Clytus Gottwald und die Schola Cantorum« als vorwiegend rezeptionsgeschichtlicher bzw. philosophisch-theologischer Nährboden. Die Kapitel »Serialismus« und »John Cage« sind dialektisch angelegt, zeigen also sowohl Einflüsse als auch Differenzen auf. Insgesamt bilden die vier Themenkomplexe Nährböden im doppelten Sinne: Nährböden, auf welchen das Komponieren avantgardistischer geistlicher Chormusik möglich wurde, und Nährböden für die These dieser Arbeit, dass solches Komponieren Ausdrucksform Negativer Theologie sein kann.

2.1 Serialismus

„Avantgardistische Sprach- und Klangkompositionen haben eine gemeinsame Wurzel: die serielle Musik."[3] Wie begründet Hermann Danuser diese Feststellung in seinem Artikel zur Neuen Musik in der Enzyklopädie *Die Musik in Geschichte und Gegenwart*?[4] Die analytische Dekomposition von Sprache

---

2   Vgl. E. Fubini: Geschichte der Musikästhetik, Stuttgart 1997/2007, S. 381.

3   H. Danuser: Neue Musik, in: MGG2, Sachteil Bd. 7, Kassel 1997, Sp. 99.

4   Vgl. zu den folgenden Ausführungen ebd., Sp. 99f.

und Klang scheint im Zentrum der Betrachtung einer Kompositionsästhetik zu stehen, deren Paten die Komponisten der ersten Generation des Serialismus waren: Stockhausen, Boulez und Nono. Werke wie *Gesang der Jünglinge, Le Marteau sans maître* und *Il canto sospeso* waren Ergebnisse eines radikalen Wandels im Verhältnis von Musik und Sprache. Das Wort-Ton-Verhältnis hatte sich bereits lange zuvor verändert[5] und die Entwicklung weg von einer Vertonung von Text oder Textierung von Musik führte ab 1950 bei vielen Komponisten der musikalischen Avantgarde zur Behandlung von Sprache im Sinne eines phonetischen Materials, entsprechend dem klanglichen Material. Auch wenn sich die Komponisten des Postserialismus wie Kagel, Schnebel, Berio, Ligeti, Holliger oder Lachenmann kritisch von einem rigoros verstandenen Serialismus distanzierten, knüpften sie vielfach an jenen phonetisch-klanglichen Materialbegriff an. Überhaupt schien der Begriff des Materials der entscheidende Bezugspunkt zu sein. In einer hochindustrialisierten und -technisierten Welt, in der Prinzipien wie Rationalität, Ordnung, Struktur und Organisation herrschen, sollte auch die Musik als Material behandelt werden, welches rational durchdrungen, geordnet und analytisch strukturiert wird. Den geistigen Überbau zu diesem Materialbegriff lieferte Adorno in seiner *Philosophie der neuen Musik*:

> *Material ist „sedimentierter Geist, ein gesellschaftlich, durchs Bewusstsein von Menschen hindurch Präformiertes. [...] Daher ist die Auseinandersetzung des Komponisten mit dem Material die mit der Gesellschaft [...].“*[6]

Ob nun alle Komponisten des Serialismus und Postserialismus den Materialbegriff in jenem Adorno'schen Sinne verstanden bzw. einheitlich interpretierten, sei dahingestellt, je-

---

5   Vgl. Kapitel 3.2, S. 61ff.

6   Th. W. Adorno: Philosophie der neuen Musik, Gesammelte Schriften Bd. 12, hrsg. v. R. Tiedemann, Frankfurt 1975, S. 39f.

denfalls war der gesellschaftliche und ideologische Impetus Adornos gewaltig.

Bis hin zu Lachenmann beschäftigte sich der Postserialismus mit der Frage, wie mit musikalischem Material umgegangen werden solle, wie es durchdacht, reflektiert, geordnet und gruppiert werden könne, auch wenn das für die serielle Musik grundlegende Denken in isolierten Parametern kritisiert wurde. Der Umgang mit diesem Erbe des Serialismus geschah hierbei auf unterschiedliche Weise.

Ligetis Wirken im Westen begann 1957 in Köln, einem der Zentren Neuer Musik. 1959 hielt er bereits Seminare bei den Darmstädter Ferienkursen, Thema waren seine Forschungen über Webern, den ‚Urvater‘ des Serialismus. Er befand sich somit im innersten Zirkel der „Darmstädter Schule", in engem Kontakt mit Stockhausen, Boulez, Nono und Pousseur. Dennoch integrierte er sich nicht umstandslos. Bereits 1958 formulierte er in seinem Aufsatz *Wandlungen der musikalischen Form* seine Kritik an einem rigoros verstandenen Serialismus. Wenn man das serielle Prinzip auf der Ebene aller musikalischen Parameter totalitär durchführe, hebe es sich letztendlich selbst auf. Eine Unterscheidung zwischen den musikalischen Ergebnissen des seriellen Prinzips und zufälligen musikalischen Ergebnissen sei dann nicht mehr möglich, die totale Planung gleiche sich der totalen Unbestimmtheit an.[7]

Ligeti brach mit dem Dogma eines gänzlich durchorganisierten Materials in sämtlichen musikalischen Bereichen: „Die Gesamtform ist zwar seriell gesteuert, aber der Gestaltung von Einzelmomenten sind innerhalb gegebener Spielräume Chancen zur Wahl gestellt."[8] 1971 fasste er rückblickend seine Kritik in zwei Aspekten zusammen: Zum einen

---

7   Vgl. G. Ligeti: Wandlungen der musikalischen Form, in: Gesammelte Schriften Bd. 1, hrsg. v. M. Lichtenfeld, Mainz 2007, S. 92.

8   Ebd., S. 93.

bringe die Gleichberechtigung aller musikalischen Elemente eine Nivellierung der Intervallcharaktere mit sich. Ligetis Konsequenz war eine Eliminierung von Intervallen als strukturbildenden Elementen:

> „Ich komponierte Stimmgeflechte, die so dicht waren, dass die einzelnen Intervalle in ihnen untertauchten [...]. Damit war aber auch die Tonhöhenfunktion ausgeschaltet: Tonhöhenreihen wurden sinnlos, an ihrer Stelle wurden die internen Bewegungsverhältnisse und die Webmuster der Stimmnetze für die Struktur- und Formbildung relevant [...]."[9]

Der zweite Aspekt umfasst die Problematik des Festhaltens an ein und derselben Grundordnung in seriellen Kompositionen. Dies führt laut Ligeti zu inkompatiblen Strukturen, da physikalische und psychische Vorgänge nicht analog erfassbar sind. Probleme ergeben sich etwa im Verhältnis von Tonhöhen zu Tondauern.[10] So forderte Ligeti: „Das Entscheidende bei einer kompositorisch-gedanklichen Konstruktion ist, inwieweit sie sich unmittelbar auf der sinnlich-musikalischen Ebene manifestieren kann."[11] Was also kann an Ligetis Musik überhaupt noch als seriell bezeichnet werden? Inwiefern kann man ihn als Komponisten des Postserialismus bezeichnen? Ligeti selbst nennt zwei Prinzipien:[12] Das Prinzip der Auswahl und Systematisierung von Elementen und Operationen sowie das Prinzip der Konsequenz, nach welchem einmal getroffene Voraussetzungen stimmig durchgeführt werden.

Diese Denk- und Verfahrensweisen, welche in der seriellen Musik wurzeln, wandte Ligeti für jedes neue Werk in höchst individueller Weise an. Bei *Lux aeterna* besteht

---

9   G. Ligeti: Selbstbefragung, in: Gesammelte Schriften Bd. 2, hrsg. v. M. Lichtenfeld, Mainz 2007, S. 98.

10 Vgl. ebd., S. 99f.

11 Ebd., S. 101.

12 Siehe ebd.

das von Ligeti beschriebene Stimmgeflecht aus einer konsequent strukturierten Anordnung von Kanons und stationären Klangflächen. Bereits Webern, der in vielerlei Hinsicht Bezugspunkt der Serialisten war, verwendete dem Kanon ähnliche Verfahren als „Schlüsselkonstellation [seiner] Technik: [...] ein Identisches durch jeweils verschieden große Verrückung in der Zeit mit sich selbst in sowohl horizontale wie vertikale und ›diagonale‹ Beziehung treten zu lassen [...]."[13]

Wie alle Komponisten der Avantgarde beschäftigte sich auch Schnebel früh mit der Zweiten Wiener Schule. 1948/49 lernte er die Musik Schönbergs kennen, die 1953/54 auch Gegenstand seiner Dissertation *Studien zur Dynamik bei Schönberg* wurde. 1952 arbeitete er an einer Analyse über Weberns Klaviervariationen op. 27. In seinen frühen Werken *Stücke* (1954), *Fragment* (1955) oder *Compositio* (1955) beschäftigte er sich mit Problemstellungen seriellen Komponierens wie dem Tonrepetitionsverbot oder der Klangfarbenordnung.[14] Zudem befasste sich Schnebel 1956/57 auch theoretisch eingehend mit dem Serialismus, angeregt durch Kompositionen von Stockhausen. Dennoch blieb der badische Pfarrer und Religionslehrer, für den das Komponieren Freizeitbeschäftigung war, eine Sondererscheinung. Zum internationalen Serialismus gehörte er nicht, in Darmstadt und Donaueschingen war er zwar in den 1950er Jahren präsent, spielte aber als Komponist kaum eine Rolle: „Der Komponist Dieter Schnebel betrat das Konzertpodium der Avantgardeszene als theologischer Quereinsteiger und Geheimtipp [...]."[15] Überhaupt orientierte sich Schnebel relativ früh in eine ganz andere Richtung:

---

13 H.-K. Metzger: Webern und Schönberg, in: Anton Webern, Wien 1955, S. 48.

14 Vgl. D. Schnebel: Die Tradition des Fortschritts und der Fortschritt der Tradition, in: Anschläge – Ausschläge, München 1993, S. 116f.

15 G. Nauck: Schnebel. Lesegänge durch Leben und Werk, Mainz 2001, S. 72.

Schon Ende der 1950er Jahre machte sich in seinen Kompositionen die Auseinandersetzung mit der Ästhetik des Fluxus
und mit der Musik von John Cage bemerkbar. Dieser hatte
1958 in Darmstadt durch eine Musikästhetik, die unvereinbar
mit allen bis dato geltenden europäischen Vorstellungen war,
die Gemüter erhitzt. Schnebel beschreibt die Wirkung von
Cages Auftreten auf der europäischen Avantgarde-Bühne als
eine „Art Schock"[16]. Angeregt durch Cage befasste er sich mit
Ideen konzepthafter oder prozessualer Komposition, es ging
ihm fortan um „Freisetzungen in der Musik"[17] und sein vor-
rangiges Experimentierfeld hierfür wurde die Vokalmusik:

> *„Freisetzen aber bedeutet Befreiung des musikalischen, insbesondere*
> *des vokalen Materials aus konventionellen Verbindlichkeiten, damit*
> *zugleich das Freisetzen von menschlichen Empfindungen und von*
> *subjektivem Ausdruck. Es bedeutet zudem die Befreiung der Form*
> *aus teleologischer Eindeutigkeit wie auch des Interpreten von der*
> *Autorität der Partitur, wodurch wiederum interpretatorische Phan-*
> *tasie und Kreativität angeregt werden."[18]*

Dies scheint zunächst kaum mehr etwas mit Serialismus zu
tun zu haben. Zwar räumte Schnebel diesem ein, er habe endlich mit den längst überkommen und zum bloßen Anachro-
nismus verkommenen Formschemata der Musikgeschichte
gebrochen und diese abgestoßen,[19] doch erst John Cage sieht
er als Katalysator eines wirklichen Befreiungsprozesses innerhalb der europäischen Avantgarde. Für Schnebels neue
Art von Vokal- bzw. Chormusik und seinem Konzept einer

---

16   D. Schnebel: Die Tradition des Fortschritts und der Fortschritt der
      Tradition, in: Anschläge – Ausschläge, München 1993, S. 117.

17   Vgl. G. Nauck 2001, S. 82f.

18   Ebd., S. 82.

19   Vgl. D. Schnebel: Die kochende Materie der Musik – John Cages
      experimentelle Formen, in: Denkbare Musik. Schriften 1952–1972,
      hrsg. v. H. R. Zeller, Köln 1972, S. 139ff.

komponierten Offenheit[20] spielte serialistisches Denken jedoch insofern noch eine Rolle, als der Zerfall der traditionellen Sprachhaftigkeit von Musik im Serialismus eine analytische Dekomposition von Sprache nach sich ziehen konnte.[21]
So sieht Schnebel etwa in Kompositionen wie *Glossolalie* die
subtilen Beziehungen zwischen Sprache und Musik, welche
sich in den Präparationen des instrumentalen bzw. vokalen
Materials spiegeln, durch quasi serielle Prozesse geordnet.[22]

Lachenmann begegnete der seriellen Musik 1957 beim Be-
such der Darmstädter Ferienkurse. Entscheidend für ihn wurde hierbei das Zusammentreffen mit Luigi Nono, als dessen
Schüler er von 1958–1960 in Venedig lebte. Bei Nono fand Lachenmann eine Haltung vor, die er bei anderen Komponisten
vermisste. Er war beeindruckt, dass Nono nicht beziehungs-
los zur Tradition stand, sondern diese für sein Komponieren durchaus unter einer ganz neuen Sichtweise in Anspruch
nahm.[23] Und in noch einer Hinsicht war sich Lachenmann mit
Nono einig: Beide waren der Auffassung, dass jegliche künstlerische Aktivität und Mitteilung politische Relevanz hat.[24]

Als Ergänzung zu seinen Studien bei Nono nahm Lachenmann 1963/64 an Stockhausens Kölner Kursen für Neue
Musik teil. Für sein eigenes Komponieren und für das Komponieren in der zweiten Hälfte des 20. Jahrhunderts allgemein

---

20 Die komponierte Offenheit bezieht sich nicht nur auf das musika-
    lische Material, sondern auch auf die Form und den Inhalt. Vgl.
    hierzu G. Nauck 2001, S. 90.

21 Vgl. H. Danuser 1997, Sp. 99.

22 Vgl. D. Schnebel: Die Tradition des Fortschritts und der Fortschritt
    der Tradition, in: Anschläge – Ausschläge, München 1993, S. 118.

23 Vgl. H. Lachenmann: Komponieren im Schatten von Darmstadt,
    in: Musik als existenzielle Erfahrung, Wiesbaden 2004, S. 343.

24 Vgl. H. Lachenmann: Luigi Nono oder Rückblick auf die seriel-
    le Musik, in: Musik als existenzielle Erfahrung, Wiesbaden 2004,
    S. 248.

misst er dem Einfluss des Serialismus entscheidende Bedeutung bei. Seine gesamte Generation sieht er (freilich ganz unterschiedlich) geprägt durch die Erfahrungen, welche im Umfeld der Ferienkurse für Neue Musik in Darmstatt gemacht wurden und die Diskussionen, die sich daran anschlossen.[25] In dieser Konsequenz zählt er sich zu einer Komponisten-Generation der „vatermordende[n] Darmstadt-Kinder"[26].

Hier klingt bereits der Aspekt der Kritik am Serialismus an, aus welcher Lachenmann die Prämissen seines Komponierens ableitet. In einer Fülle von Aufsätzen, welche sein musikalisches Œuvre begleiten, entfaltet er seine Ästhetik. Nur einige zentrale Gedanken sollen hier umrissen sein. Gegen die serialistische Bewegungslosigkeit eines strengen Strukturalismus setzt Lachenmann das, was er »dialektischen Strukturalismus« nennt:

> „[…] ein Strukturdenken, welches – wie auch immer – reagiert auf die gegebenen Bedingungen der Mittel, […] dem es also weder um neue Effekte, noch um die alten Affekte, sondern um die permanente Innovation des musikalischen Materialbegriffs selbst und so um ein ständig neues, verändertes Hören geht."[27]

Anders als im Serialismus üblich geht Lachenmann nicht mehr von messbaren Eigenschaften des akustischen Materials aus, sondern er unterscheidet in seiner 1966 entworfenen Klangtypologie qualitativ »Klang als Zustand« und »Klang als Prozess«.[28] Das immer wieder neue Hinterfragen der musikalischen Mittel, das Brechen der »Besetztheit des Materials« und damit das Brechen von Hörgewohnheiten ist bei Lachenmann kein Selbstzweck, sondern soll den Hörer mit

---

25 Vgl. H. Lachenmann: Komponieren im Schatten von Darmstadt, in: Musik als existenzielle Erfahrung, Wiesbaden 2004, S. 342.

26 Ebd., S. 342.

27 Ebd., S. 349.

28 Vgl. W. Thein: Lachenmann, Helmut Friedrich, in: MGG2, Personenteil Bd. 10, Kassel 2003, Sp. 971.

sich selbst und seinen Prägungen konfrontieren, ja soll letztendlich Musik als existenzielle Erfahrung ermöglichen. Dabei scheut Lachenmann im Gegensatz zu den frühen Serialisten nicht die Kategorie des Kunstschönen, jedoch ist für ihn
Schönheit bestimmt durch »Verweigerung des Gewohnten«.
Sie soll ein Angebot sein zur Entlarvung der Bedingungen
von geltender Schönheit.[29] Zur Zeit der Entstehung von *Consolation I und II* (1967/68) hatte sich Lachenmanns Kompositi-
onsstil bereits unverwechselbar herausgebildet, in dem neben
traditionell produzierten Tönen Klang- und Geräuschfelder
eine zentrale Rolle spielen. Den differenzierten Spielprakti-
ken und -techniken, die man in seinen Orchesterwerken findet, entsprechen vielfältige vokale Techniken, um Töne oder
Geräusche zu herzustellen. Dem, was er »Musique concrète
instrumentale« nennt, nämlich die „Nutzbarmachung der re-
alen instrumentalen Aktionen, in der die ansonsten ausge-
blendete mechanisch-technische Seite des Klangs in bewuß-
ter Tabuverletzung nicht nur Eigengewicht erhält, sondern in
einen komponierten Zusammenhang gebracht wird"[30], entspräche somit eine »Musique concrète vocale«, wie Lachenmann sie u.a. in *Consolation I* und *II* anwendete.

Der Oboist Heinz Holliger trat als Komponist ab Mitte der
50er Jahre in Erscheinung. Zunächst setzte er sich, beeinflusst
von seinem Lehrer Sándor Veress, intensiv mit der Zweiten
Wiener Schule auseinander, insbesondere mit Webern und
Berg. Ab 1957 kam er mit der Musik von Boulez in Kontakt,
von 1961 bis 1963 besuchte er dessen Kurse an der Musikakademie in Basel.[31] In frühen Stücken wie *Drei Liebeslieder*
(1960), *Vier Miniaturen* (1962/63) oder *Schwarzgewobene Trauer*

---

29   Vgl. W. Thein: Lachenmann, Helmut Friedrich, in: MGG2, Perso-
     nenteil Bd. 10, Kassel 2003, Sp. 970.

30   Ebd., Sp. 972.

31   Siehe M. Baumgartner: Holliger, Heinz, in: MGG2, Personenteil
     Bd. 9, Kassel 2003, Sp. 226 ff.

(1961/62) erkennt man einerseits Einflüsse der Zweiten Wiener Schule und des Serialismus: „Für mich war es [der Serialismus] eine Lehrmethode. Ich brauchte sie, weil ich gewisse Schwierigkeiten hatte, Ideen, die in meinem Kopf waren, umzusetzen."[32] Andererseits offenbart sich Holligers Vorliebe für Symmetrien und zahlensymbolisch motivierte Strukturen:

> *„Ich war fasziniert von symmetrischen Formen – sicher auch der starken Eindrücke wegen, die ich etwa von Soliloquia und Noctes von Klaus Huber empfangen habe. Doch waren es auch philosophische und literarische Ideen, die mich auf die Beschäftigung mit der Symmetrie gebracht haben."[33]*

Hier klingt noch ein weiteres Charakteristikum von Holligers Schaffen an: seine andauernde Faszination für Literatur. Er fühlte sich besonders von morbiden Stoffen und gebrochenen Persönlichkeiten wie Georg Trakl, Nelly Sachs oder später Friedrich Hölderlin angezogen. Zu Beginn der 1970er Jahre kam es zu einer Loslösung von seriellen Prinzipien und zu einer Wende in Holligers Schaffen. Er hinterfragte die Rolle des Interpreten, die klangliche Substanz der Musik, führte sowohl den Klang als auch die physischen Möglichkeiten an seine Grenzen und verzichtete schließlich konsequent auf konventionelle Klangerzeugung.[34] Um was es ihm hierbei ging, beschrieb Holliger später so:

> *„Was mich immer in erster Linie interessiert hat, ist das Körperliche einer Klangdeformation. Wenn ich einen Klang verändere, so weniger um des Resultats willen, sondern um die Energie dahinter spürbar zu machen. Bei einem deformierten Klang zum Beispiel will ich*

---

32   P. Albèra: Ein Gespräch mit Heinz Holliger, in: Heinz Holliger. Oboist, Komponist, Dirigent, hrsg. v. A. Landau, Bern 1996, S. 24.

33   Ebd., S. 21.

34   Vgl. M. Baumgartner 2003, Sp. 229.

zum Bewusstsein bringen, dass dahinter immer der ursprüngliche, nicht verzerrte Klang präsent ist, wenn auch unhörbar."[35]

Wichtige Werke dieser Phase der Destruktion und Deformation sind *Pneuma* (1970), *Cardiophonie* (1971) und *Psalm* (1971). *Psalm* ist Musik am Rande der Hörbarkeit, kurz vor dem Verstummen. Holliger verzichtet konsequent auf traditionelles Singen, sogar auf traditionelles Produzieren von Lauten. Insofern war dieses Stück radikaler und konsequenter als *AMN* von Schnebel und *Consolation II* von Lachenmann, auch wenn die angewandten Vokaltechniken und die kompositorische Textverarbeitung nach Nono'schem Prinzip nicht neu waren. An diesem kompositorischen Extrempunkt angekommen war es Holliger klar, dass ein »Noch Weiter« in diesem Sinne unmöglich ist. So wandte er sich in späteren Werken wieder einer konventionelleren Sprache zu, ohne die gewonnenen ästhetischen Erkenntnisse zu verleugnen.

Lassen sich die unterschiedlichen Strömungen des Postserialismus gliedern? Wie kann das Erbe des Serialismus konkretisiert werden? Clytus Gottwald hat die Momente, welche der Serialismus an die nachfolgenden Komponistengenerationen vererbt hat, zwei Richtungen zugeordnet:[36]

Das wichtigste Moment war die Erkenntnis von der Zusammengesetztheit des Einzeltons. Dies zog eine neue Art des Komponierens nach sich: „Nicht wurden aus den alten Klängen neue Formen hergestellt, sondern Komposition stellte die Klänge erst her."[37] Dieses auf Heideggers Fundamentalontologie gegründete Konzept weist Gottwald u.a. dem frühen Schnebel und dem frühen Lachenmann zu, sicherlich lässt sich auch Holligers Phase der Destruktion und Deformation hier einordnen.

---

35   P. Albèra 1996, S. 29.

36   Siehe C. Gottwald: Neue Musik als spekulative Theologie, Stuttgart 2003, S. 28f.

37   Ebd., S. 28.

Die zweite Richtung, zu welcher Gottwald u.a. Ligeti zählt, „[...] übernahm die statistischen Verfahren, die der Kollaps des Serialismus an die Oberfläche gespült hatte, und baute sie zu differenzierten Klanggebilden aus [...]".[38] Philosophisch ordnet Gottwald diese Richtung einem „von ontologischen und dialektischen Residuen gereinigten Realismus"[39] zu.

2.2 John Cage

Komponieren von Chor- bzw. Vokalmusik im deutschsprachigen Raum der 1950er und 60er Jahren musste nicht zwangsläufig im Kontext der sogenannten Darmstädter Schule und ihrer Nachfolger stattfinden, darauf kann nach den Ausführungen zum Serialismus nur nachdrücklich hingewiesen werden. Auch wenn die Darmstädter Avantgarde quasi ex cathedra proklamierte, sie besitze die einzig gültige und ernst zu nehmende Musikästhetik ihrer Zeit, gab es außerhalb dieses Kreises Komponisten, die keineswegs radikal mit der Tradition brachen, und deren Bedeutung und Schaffen aufgrund des großen Einflusses von Darmstadt erst in späterer Zeit gewürdigt wurde. Beispielhaft seien Paul Hindemith mit einem großen Schülerkreis, darunter etwa Harald Genzmer und Zoltán Gárdonyi, oder auch Hans Werner Henze erwähnt, der sich stilistisch nicht festlegen ließ und sich nach dem Vorbild Strawinskys eher am Neoklassizismus orientierte, um nur zwei herausragende Vertreter des deutschsprachigen Raumes zu nennen. Während sich aber die Avantgardisten mit solcherlei Alternativen kaum auseinandersetzten, trat Ende der 1950er Jahre ein Komponist in Europa in Erscheinung, den sie nicht ignorieren konnten, da seine Anfragen an die europäische Avantgarde, deren Infragestellung und überhaupt dessen Hinterfragen der gesamten abendländischen

---

38   C. Gottwald 2003, S. 28.

39   Ebd.

Ästhetik und Musikkultur von immenser Radikalität und Schlagkraft waren: John Cage.[40]

Nun ist John Cage zunächst ein amerikanischer Komponist, der trotz Privatstudien bei Schönberg als genuin amerikanisches Phänomen erklärt werden kann. Für diese Arbeit ist jedoch die europäische Rezeption von Cage ausschlaggebend, welche sein Werk im Verhältnis zur europäischen Tradition beleuchtet und welche seine Musik und Ästhetik vor der Kontrastfolie der seriellen Musik reflektiert. Aus diesem Kontext heraus wurden Impulse, die von Cage ausgingen, Motor für das Schaffen von Dieter Schnebel, sie beeinflussten direkt oder indirekt die Komponisten des Postserialismus wie Ligeti, gaben ästhetische und philosophische Anstöße, in deren Nachfolge etwa die Ästhetik Holligers steht, und wurden Gegenentwürfe zu politischen, gesellschaftlichen und sozialen Gegebenheiten, ein Thema, welches nicht nur die Ästhetik Lachenmanns bestimmt. Gleichwohl lohnt sich auch ein Beleuchten der Differenzen zwischen Cage und der europäischen Avantgarde, um musikalisch-ästhetische, philosophische und soziale Positionen zu verdeutlichen. Die Tatsache jedenfalls, dass Cages Musik so unterschiedliche Komponisten beeinflussen konnte, weist ihn als einen Protagonisten einer pluralistischen Moderne aus. Da der direkte oder indirekte Einfluss Cages auf die in dieser Arbeit reflektierten Werke dem des Serialismus in nichts nachsteht und da die Philosophie Cages einer der Nährböden für die Verknüpfung dieser Musik mit Negativer Theologie darstellt, seien hier einige dieser Cage'schen Impulse beschrieben.[41]

---

40   Sowohl Nono als auch Boulez haben, wenn auch in unterschiedlicher Art und Weise, äußerst vehement auf John Cage reagiert. Vgl. hierzu C. Gottwald: »Hallelujah« und die Theorie des kommunikativen Handelns, Stuttgart 1998, S. 116ff.

41   Die Gliederung der folgenden Ausführungen orientiert sich an A. Wellmer: Versuch über Musik und Sprache, München 2009, S. 219 ff.

2.2.1 Dekontextualisierung des Klangs, Öffnung der Musik zur Nichtmusik und neues Hören

Mit Dekontextualisierung des Klangs ist ein der traditionellen abendländischen Musik bis hin zum Serialismus diametral entgegengesetztes Verfahren gemeint. Cage stellte in seinen Werken ab den 1950er Jahren jegliche Art von Ordnung in Frage, er verneinte Klangzusammenhänge und Klanghierarchien an sich und somit die Bestrebung, Klängen und ihren Relationen einen bestimmten Sinn zu geben. Für Cage war also Material nicht sedimentierter Geist, sondern jeder Klang steht für sich und sollte einfach als das wahrgenommen werden, was er ist: ein Klang. Dies hatte die Öffnung der Musik zur Nichtmusik zur Konsequnz, einer Wortbildung, der Cage wohl mit Unverständnis begegnet wäre.[42] Bereits früh in seinem Schaffen erweiterte er das Klangspektrum von Instrumenten und Stimmen durch neue Spielarten und Gesangstechniken.[43] Am bekanntesten wurden die Stücke für präpariertes Klavier. Cage gelangte schließlich zu einer Musikalisierung jeglicher Art von Geräuschen, die für ihn gleichberechtigt neben traditionell erzeugten Tönen standen. Mit seiner Öffnung der Musik zur Nichtmusik stand Cage somit zusammen mit Komponisten wie etwa Edgard Varèse[44], wel-

---

42 „You don't have to call it music if the term shocks you." Aussage Cages in einem Vortrag 1982.

43 In den Song Books (1970) etwa versuchte Cage in unterschiedlichen Spielanweisungen und Notationstechniken die Möglichkeiten menschlichen Singens auszuloten.

44 Zum Verhältnis von Cage und Varèse siehe K. Ebbeke: Nicht-relationale Musik – und Varèse (und Cage), in: Edgard Varèse: Die Befreiung des Klangs, hrsg. v. H. de la Motte-Haber, Hofheim 1991, S. 134–141. Ebbeke zieht Parallelen zur amerikanischen Kunsttheorie der Minimal Art und sieht Cage als Teil einer amerikanischen Avantgarde, welche sich auf Varèse berufend einer dekonstruktiven und nicht relationalen Musik verschrieben hat. Zum Verhältnis von Varèse zur europäischen Avantgarde siehe G. Bo-

cher bereits früher die Einbeziehung von Geräuschen in das musikalische Material gefordert hatte, Pate für alle Verfremdungen der Singstimme in den Chorkompositionen der europäischen Avantgarde, bis hin zu bloß geräuschhafter Verwendung phonetischen Materials bei Schnebel oder Holliger. Holligers Kompositionen seiner Phase der Destruktion und Deformation[45] mit ihren Negationen und klanglichen, instrumentalen oder vokalen Grenzverschiebungen können, wenn auch in anderem Kontext entstanden, in einer Linie mit der Anti-Ästhetik Cages gesehen werden.

Dekontextualisierung und Öffnung von Klängen setzten allerdings eine Veränderung beim Rezipienten dieser Musik voraus: Ein völlig neues Hören wurde verlangt. Diesen Anspruch teilte Cage mit den Komponisten des Serialismus und Postserialismus, bei welchen die Forderung nach einem neuen oder andersartigen Hören allenthalben zu finden ist. Dass dennoch Unterschiedliches gemeint sein kann, soll die folgende Gegenüberstellung von Cage und Lachenmann exemplarisch verdeutlichen.

Cage stellte sich für seine Musik, wie Charles Junkerman richtig ausführt, einen unvoreingenommenen, in positiver Weise naiven Hörer vor:

> *„We are so accustomed to hearing musical sounds as filled with meaning of one sort or another — emotional, intellectual, aesthetic —that most of us do not exactly know what to do with empty sound. Cage says, let it be: ‚[People] should listen. Why should they imagine that sounds are not interesting in themselves? I'm always amazed when*

---

rio: «Ein fremdes Phänomen»: Zum Einfluss Varèses auf die europäische Avantgarde, in: Edgard Varèse. Komponist, Klangforscher, Visionär, hrsg. v. F. Meyer u. H. Zimmermann, Mainz 2006, S. 361ff.

45   Siehe S. 20.

*people say, ›Do you mean it's just sounds?‹ How they can imagine
it's anything but sounds is what's so mysterious.'"*[46]

Der Hörer soll also seine Aufmerksamkeit auf keinerlei Zusammenhänge lenken. Es geht nicht darum, etwas zu verstehen oder nachzuvollziehen, es geht vielmehr um ein nicht-
strukturelles Hören.[47]

Auch Lachenmann möchte das Hören durch neue Klänge und Spielweisen befreien, doch seine Ästhetik ist eine
gänzlich andere. Er schließt an Adornos Materialbegriff an
und hält an der europäischen Tradition des musikalischen
Kunstwerks fest. Lachenmann fordert gerade ein strukturelles Hören, welches in seinem dialektischen Strukturalismus[48]
wurzelt:

> *„Die Idee scheint die eines »strukturellen« Hörens zu sein, das durch
> ein konzentriertes »Abtasten« eines Klangprozesses die durch die
> strukturelle Vorordnung des musikalischen Materials gestifteten
> vielfachen Zusammenhänge »intuitiv« wahrnimmt und dadurch zu
> einem »Formerlebnis« wird."*[49]

An dieser kurzen Gegenüberstellung zeigt sich ein grundle-
gendes Problem: Die Behauptung, Cage habe die europäische
Avantgarde vielfach beeinflusst, er sei mit seinen Ansätzen

---

46 C. Junkerman: "nEw / foRms of living together": The Model of the
    Musicircus, in: John Cage. Composed in America, hrsg. v. M. Per-
    loff u. C. Junkerman, Chicago 1994, S. 54.

47 Das nichtstrukturelle Hören ist ein Charakteristikum, das für
    ganz unterschiedliche musikalische Strömungen der Musik nach
    1945 in Anspruch genommen wird, so z.B. auch für die Minimal
    Music: „The listener will therefore need a different approach to
    listening, without the traditional concepts of recollection and an-
    ticipation. Music must be listened to as a pure sound-event, an
    act without any dramatic structure." W. Mertens: Basic Concepts
    of Minimal Music, in: Audio Culture. Readings in Modern Music,
    hrsg. v. C. Cox u. D. Warner, New York 2004, S. 309.

48 Siehe S. 17.

49 A. Wellmer 2009, S. 278.

Katalysator oder Motor für das Schaffen so vieler unterschiedlicher Komponisten gewesen, kann nur bedingt gelten. Vieles wurde übernommen und regte zu neuem Denken an, durch Hinterfragung und Kritik wurde aber auch Vieles modifiziert und in neue Zusammenhänge gestellt. So verhält es sich auch mit Cages Dekonstruktion des Werkbegriffs, welche u.a. für Dieter Schnebels Schaffen fruchtbar wurde.

2.2.2   Dekonstruktion des Werkbegriffs, Negation

Die Dekontextualisierung des Klangs, die Öffnung der Musik zur Nichtmusik und die damit einhergehenden neuen Notationsverfahren hatten auf formaler Ebene als logische Folge eine Dekonstruktion des Werkbegriffs an sich herbeigeführt. Evident wurde diese beispielsweise im *Concert for Piano and Orchestra* von 1958. Bei der Komposition der Orchesterstimmen arbeitete Cage mit jedem einzelnen Musiker des Orchesters zusammen um dessen Fähigkeiten auszuloten und neue Spielweisen zu erforschen. Die Ergebnisse dieses Prozesses wurden dann Zufallsoperationen unterworfen, wodurch schließlich die einzelnen Stimmen zustandekamen.[50] Diese Einzelstimmen wiesen nun aber auf keine Art und Weise mehr einen Zusammenhang auf, sie waren völlig unabhängig voneinander. Darüber hinaus gab Cage weder die Reihenfolge, noch die genaue Fixierung dessen an, was zu spielen ist. Lediglich Impulse zu selbstständigen musikalischen Aktionen wurden den Spielern vorgegeben.

Das Fehlen einer Partitur im traditionellen Sinne verändert nicht nur das Verhältnis zwischen Interpret und Dirigent, es definiert diese Rollen völlig neu und wirkt sich sowohl auf die Notation als auch auf den Werkcharakter aus:

---

50   Vgl. D. Schnebel: »Wie ich das schaffe?«, in: John Cage, München 1978, S. 51.

„Allgemein gesprochen geht es Cage um die Ersetzung der traditionellen musikalischen Resultatschrift [...] durch Notationsweisen bzw. eine – zunehmend auch graphisch notierte –»Aktionsschrift«, die den Spielern mit unterschiedlichen Freiheitsgraden verbundene Aktionen vorschreibt, unter denen die Hervorbringung bestimmter Klänge nur eine Möglichkeit darstellt. Den Spielern werden also mehr oder weniger große Freiheiten in der Umsetzung der »Partitur« zugestanden, mit dem Ergebnis, dass keine Aufführung eines Werkes der anderen gleicht."[51]

Diese Unbestimmtheit, die hier beschrieben ist, wurde und wird mit dem Terminus der experimentellen Musik belegt. Experimentell ist in diesem Falle also eine Musik, deren Ergebnis nicht vorhersehbar ist. Dabei muss laut Heinz-Klaus Metzger genau unterschieden werden, was an der Musik von Cage als experimentell bezeichnet werden kann.[52] Auch die Stücke für präpariertes Klavier[53] galten als experimentell, wobei die Musik hierbei eigentlich nicht per se experimentell ist, sondern das gesicherte Ergebnis von Experimenten darstellt.

Die Übertragung des Experimentellen von der Komposition auf die Aufführung fand dagegen tatsächlich erst 1957/58 statt mit dem erwähnten Klavierkonzert, und, in noch radikalerer und weitreichenderer Weise, in den *Variations I*, in denen die totale Indetermination vollendet war.[54]

---

51 A. Wellmer 2009, S. 226.

52 Vgl. H.-K. Metzger 2012, S. 91–105.

53 Bereits in den Stücken für präpariertes Klavier deutet sich die Dekonstruktion des traditionellen Werk- und Musikverständnisses an: „Der Interpret kann beim Spielen das klangliche Ergebnis als solches nicht mehr vorhersehen [...]. Dank dessen lockern sich die traditionellen Kausalbeziehungen Komponist – Interpret – Hörer [...]: es ist dies die erste Attacke gegen die zugleich romantische [...] und positivistische [...] Ideologie der Exaktheit." D. Charles: John Cage oder Die Musik ist los, übers. v. E. Kienle, Berlin 1979, S. 78.

54 Vgl. H.-K. Metzger 2012, S. 97ff.

Es wurde bereits darauf hingewiesen, dass diese Cage'schen Konzeptionen einen großen Einfluss auf das Schaffen Dieter Schnebels ausübten. Ein Großteil zumal des frühen Schaffens von Schnebel ist nicht mehr als Werk im traditionellen Sinne fassbar. Der Werkcharakter ist experimentell sowohl als Ergebnis von Experimenten, im Besonderen von Experimenten mit der menschlichen Stimme, als auch hinsichtlich seiner Form. Die drei Chorstücke des Zyklus *Für Stimmen (...missa est)* weisen unterschiedliche Formprozesse auf, zyklisch bzw. kreisend, prozesshaft oder ungerichtet-elastisch.

Die Offenheit des klingenden Ergebnisses geht dabei zwar aus gutem Grunde (siehe nachfolgendes Zitat) nicht so weit wie bei den *Variations I* oder dem *Concert for Piano and Orchestra*, doch auch Schnebel überlässt viele Details dem Zufall. So finden sich in *AMN* häufig rechteckige Textfelder mit Anrufungen, Gebeten und liturgischen Texten. Welcher Ruf oder Text von welchem Ausführenden wann genau zu artikulieren ist, bleibt an vielen Stellen offen. Insgesamt folgt das Schrift- bzw. Notenbild dieser Partitur durchaus der Cage'schen Devise, Anregungen und Impulse für spontan bei der Aufführung entstehende Prozesse zu geben. Bei aller Würdigung hat Schnebel jedoch auch stets einige Aspekte von Cages Ästhetik abgelehnt. Die Vereinzelung des Menschen in Cages Musik empfand er als nicht erstrebenswert:

> *„In der Tat hat die kompositorisch verordnete Vereinzelung , mag sie auch als Weg zur Selbstverwirklichung gemeint sein, Momente von Unmenschlichkeit, insofern sie das Individuum der gegenwärtigen gesellschaftlichen Verhältnisse in eben den Zustand erst richtig hineinstößt, in welchem es sich ohnehin bereits leidend befindet: statt der Möglichkeit von Selbstverwirklichung wird bloß Ohnmacht erlebt."*[55]

Die Ohnmacht des Subjekts vor experimentellen Partituren, die Schnebel hier beschreibt, scheint auch Holliger zu kennen,

---

55   D. Schnebel 1978, S. 53.

wenn er im Zusammenhang mit Problemen bei der Aufführung seines Orchesterstücks *Pneuma* rückblickend eingesteht, dass es wohl ein Fehler war, den Orchesterapparat in ein Ensemble von solistisch agierenden Einzelstimmen zu zergliedern. Dies jedenfalls habe mit Orchestermusikern, die solch eine Art von Musik nicht gewohnt waren, überhaupt nicht funktioniert.[56]

Die nicht gelösten Probleme der Aufführung von experimenteller Musik waren auch Schnebel durchaus bewusst: „Immer geht etwas schief: mal wird albern gespielt, mal zu viel, mal zu bestimmt; immer aber so, dass man sich über das Vorgeschriebene hinwegsetzt […]."[57] Letztlich ahnte Schnebel wohl, dass experimentelles Komponieren ein Stück Utopie beinhaltet, welches auch unter den besten Bedingungen nur begrenzt realisierbar ist.

Prinzipiell stellt Cages anarchistische Infragestellung musikalischer Traditionen, Zusammenhänge, Hörgewohnheiten und Funktionen eine Form von Negation dar. Negation bestehender musikalischer Verhältnisse, um Neues hervorzubringen war selbstverständlich nicht eine Erfindung von John Cage, sondern ein Phänomen, welches so alt ist wie die Musik selbst. Im 20. Jahrhundert jedoch postulierte die europäische Avantgarde, alle traditionellen musikalischen Mittel seien ausgehöhlt und die tonale Tonsprache sei durch die Unterhaltungsindustrie okkupiert.[58] Der einzige Ausweg sei ein konsequenter Bruch mit allem Gängigen, wie man ihn durch Schönberg und Webern angestoßen und später im Serialismus vollzogen sah. In diesem Sinne ließ sich auch Cage mit seiner Negation des musikalischen Kunstwerks an sich, auf

---

56   Vgl. P. Albèra 1996, S. 29f.

57   D. Schnebel 1978, S. 52.

58   Vgl. H.-K. Metzger 2012, S. 82f.

die Spitze getrieben in dem Pausenstück *4'33''* (1952), als letzte Konsequenz eines

> *"geschichtlichen Moment[s] [sehen], da es nicht mehr möglich war, gegen die beschlagnahmten Klänge und herrschenden Strukturen der total sich aufführenden Gesellschaft andere Klänge und konträre Strukturen, kurz: kompositorische Innovationen, ins Feld zu führen; da kein irgend denkbares Etwas die Negation des Bestehenden […] mehr zu leisten sich vermessen konnte, […] da einzig das Nichts als Negation des Etwas zu erwägen war."[59]*

Nun muss man nicht der Metzger'schen Lesart folgen, welche Cage quasi fast zu einer Art Heilsbringer der Musikgeschichte stilisiert. Aufgrund der Verhältnisse und Erfahrungen der Moderne wurden durch Cages Negationen allerdings bestimmte musikalische Aussagen überhaupt erst wieder möglich. Negativität ermöglichte Positivität, die Negation von Bestehendem schlug ins Potential von noch nicht Bestehendem um.[60] Der Bezug zur Negativen Theologie liegt auf der Hand: Die Erfahrungen der Moderne fallen derart aus der Geschichte, dass sie es notwendig machen, die Lage des Menschen vor dem Absoluten in totaler Weise zu überdenken. So wie Negation ein Mittel war, um Komponieren von Musik wieder zu ermöglichen, war Negation in der Theologie ein Mittel, um die Rede von Gott wieder zu ermöglichen. Cages musikalische Negationen führen damit direkt ins Zentrum dieser Arbeit. Längst ist hier allerdings bereits der Bereich der Philo-

---

59 H.-K. Metzger 2012, S. 85.

60 Das Entstehen von Positivem durch Negation geschieht bei Cage nicht erst in Stücken wie *4'33''*, sondern ist bereits in früheren Stücken der 40er Jahre angelegt wie z.B. in *The Wonderful Widow of Eighteen Springs* für Singstimme und geschlossenes Klavier: „ […] das Klavier wird nicht „voll", in seiner Aura der Gesamtheit seiner Vermögen ausgenützt. Doch verlieren ist hier auch gewinnen: die „Fülle", die man opfert, war selbst nur halb, sie war das Ergebnis eines verfälschenden Filters – die „Armut", welche nun dieses Filtern ablehnt, trägt alle Reichtümer." D. Charles 1979, S. 81.

sophie angesprochen, welcher auf die vormusikalischen Impulsen in und hinter der Musik Cages weist.

2.2.3 Vormusikalische Impulse in und hinter der Musik: Philosophie, Anarchie, Gesellschaft

Mit vormusikalischen Impulsen sind Anregungen gemeint, welche in der Musik von Cage wirksam sind, jedoch über diese hinausweisen.[61] Solche Impulse wurzeln in unterschiedlichsten Einflüssen, die Cage als essentiell für sein Schaffen betrachtete, deren Darstellung in ihrer Fülle allerdings den gebotenen Rahmen sprengen würde. So sei im Folgenden nur auf seine philosophischen, anarchistischen und gesellschaftlichen Motive hingewiesen.

Ab Mitte der 1940er Jahre wandte sich Cage dem Orient zu. Eine große Inspirationsquelle wurde für ihn der Zen-Buddhismus, welcher ihm durch Daisetz Teitaro Suzuki eröffnet wurde. So wurzelt seine Dekonstruktion des Werkbegriffs, seine Öffnung der Musik zur Nichtmusik und seine Forderung nach neuem Hören in der zen-buddhistischen Durchdringung und Nicht-Obstruktion:

> *„Kein Ton darf einen anderen oder eine Stille abschirmen oder gar verhindern. Das gleiche gilt auch für die Stille: sie darf sich weder einer anderen Stille noch auch einem Ton widersetzen. Positiv ausgedrückt: Töne und Stillen können sich nun durchdringen. Die Zeit ist nichts anderes als gerade dieses Durchdringen, das Telos aller Musik.“*[62]

Auch die im Buddhismus geforderte Abkehr von eigenen Wünschen und Intentionen schlug sich nieder in seinen Zufallsoperationen und seiner Gleichsetzung aller möglichen Klänge. Dies hatte einen musikalischen Anarchismus zur Fol-

---

61 Vgl. A. Wellmer 2009, S. 230.
62 D. Charles 1979, S. 85.

ge. Von Cages Forderung nach Freisetzung der beteiligten Musiker sowie Hörer führt ein direkter Weg zu seiner Idee eines politischen Anarchismus:

> „We need society in which every man may live in a manner freely determined by himself … The best – and only – way to let somebody be what he is, and to think of him, thus to think of the other, is to let him think of himself in his own terms … Impose nothing. Live and let live. Permit each person, as well as each sound, to be the center of creation."[63]

Auch wenn Heinz-Klaus Metzger in seinem wegweisenden Aufsatz *John Cage oder die freigelassene Musik* (1958) die Werke Cages als gesellschaftliche Entwürfe feierte, welche die Musiker vom Gesetz der Zwangsarbeit befreie und ihnen die Würde von musikalisch autonomen Subjekten schenke,[64] so ganz wollte und konnte sich die europäische Avantgarde diesem anarchistischen Musik- und Gesellschaftsentwurf nicht anschließen.

Viele Komponisten bis hin zu Lachenmann hielten an der Tradition des Adorno'schen Kunst- und Werkbegriffs fest. Ein Kunstwerk, auch gerade ein musikalisches Kunstwerk der Neuen Musik, solle »Schein des Scheinlosen« sein, also Utopie einer besseren, freieren Gesellschaft für eine real existierende Gesellschaft, welche noch unfrei und reformbedürftig ist.[65] Auch Cage wollte die Gesellschaft befreien, doch trägt er deren anarchische Züge (Sein-Lassen und Geschehen-Lassen) direkt in die Musik hinein.

Doch selbst ein Komponist wie Dieter Schnebel, dem es durchaus um Freisetzungen innerhalb der Musik und um Freisetzung der Musiker und Hörer ging, sah in Cages mu-

---

63 J. Cage nach C. Junkerman: "nEw / foRms of living together": The Model of the Musicircus, in: John Cage. Composed in America, hrsg. v. M. Perloff u. C. Junkerman, Chicago 1994, S. 57f.

64 Vgl. H.-K. Metzger 2012, S. 15.

65 Siehe hierzu A. Wellmer 2009, S. 234.

sikalischem Anarchismus nicht die Würde des Subjekts gewährleistet, sondern dessen Ohnmacht herausgestellt.[66] So zieht Wellmer das Fazit, dass Komponisten wie Schnebel die musikalische Tradition „nicht negieren, sondern *von innen heraus* und doch ebenfalls im Sinn einer »Freisetzung« der Musiker, erneuern [wollten]."[67]

Die hier bereits angesprochenen gesellschaftlichen Impulse führen zum folgenden Kapitel »Gesellschaft«, in welchem die viel diskutierte Wechselbeziehung von Musik und Gesellschaft in Bezug auf die Thematik dieser Arbeit erörtert werden soll.

2.3 Gesellschaft

Es ist nicht möglich, über Kompositionen der 1960er Jahre zu reden, ohne zumindest in Ansätzen das Verhältnis von Musik und Gesellschaft angesprochen zu haben, ein Verhältnis, das sich bereits im oben beschriebenen Materialbegriff andeutete. Die 1960er Jahre gelten als Blütezeit der modernen Musiksoziologie, eine Blütezeit, deren Postulate aus postmoderner und heutiger Sicht freilich zu Recht hinterfragt und kritisiert werden.[68] Das Verhältnis zwischen Musik und Gesellschaft warf zu jener Zeit jedenfalls Fragen und Positionen auf, mit welchen sich nicht nur die Komponisten der Avantgarde beschäftigten, sondern welche, zumal im deutschsprachigen Raum, von Philosophen wie Adorno, Bloch und anderen verhandelt wurden. Dabei gab es unterschiedliche Ansätze zu einer Verhältnisbestimmung von Musik und Gesellschaft:

---

66 Siehe S. 28f.

67 A. Wellmer 2009, S. 239.

68 Längst z.B. sind sich Musiksoziologen einig, dass es weder „die Musik" noch „die Gesellschaft" gibt, sondern eine fast unüberschaubare Vielzahl von „Musiken" und „Gesellschaften". Vgl. W. L. Bühl: Musiksoziologie, Bern 2004, S. 89ff.

„[…] entweder ist die Gesellschaft das (Kollektiv-)Subjekt, das ein Objekt ‚Musik' hervorbringt, oder umgekehrt ist ‚die Musik' (oder allgemeiner noch: ‚die Kunst') das Subjekt (oder eine ‚Schöpfung'), die den inneren Gehalt (oder historischen Stellenwert) einer Gesellschaft definiert. Jeweils positiv oder negativ gewendet, gibt es dann vier Positionen: die Musik als ‚Abbild' oder als ‚Gegenbild' bzw. als geheime ‚Steuergröße' der Gesellschaft oder als ‚Flucht' vor der Gesellschaft."[69]

In diese Schemata lassen sich mehr oder weniger alle bedeutenden Theorien dieser Zeit einordnen: die Abbildtheorie von Georg Lukasz, die Bloch'sche Vorstellung von Musik als Vorschein einer noch utopischen Gesellschaft oder die Adorno'sche Sichtweise, nach der sich in Musik die Wahrheit gesellschaftlicher Wirklichkeit manifestiert und Musik gleichzeitig Gegenposition zur Gesellschaft sein kann.[70]

Gerade Adornos Einfluss auf die Komponisten dieser Generation kann gar nicht hoch genug eingeschätzt werden. Von seiner Philosophie des musikalischen Materials war bereits die Rede.[71] Der Komponist hat nach Adorno die Aufgabe, sich als freies Individuum zu artikulieren, indem er sich den aktuellen Anforderungen und Bedingungen des Materials stellt und sich mit ihnen auseinandersetzt. Da das Material nun seinerseits aber gesellschaftliche Wirklichkeit in sich trägt, ein „gesellschaftlich, durchs Bewusstsein von Menschen hindurch Präformiertes"[72] ist,

„[…] geht in die künstlerische Produktion eine »Auseinandersetzung mit der Gesellschaft« ein, und zwar in zweifacher Weise: objektiv durch den im musikalischen Material »sedimentierten« gesellschaft-

---

69   W. L. Bühl: Musiksoziologie, Bern 2004, S. 91.

70   Vgl. L. Sziborsky: Adorno, in: Musik in der deutschen Philosophie, hrsg. v. S. L. Sorgaer u. O. Fürbeth, Stuttgart 2003, S. 195ff.

71   Siehe S. 11.

72   Th. W. Adorno: Philosophie der neuen Musik, Gesammelte Schriften Bd. 12, hrsg. v. R. Tiedemann, Frankfurt 1975, S. 39f.

*lichen Gehalt, subjektiv durch die Erfahrung des »aktuellen Zeitgeis-
tes«, die das »fortgeschrittene Bewußtsein« des Künstlers macht.*[73]

Adornos Philosophie der Musik ist somit letztendlich eine
Geschichtsphilosophie und das Scharnier, durch welches Geschichte und Musik verbunden sind, ist die Gesellschaft.

Es ist auffällig, dass von den vier in dieser Arbeit berück-
sichtigten Komponisten, die ja alle lange Zeit in Deutschland gearbeitet und/oder gelebt haben, besonders die zwei
deutschen Schnebel und Lachenmann (Lachenmann sicher in
einer noch existenzielleren Weise als Schnebel) einen Großteil
oder einen zumindest nicht unerheblichen Teil ihres kompositorischen Schaffens in jenem Spannungsfeld von Musik und
Gesellschaft konzipierten.

Dass für Dieter Schnebels Komponieren die Kategorie der
Gesellschaft eine nicht unerhebliche Rolle spielt, ist bereits
in den Ausführungen zu John Cage deutlich geworden. Zunächst als Freiburger und Tübinger Student vor allem an Adorno orientiert, können für Schnebels Schaffen rückblickend
Elemente der 68er-Bewegung als wegweisend gelten. Hier
bündelten sich Fragestellungen, mit denen sich Schnebel
schon lange zuvor beschäftigt hatte: Wie kann Kunst in der
Gesellschaft etwas ausrichten? An wen oder welche Zielgrup-
pe richtet sie sich? Aber auch die kritischen Forderungen der
68er-Bewegung an die künstlerische und musikalische Avantgarde nach einer antiautoritären und einer antielitären Kunst
und Musik schlugen sich in Schnebels Schaffen deutlicher
und ausgeprägter nieder als bei den meisten seiner Avant-
garde-Kollegen. So sieht Gisela Nauck in Schnebels Art des
Komponierens, nämlich in „Produktionsprozesse[n], welche
sich zu Werken verdichten können",[74] diese Forderungen der

---

73 L. Sziborsky 2003, S. 196.

74 Diese Formulierung stammt von Hans Rudolf Zeller: H. R. Zeller:
Produktionsprozesse – Atemzüge, Maulwerke (Schallplattentext

68er-Bewegung umgesetzt.[75] In Stücken wie den *Maulwerken* sind keine Interpreten im herkömmlichen Sinne mehr gefordert, die sich einer komponierten Vorlage ‚unterordnen' sollen bzw. diese reproduzieren sollen, es sind vielmehr Ausführende gefragt, welche nach Schnebels Ideal unabhängig von Status, Herkunft, Ausbildung oder Begabung befreit musizieren können, eine Art von „künstlerisch realisierter Demokratie".[76] Dass auch bei Schnebel diese hehre Utopie aufgrund der Bedingungen der Realität neu überdacht werden musste und dass sich sein Denken über das Verhältnis von Musik und Gesellschaft weiterentwickelte und veränderte, braucht kaum extra erwähnt zu werden.

Für diese Arbeit jedenfalls bemerkenswert ist die Tatsache, dass das Medium dieses neuen Denkens und Komponierens die Vokalmusik war, freilich eine Vokalmusik, welche sowohl gängige als auch avantgardistische Verfahren völlig umkrempelte. Nicht erst mit den *Maulwerken*, schon bei *Für Stimmen (...missa est)* findet sich jenes Suchen nach einem eigenbestimmten und selbstverantworteten Musizieren. Im Zusammenhang mit jenen Werken geistlicher Chormusik sei auf ein weiteres Phänomen hingewiesen: Bezieht man in den Begriff der Gesellschaft auch Unterkategorien mit ein, welche für die Gesellschaft insgesamt bedeutend sind, so wären hier die Religionen bzw. die Kirchen, in Schnebels Falle zuvorderst natürlich die evangelische Kirche zu berücksichtigen. Nicht grundlos bezieht Schnebels Musik, sofern sie sich eines geistlichen Sujets bedient, oft in kritischer Art und Weise Stellung gegenüber vorgegebenen kirchlichen Strukturen,[77]

---

zu *Atemzüge* aus Maulwerke/ Choralvorspiele I/II), Mainz 1976, S. 6.

75   Vgl. G. Nauck 2001, S. 139ff.

76   Ebd., S. 141.

77   Im Zusammenhang mit *Für Stimmen (...missa est)* stellt Gisela Nauck fest: „Die Utopie galt gleichermaßen für die Musik wie für

denn auch im religiösen Kontext möchte er durch seine Musik zu einem neuen Hören und Aufhorchen anregen:

> *„Heute sehe ich Religion und Kunst, Glaube und künstlerisches Schaffen eng verbunden: beides gehört notwendig zum menschlichen Leben. [...] Leben aber ist Kommunikation, Dialog und also Hören – Sich-äußern – was zur Musik hinüberführt, in der ›gespielt‹ wird und dann Töne erklingen, oder auch Geräusche – und Stille. [...] Tatsächlich sehe ich Musik als Medium menschlicher Kommunikation, eines Miteinander-Umgehens, das zu Gemeinschaft führt – zu communio, womit wir wieder in die Nähe der Theologie kämen."*[78]

Dieses Zitat spiegelt Schnebels musikalisch-gesellschaftlich-theologischen Kosmos, in welchem sich alles wechselseitig durchdringt und befruchtet. Gesellschaft ist also eine Kategorie, die sowohl sein Komponieren als auch sein Theologisieren bestimmt mit einem erklärten Ziel: der Freisetzung.[79]

Es gibt wohl kaum einen deutschen Komponisten der Nachkriegszeit, welcher sein kompositorisches Schaffen in so existenzieller Weise gesellschaftlich begründet und durchdacht hat wie Helmut Lachenmann. Über Jahrzehnte hat er sein Komponieren mit ästhetischen, philosophischen und theoretischen Aufsätzen begleitet, welche zumeist in irgendeiner Art um das Thema Musik und Gesellschaft kreisen. Um eine Auswahl zu treffen, werden in diesem Zusammenhang drei Aufsätze berücksichtigt, welche um die Zeit der Entstehung von *Consolation II* verfasst wurden: *Zum Verhältnis Kompositionstechnik – Gesellschaftlicher Standort* (1971/72), *Zur Fra-*

---

die Kirche, umfasste antizipatorische Visionen von einem seiner selbst bewußten Menschen in der Kirche und als Interpret neuer Musik." G. Nauck 2001, S. 84.

78 Ebd., S. 81.

79 Siehe S. 15.

ge *einer gesellschaftskritischen (-ändernden) Funktion der Musik* (1972) sowie *Die gefährdete Kommunikation* (1973).[80]
Es mag zunächst einmal erstaunen, dass Lachenmann hinsichtlich gesellschaftsverändernder oder -beeinflussender Funktionen und Möglichkeiten von Musik äußerst skeptisch ist, auch und gerade im Hinblick auf Neue Musik bzw. Avantgarde. So sieht er kaum Anzeichen dafür, dass die Ästhetik von Werken führender Komponisten der Neuen Musik das gesellschaftliche Bewusstsein wesentlich verändert hätte.[81]
Musik kann man laut Lachenmann ohnehin nicht mit dem Vorsatz komponieren, die Gesellschaft zu verändern. Sobald Musik etwas verkünden wolle oder den Hörer zu irgendwelchen Aktionen auffordern wolle, wirke sie reaktionär:

> *„Sie kann verbale Aufrufe zu gesellschaftsverändernden Maßnahmen (oder zu deren Gegenteil) nur pauschal in demagogischen Sinn unterstützen, indem sie anhand expressiver Klischees der kleinbürgerlichen Ästhetik solche Aufrufe irrational verklärt, fetischisiert und sie dem Kult des Bestehenden einverleibt."*[82]

Was kann Musik in Bezug auf Gesellschaft also bewirken? Sie muss gängige Normen durchkreuzen, verfestigte Ansichten und Kategorien verneinen, Bekanntes in neue Kontexte stellen und stets auf der Suche nach Unbekanntem sein. Musik erfinden bedeutet laut Lachenmann negativ handeln.[83] Auf der Grundlage dieses Bewusstseins proklamiert er einen ra-

---

80   Siehe H. Lachenmann: Zum Verhältnis Kompositionstechnik – Gesellschaftlicher Standort, in: Musik als existenzielle Erfahrung, Wiesbaden 1996, S. 93ff.

81   Vgl. Ebd., S. 94.

82   H. Lachenmann: Zur Frage einer gesellschaftskritischen (-ändernden) Funktion der Musik, in: Musik als existenzielle Erfahrung, Wiesbaden 1996, S. 98.

83   Vgl. H. Lachenmann: Die gefährdete Kommunikation, in: Musik als existenzielle Erfahrung, Wiesbaden 1996, S. 100.

dikalen Kunstbegriff, der sich außerhalb von gesellschaftlichen Normen bewegt: Kunst als Resultat des Denkens, als Reflexion ästhetischer Mittel und Erfahrungskategorien und als ‚Medium der Ungeborgenheit'.[84]

Wie hängt nun also die Behandlung des musikalischen Materials mit gesellschaftlichem Umdenken zusammen? Wenn eine Komposition ein Produkt kritischen Denkens sein soll, wenn sie den Rezipienten durch Negation bzw. Verweigerung zur kritischen Auseinandersetzung mit sich selbst provozieren soll, stellt sie sich einer gesellschaftlichen Verantwortung und kann somit ein Signal für die Gesellschaft sein: das kritische Reflektieren als Freiheit. Mit dieser Signalwirkung ist für Lachenmann das, was Musik in Bezug auf Gesellschaft zu leisten vermag, ausgeschöpft. Dies ist allerdings nicht wenig, denn an Stelle der „gesellschaftlichen Beweihräucherung oder Ausräucherung" wird Musik zu einem Feld der „aufgeklärten Auseinandersetzung der Gesellschaft mit ihrem eigenen Denken" ganz im Sinne von Lachenmanns Diktum, „daß Hören wehrlos ist – ohne Denken".[85]

Natürlich waren auch für György Ligeti, schon allein aufgrund seiner ungarischen und rumänischen Vergangenheit, Gesellschaft und Politik thematische Bereiche, welche ganz allgemein in Kunst und Musik eine Rolle spielen. So hängt für ihn die musikalische Struktur von Werken durchaus mit gesellschaftlichen Gegebenheiten ihrer Entstehungszeit zusammen,[86] Gesellschaft und musikalische Struktur sind allerdings weder identisch noch lassen sich aus musikalischen

---

84 Vgl. H. Lachenmann: Zum Verhältnis Kompositionstechnik – Gesellschaftlicher Standort, in: Musik als existenzielle Erfahrung, Wiesbaden 1996, S. 95.

85 Vgl. ebd., S. 97.

86 Siehe G. Ligeti: Apropos Musik und Politik, in: Gesammelte Schriften Bd. 1, hrsg. v. M. Lichtenfeld, Mainz 2007, S. 233ff.

Strukturen konkrete soziale Umstände ablesen:[87] „Ein Mo-
zart- oder Haydn-Streichquartett reaktionär zu nennen, weil
Mozart oder mehr noch Haydn, sagen wir, in Diensten eines
Fürsten standen [...] ist infantil."[88] Avantgarde-Diskussionen,
ob die Neue Musik oder bestimmte Richtungen Neuer Musik nun politisch fortschrittlich oder reaktionär seien, interes-
sierten ihn nicht:

> *„Sie [die Neue Musik] ist nicht fortschrittlich im politischen Sinne*
> *und nicht rückschrittlich, genauso wie Mathematik nicht fortschritt-*
> *lich oder rückschrittlich ist. Sie gehört in ein Gebiet, das anderswo*
> *liegt."*[89]

Auch weigerte sich Ligeti zeitlebens, sein eigenes kompositorisches Schaffen als Ausdruck irgendeiner gesellschaftlichen
Positionierung oder als Movens politischer oder sozialer Veränderungen zu sehen:

> *„[...] ich bin gegen diese vollkommen naive Verwechslung von ver-*
> *schiedenen Bereichen, gegen die Art von Druckmittel:* »Bekenne
> Dich zum politischen Fortschritt, auch durch deine Arbeit! Wenn
> Du das nicht tust, wenn Du abseits stehst, dann bist du in einer
> Reihe mit der Reaktion, mit den Unterdrückern«. *Ich glaube, darin*
> *steckt ein logischer Fehler."*[90]

---

87 Lachenmann sah in Kompositionen wie *Atmosphères* ein „Signal
zu einer Verharmlosung des ursprünglichen Avantgarde-An-
spruchs, indem sie alte tonale Erfahrungskategorien, wie etwa
Klangfarben-Komposition im impressionistischen Sinn [...] re-
staurierten, zugleich mit dem Phänomen der Verfremdung als
bewußt antithetischem Reiz [...] ungebrochen operierten und
sich damit auf das Niveau jener Publikumserwartungen einstell-
ten, die mitsamt ihrer Ideologie zu überwinden Avantgarde sich
einstmals vorgenommen hatte." H. Lachenmann: Zum Verhältnis
Kompositionstechnik – Gesellschaftlicher Standort, in: Musik als
existenzielle Erfahrung, Wiesbaden 1996, S. 95.

88 Siehe G. Ligeti: Apropos Musik und Politik, in: Gesammelte
Schriften Bd. 1, hrsg. v. M. Lichtenfeld, Mainz 2007, S. 234.

89 Ebd., S. 235.

90 Ebd., S. 234.

Noch weniger als bei Ligeti scheint es in Bezug auf das Schaffen Heinz Holligers möglich, dieses mit den avantgardistischen Gesellschaftsdiskussionen der 1960er Jahre in Verbindung zu bringen. Keine großen theoretischen Abhandlungen, keine ästhetischen und philosophischen Aufsätze begleiten sein Komponieren, keine „Gesammelten Schriften" dokumentieren seine Positionen. Holliger erscheint bei aller Popularität als zurückhaltender, bescheidener und ruhiger Charakter. In der Schweiz aufgewachsen blieb er verschont von den Entbehrungen und Erfahrungen der deutschen Kriegs- und Nachkriegsgeneration. Während in den 1960er Jahren in Deutschland die Avantgarde um Dimensionen von Musik und Gesellschaft diskutierte, vertiefte Holliger einerseits seine Kompositions-Ausbildung durch Kurse an der Musikakademie Basel bei Pierre Boulez und war andererseits als bekannt werdender Oboist mit Konzerten, Tourneen und Schallplattenaufnahmen beschäftigt.[91]

Auf den zweiten Blick jedoch nimmt Holligers Schaffen und Wirken auf subtile Art und Weise bis zum heutigen Tag Stellung zu gesellschaftlichen Dimensionen, wenn auch nicht explizit, sondern sichtbar vor allem durch die Gegenstände seiner Beschäftigung.[92] Clytus Gottwald hat versucht, diese subtilen Beziehungen in einer Laudatio auf Heinz Holliger zu beschreiben.[93] Bereits in der außergewöhnlichen Virtuosität des Oboisten Holliger seien soziale Bezüge bzw. einen Widerschein der Komplexität einer modernen Gesellschaft

---

91   Vgl. K. Ericson: Heinz Holliger. Spurensuche eines Grenzgängers, Bern 2004, S. 67ff. Vgl. auch M. Baumgartner 2003, Sp. 226.

92   Zu dieser Einschätzung passt Holligers während eines Meisterkurses im Rahmen des Zeitfluss-Festivals 2013 an der Musikhochschule Karlsruhe getätigte Äußerung (sinngemäß), er wolle sich bewusst weder mit Computern noch anderen modernen Kommunikationsmitteln beschäftigen, da er diese Art von Technisierung der Gesellschaft für eine andere Form des Faschismus halte.

93   C. Gottwald 1998, S. 148ff.

sichtbar: „In ihr vermag sich eine aufs Technische gerichtete Gesellschaft, was den Stand ihrer Technik angeht, ohne Umschweife wiederzuerkennen [...]."[94] Beim Komponisten Holliger sieht Gottwald hauptsächlich durch Texte und Autoren, mit welchen sich Holliger von seinen frühesten Kompositionen an beschäftigte, Beziehungen zu gesellschaftlichen Dimensionen aufgezeigt:

> „Tief getroffen von Adornos Diktum, nach Auschwitz könne kein Gedicht mehr geschrieben werden, suchte er seine Musik durch Texte zu bestimmen, die solche Unmöglichkeit artikulierten."[95]

Genannt sei beispielhaft Holligers Auseinandersetzung mit der Physiognomie und den Texten Hölderlins. In dieser Beschäftigung artikuliert sich laut Gottwald die Überzeugung, „daß sich gerade im vorgeblich Wahnsinnigen Wahrheit über die Gesellschaft unverstellter manifestiert als im angepaßt Normalen", denn: „Die total rationalisierte Welt braucht keine Irrenhäuser mehr, sie ist selbst eines."[96]

In dem Spannungsfeld Musik und Gesellschaft, welches hier auf die entsprechende Thematik hin skizziert wurde, ereignete sich nicht nur avantgardistisches Komponieren, sondern auch die Entwicklung einer neuen Art der Chormusik. So spielten Reflexionen über gesellschaftliche Themen wie etwa das Verhältnis des Individuums zum Kollektiv keine unwesentliche Rolle bei der Entstehung avantgardistischer Chormusik, welche im folgenden Kapitel erörtert werden soll.

---

94   C. Gottwald 1998, S. 149.

95   Ebd., S. 151.

96   Ebd., S. 152/155.

2.4 Clytus Gottwald, die Schola Cantorum und Neue Musik als spekulative Theologie

Alle vier Werke, die Gegenstand dieser Dissertation sind, wurden durch das Stuttgarter Ensemble Schola Cantorum uraufgeführt. Dies ist kein Zufall. Von 1960 bis 1990 sang dieses Ensemble über 80 Ur- und Erstaufführungen. Gottwald und die Schola Cantorum haben die Geschichte der avantgardistischen Chormusik in der zweiten Hälfte des 20. Jahrhunderts nicht nur begleitet: Es ist keine Übertreibung zu behaupten, dass die avantgardistische Chormusik[97] durch dieses Ensemble und seinen Leiter maßgeblich beeinflusst und gestaltet wurde. Insofern sind die Impulse, welche von Gottwald und der Schola Cantorum ausgingen, in unmittelbarer Weise Nährböden für die Werke dieser Arbeit. Darüber hinaus ist es u.a. dem studierten Theologen Gottwald (und seinem Freund, dem Komponisten-Theologen Dieter Schnebel) zu verdanken, dass in der zweiten Hälfte des 20. Jahrhunderts im deutschsprachigen Raum eine Reflexion über die theologische Dimension Neuer Musik und über das Verhältnis von Theologie und Avantgarde stattgefunden hat.

Der 1925 in Schlesien geborene Gottwald erhielt seine musikalische Ausbildung zunächst unter Kurt Thomas am Musischen Gymnasium in Frankfurt. Schon in dieser Zeit in-

---

97 Auch wenn die vier in dieser Arbeit behandelten Werke wie viele andere der von Gottwald aufgeführten Werke für solistisch agierende Ensembles bestimmt sind, werden sie im Folgenden konsequent als Chormusik bezeichnet: „Neue Chormusik schafft vielerlei Zwischenstufen zwischen dem Einzelnen und dem Ganzen, so daß chorische Wirkung nicht vorausgesetzt, sondern kraft Summation entsteht. Bezeichnenderweise schreibt man neuerdings entweder für Ensembles von Solostimmen, oder man atomisiert die großen Besetzungen, um auch die Choristen in Solisten zu verwandeln. Sie sind das freilich auch nicht recht, da der Chor als Unter- oder Hintergrund [...] ja selbst aufgelöst wird [...]." D. Schnebel: Sprache hin und zurück (Neue Chormusik), in: Anschläge – Ausschläge, München 1993, S. 222.

teressierte er sich allerdings wenig für die Ideale der Sing-
bewegung und die neobarocke Ideologie, die dort gepflegt
wurde.[98] Nach Krieg und Gefangenschaft gelangte Gottwald
1946 nach Stuttgart, wo er als Sänger im Rundfunkchor Arbeit fand. Ab 1950 studierte er in Tübingen, später in Frankfurt Musikwissenschaft. Zum entscheidenden Ereignis im
Hinblick auf die Entwicklung der avantgardistischen Chormusik wurden für Gottwald 1952/53 Konzerte des Pariser Vokalensembles Marcel Couraud in Stuttgart:

> *„Wäre es nicht banal, würde ich formulieren, Courauds Konzert
> war mein Damaskus-Erlebnis. Zentrum des Programms bildeten
> die Cinq Rechants von Olivier Messiaen. Diese Schlagkraft, diese
> Präsenz und diese Musikalität waren überwältigend. Nichts mehr
> von einer Singkreis-Idylle, nichts mehr von dem sterilen Neobarock
> der Thomas-Schule. Auf einmal wusste ich, in welche Richtung die
> Chormusik entwickelt werden musste."[99]*

Als Couraud nach Auflösung seines Pariser Ensembles 1954
nach Stuttgart kam, wurde Gottwald dessen Assistent. Was
war es nun genau, was Gottwald an dieser Art von Chormusik so faszinierte und wie hängt sein einschneidendes Er-
lebnis mit der Schola Cantorum zusammen? Gottwalds Eindruck von damals lässt sich nicht mehr genau rekonstruieren,
doch hilft vielleicht der Blick auf die Beschaffenheit der dort
aufgeführten Musik. „„Wir kommen alle aus Gogols Mantel',
dieses Wort Dostojewskis ließe sich ohne Zögern auch auf
Messiaen adaptieren. Was an neuer Chormusik zählt, zehrt in
unterschiedlicher Art von den *Cinq Rechants*."[100] Die *Cinq Rechants* sind dem Vokalensemble Marcel Couraud gewidmet
und wurden diesem Ensemble quasi auf den Leib geschrieben. Das Werk ist für zwölfstimmigen gemischten Chor kom-

---

98   Zu den biographischen Details siehe C. Gottwald: Rückblick auf
     den Fortschritt, Stuttgart 2009.

99   Ebd., S. 17.

100 C. Gottwald 1998, S. 236

poniert: drei Sopran-, drei Alt-, drei Tenor- und drei Bassstimmen. Dabei singen die einzelnen Stimmgruppen sowohl unisono als auch, wie z.b. im dritten Stück, in zwölf eigenständig auskomponierten Solostimmen.[101] Es handelt sich also um ein klein besetztes, solistisch agierendes Ensemble, welches von jeder Sängerin und jedem Sänger absolute Eigenständigkeit, Souveränität und Verlässlichkeit einfordert und somit eine neue Art von Präzision ermöglicht. Genau hier sah Gottwald das Potential zur Weiterentwicklung der Leistungsfähigkeit eines sängerischen Kollektivs. Während er den klassischen Chor als ein erstarrtes Kollektiv bezeichnete, in dem die Leistung des einzelnen Sängers quasi unterginge, sah er in der kammermusikalischen Reformierung dieses Kollektivs die musikalische Verantwortung wieder zurück an den Einzelnen gegeben.[102]

Die Schola Cantorum wurde 1959/60 zunächst gegründet, um Werke der niederländischen Vokalpolyphonie aufzuführen, immerhin hatte Gottwald ja über den Renaissance-Komponisten Johannes Ghiselin promoviert. Doch bereits hier sah man sich nicht einem Historismus oder einer historischen Aufführungspraxis verpflichtet:

> „[…] schon gar nicht wollten wir eine historische Situation restituieren, sondern wir wollten diese Musik von der Gegenwart her, aus unserer Situation heraus musikalisch bestimmen. Nicht das Zerrbild irgendeiner ‚historischen Aufführungspraxis' sollte uns leiten, sondern die Neuentdeckung dieser großartigen Musik konnte nur als Entdeckung der, um mit Bloch zu sprechen, utopischen Momente, die in diese Musik sich einsenkt fanden, gedacht werden."[103]

Auch wenn späte Reflexionen früherer biographischer Ereignisse mit Vorsicht zu lesen sind, ist diese Einstellung des damals 35jährigen studierten Musikwissenschaftlers und

---

101   Vgl. O. Messiaen: Cinq Rechants, Paris 2001.

102   Vgl. C. Gottwald 2009, S. 67.

103   C. Gottwald 1998, S. 14.

Experten für Alte Musik dennoch bezeichnend und wegweisend. So verwundert es nicht, dass sich die Schola Cantorum schon 1964, neben Gregorianik und niederländischer Vokalpolyphonie, der zeitgenössischen Musik zuwandte. Mit der Arbeit an Hindemiths *Messe* entstand in Erweiterung der Couraud'schen Zwölferbesetzung die wegweisende Besetzung für 16 Stimmen (4-4-4-4), welche prägend für die gesamte avantgardistische Chormusik der zweiten Hälfte des 20. Jahrhunderts werden sollte. Gottwald versucht die Plausibilität dieser Besetzung in der für ihn gewohnten Manier sowohl auf musikalischer als auch auf philosophischer Ebene zu begründen:

> *„Die Zahl 16 markierte für mich den Punkt, an dem sowohl eine kollektive Wirkung als auch eine solistische Verästelung der Stimmen möglich waren."*[104]

> *„Wir konnten auf diese Weise den Schwierigkeiten entgehen, die Adorno im Blick auf das Orchester so treffend beschrieben hatte."*[105]

Es wird nicht ganz klar, auf welche Schwierigkeiten Gottwald hier abzielt. Gemeint ist wohl die von Adorno beschriebene Problematik, dass in Ensembles im Prinzip jeder Musiker solistisch agieren muss und sich gleichzeitig doch einem Einheitswillen unterzuordnen hat. In einem größeren Ensemble oder Orchester potenziert sich diese Schwierigkeit mit zunehmender Anzahl der beteiligten Musiker:

> *„Der Orchesterapparat ist ebenso sich selbst – denn kein Mitglied hört jemals präzise alles, was simultan ringsherum geschieht – wie der Einheit der darzustellenden Musik entfremdet."*[106]

Dieses Problem, welches für Adorno natürlich ein gesellschaftliches ist, das in die Musik hineinspielt, wäre demnach

---

104   C. Gottwald 2009, S. 25.

105   C. Gottwald 1998, S. 16.

106   Th. W. Adorno: Einleitung in die Musiksoziologie, Gesammelte Schriften Bd. 14, hrsg. v. R. Thiedemann, Frankfurt ³1990, S. 296.

allerdings durch ein überschaubares solistisches Ensemble lediglich entschärft, nicht jedoch behoben.

Gottwald sah mit dieser Besetzung und ihren Möglichkeiten jedenfalls die Präzision, die Schlagkraft und die zu-
kunftsweisende Gestalt eines Chores, wie er sie bei Couraud
erlebt hatte, verwirklicht. Mit der Uraufführung des als un-
aufführbar geltenden *Dt 31,6* von Dieter Schnebel im Jahr
1965 war die Schola Cantorum als führendes Spezialisten-
Ensemble für avantgardistische Chormusik endgültig etab-
liert. Die folgenden Jahrzehnte lesen sich als kontinuierliche
Abfolge von Auftritten bei allen renommierten Festivals für
Neue Musik. Die Zusammenarbeit mit den führenden Komponisten der Avantgarde, darunter Boulez, Schnebel, Ligeti,
Holliger, Lachenmann und Kagel brachte eine Fülle von Ur-
aufführungen geistlicher Chormusik mit sich. [107] Dabei fällt
auf, dass Gottwald keineswegs nur bestimmte Richtungen
avantgardistischer Musik berücksichtigte. Obwohl ein deutlicher Schwerpunkt bei der Initiative und Aufführung experimenteller Sprachmusik liegt, demonstriert die Beschäftigung
der Schola Cantorum mit so unterschiedlichen Werken wie
Hindemiths *Messe*, Ligetis *Lux aeterna*, Cages *Song Books* oder
Lachenmanns *Consolations* die musikalische Offenheit Clytus
Gottwalds und sein Bemühen, ganz unterschiedliche Kompo-
sitionsstile zu berücksichtigen.

Es ist Gottwald zumindest für einen bestimmten äußerst fruchtbaren Zeitraum gelungen, Chormusik an die aktuelle kompositorische Praxis anzubinden. Dass diese avantgardistische Chormusik zuallererst geistliche Chormusik[108]
war, ist ebenfalls Gottwald zu verdanken, hat aber vorwie-

---

107   Vgl. C. Gottwald 1998, S. 17ff.

108   Es handelt sich freilich nicht mehr um kirchliche oder liturgische
Musik, sondern um Musik, die einerseits gemäß der Forderung
Adornos Wahrhaftigkeit anstrebt, indem sie sich Leid und gesellschaftlichen Widersprüchen stellt (vgl. hierzu W. Herbst: Musik
in der Kirche, in: MGG2, Sachteil Bd. 6, Kassel 1997, Sp. 725) und

gend pragmatische Hintergründe: Gottwald war von 1958 bis 1970 Kantor an St. Paul in Stuttgart. Da für die Aufführungen der Schola Cantorum zunächst nur diese Kirche zur Verfügung stand, der pietistisch geprägte Kirchengemeinderat aber ausschließlich geistliche Musik in dieser Kirche duldete, hatten die Komponisten sich an diese Vorgabe zu halten und sich mit religiösen Themen auseinanderzusetzen.[109]

Bei aller berechtigten Würdigung Gottwalds werden heute manche rezeptionsgeschichtliche Folgen seiner chorischen Spezialisierung und Professionalisierung für die geistliche Chormusik der Avantgarde teilweise durchaus auch kritisch gesehen.

An der Situation, dass Chormusik zu einem ganz wesentlichen Teil mit Laienmusik verbunden ist, hat sich grundsätzlich wenig geändert: Ein Großteil der Chorlandschaft besteht aus Laienchören und semiprofessionellen Ensembles. Formationen mit ausschließlich ausgebildeten Sängern sind zwar keine Seltenheit mehr, wie es im 19. Jahrhundert bis weit ins 20. Jahrhundert hinein der Fall war.[110] Und doch bleiben professionelle Ensembles, welche sich gezielt mit Werken der Avantgarde auseinandersetzen, Sondererscheinungen. War der von Gottwald eingeschlagene Weg der absoluten Spezialisierung des Chores auf eine bestimmte Anzahl von

---

andererseits neue Dimensionen religiöser Erfahrung ermöglicht (s.u.).

109 Siehe C. Gottwald 1998, S. 17.

110 Noch 1927/28 fordert Hindemith in einem Vortrag über die Zukunft der Chormusik zwar, dass diese Abneigungen gegenüber Neuer Musik überwinden solle, dass allerdings Klangeffekte, welche nicht in der Natur des Singens liegen, vermieden werden sollen und dass als oberstes Gesetz die bequeme Sangbarkeit eines Chorsatzes zu gelten habe. Vgl. P. Hindemith: „Wie soll der ideale Chorsatz der Gegenwart oder besser der nächsten Zukunft beschaffen sein", in: Paul Hindemith. Aufsätze, Vorträge, Reden, hrsg. v. G. Schubert, Zürich 1994, S. 25–28.

ausgebildeten Solisten und die dadurch möglich werdende musikalische Komplexität eine Sackgasse? Gottwalds Wirken muss vor dem Hintergrund seiner Biographie und den Erfahrungen aus der Zeit des Nationalsozialismus gesehen werden. Wie viele seiner Generation lehnte er alle Singkreis-Ideologien[111] ab und betonte stets die Freiheit des Subjektes gegenüber jeder Art von Gemeinschaftsideologie.[112] Darüber hinaus litt er an der Mittelmäßigkeit und dem schlechten Ruf vieler Chöre und Chorsänger. Im Nachhinein ist es müßig zu urteilen, ob Gottwald Mitschuld daran trägt, dass avantgardistische geistliche Chormusik lediglich ein Nischendasein im heutigen Musikleben führt,[113] abgesehen von speziellen Festivals für Neue Musik,[114] bzw. ob es überhaupt intellektuell zu rechtfertigende Alternativen zu dieser Spezialisierung und Professionalisierung gegeben hätte.

Fraglich bleibt, inwiefern die Tatsache, dass avantgardistische Chormusik in Konzerten mit geistlicher Musik der Moderne kaum einen festen Platz hat, auf das Umfeld von Gottwalds Wirken zurückgeführt werden kann. Dass diese Musik, die ja meist nie als liturgische Musik oder Musik im Gottesdienst konzipiert war, innerhalb der kirchenmusikalischen Praxis so gut wie keine Rolle spielt, darf dabei nicht

---

111 Gemeint sind Singkreis-Traditionen der Nachkriegszeit wie z.B. der Schwäbische Singkreis von Hans Grischkat. Mit diesen aus dem Laienmusizieren kommenden Jugend-und Singbewegungen war eine Ideologie der Massen und eine konservative Musikanschauung verbunden, welche große Teile der Musik der Romantik und Moderne als minderwertig abstufte.

112 Vgl. C. Gottwald 1998, S. 232.

113 Dies gilt freilich nicht für alle Werke in gleichem Maße, so gehört etwa Ligetis *Lux aeterna* heute zum Repertoire vieler semi-professioneller und professioneller Ensembles.

114 Beispielhaft sei das jährlich stattfinde Festival *Utopie jetzt!* in Mühlheim an der Ruhr genannt.

verwundern.[115] Verwundern darf lediglich die Tatsache, dass
trotz der Jahrzehnte andauernden Konzerttätigkeit und Ver-
mittlungsarbeit Gottwalds geistliche Werke der Avantgarde auch an der säkular-sakralen Schnittstelle von Konzerten
im Kirchenraum eine marginale Rolle spielen. Gottwald, der
als genauer Analytiker die Situation der Kirchenmusik und
ihre Entwicklung reflektieren konnte, sah in der „Organisation Kirche", darin stimmte er mit seinem Komponistenfreund
Schnebel überein, keinen Ort für avantgardistische Musik.
Gründe hierfür lagen für ihn, neben besonderen Problemen
württembergisch-pietistischer Provenienz, in einer fatalen
Verquickung von Kirche und Gesellschaft:

> „Je mehr Kirche sich als Organisation begreift, desto mehr hat sie dar-
> auf zu achten, dass sie für die ‚Weltkinder' attraktiv bleibt bzw. wird,
> sie muß, wie andere Organisationen auch, neue Mitglieder werben
> [...]. Sie kann es sich nicht leisten, in einer Gesellschaft, in der Er-
> folg zum General-Kommunikationsmedium avancierte, sich gleich-
> gültig gegenüber dem Erfolg zu verhalten [...]."[116]

Die Abkopplung avantgardistischer geistlicher Musik von der
Kirche empfand Gottwald nicht als Verlust: „Weder ist Kirche
die Kondition des Heils, noch jene der Musik. [...] Nicht mehr
wird Musik funktional gehandhabt, also unter der Prämisse
gottesdienstlicher Verträglichkeit, sondern sie wird gemessen

---

115   Es scheint im deutschsprachigen Raum unter den Komponisten
      der zweiten Hälfte des 20. Jahrhunderts ein breiter Konsens über
      die Unvereinbarkeit von zeitgenössischer Musik und Liturgie zu
      herrschen: „Geistliche Musik stellt sich aufgrund der geschichtli-
      chen Entwicklung als in jeder Hinsicht völlig unabhängig von der
      Liturgie dar, sie ist der Liturgie entwachsen. Es wäre falsch und
      auch vergeblich, sie zurückholen zu wollen." H. Zender: Happy
      New Ears, Freiburg ²1997, S. 97. Die Plausibilität dieses Konsen-
      ses wäre in weiterführenden Forschungen, auch in Anbetracht
      des in dieser Arbeit aufgezeigten theologischen Potentials vieler
      Werke jener Zeit, zu hinterfragen.

116   C. Gottwald 1998, S. 225.

werden an der Möglichkeit geistlicher Erfahrung."[117] Es mag
sein, dass rückblickend Gottwalds Diktum von der Unverein-
barkeit von Avantgarde und kirchlichen Strukturen, welches
vor dem Hintergrund persönlicher Erfahrungen durchaus
verständlich ist, auch kontraproduktiv für eine Verankerung
vieler avantgardistischer Werke im geistlichen Konzertreper-
toire war, das ja bis heute größtenteils innerhalb kirchlicher
Strukturen verortet ist. Andererseits bleibt es gerade das Ver-
dienst von Clytus Gottwald, wie nur wenige die Möglichkeiten neuer geistlicher Erfahrung und die theologische Aussagekraft avantgardistischer Musik erfasst zu haben. So steht
er u.a. mit seinen Ausführungen in *Neue Musik als spekulative
Theologie*[118] Pate für die Thematik dieser Arbeit.

Gottwald stellt seine Ausführungen zu Musik und Religion
unter den Begriff der spekulativen Theologie.[119] Dieser Terminus kann unterschiedliche Bedeutungen haben. Gottwald
knüpft in gewisser Weise an eine Richtung der evangelischen
Theologie des 19. Jahrhunderts an, nach welcher spekulative Theologie „ein von Anhängern verschiedener Positionen
des Deutschen Idealismus getragener Versuch [ist], die christliche Glaubenslehre als notwendigen Teil vernünftigen Wissens zu entwickeln [...]."[120] In diesem Sinne versteht Gottwald Theologie als Tätigkeit der Vernunft, genauer gesagt als
auf sich selbst gerichtete Reflexion, und Musik nicht als Dekoration, als bloße Interpretation oder Auslegung eines Textes, sondern selbst als Teil dieses Reflexionsprozesses, so dass

---

117   C. Gottwald 1998, S. 228.

118   C. Gottwald 2003.

119   Die Groß- und Kleinschreibung des Terminus der spekulativen
        Theologie wird im Folgenden an die Gottwald'sche Schreibweise
        angelehnt.

120   L. Hell: Spekulative Theologie, in LThK Bd. 9, hrsg. v. W. Kasper,
        Freiburg 1993, 2006, Sp. 829.

sie selbst zu spekulativer Theologie wird.[121] Gottwald wird nicht müde zu betonen, dass Musik, die wahrhaftig nach einer für ihre Zeit gültigen Bestimmung des Geistlichen sucht, über das Narrative und Explikatorische weit hinausreicht.[122] Vor diesem Hintergrund untersucht er, wie in Werken von Komponisten des 20. Jahrhunderts das theologisch-reflexive Moment Bestandteil des Kompositionsprozesses wurde. Voraussetzung seiner Ausführungen ist ein philosophischer Rekurs, welcher von Hegel ausgehend bis in die Moderne reicht. Dieser Rekurs soll im Folgenden kurz skizziert werden, da er für die Thematik dieser Arbeit wesentliche philosophisch-theologische Grundlagen aufzeigt.

Gottwalds Rekurs vom Idealismus bis zur kritischen Theorie, von Hegel zu Adorno verfolgt den Zweck, drei zentrale Gedanken darzustellen und zu belegen:

1.) Wenn religiöse bzw. geistliche Musik nicht bloß Dekoration eines Inhalts oder Interpretation bzw. Narration eines Textes sein will, muss die religiöse Substanz im Musikalischen selbst verwurzelt sein, muss also wesentliches Moment der Musik selbst sein.[123]

Der Terminus der spekulativen Theologie im oben genannten Sinne lässt sich an Hegel festmachen. Doch welche Rolle spielte hier das Verhältnis von Musik und Religion? Für Hegel ist die Verwandtschaft von Kunst und Religion eine substanzielle, für ihn wird der Zustand der Religion in der Kunst zur sinnlichen Anschauung gebracht.[124] Gottwald zweifelt allerdings zu Recht daran, dass Hegel die Musik hierbei in vollem Maße mit einbezog. Für Hegel blieb Musik letztlich

---

121 Vgl. C. Gottwald 2003, S. 1.

122 Ebd., S. 2.

123 Siehe ebd., S. 14.

124 Vgl. ebd., S. 6.

„warme Nebelerfüllung"[125], das musikalische Denken komme nicht zum Begriff und habe somit keine philosophische Dignität.[126] Hegel spricht hier ein bekanntes und oft diskutiertes Phänomen an: die Unbestimmtheit von Musik. Gerade an jener Unbestimmtheit lässt sich laut Gottwald allerdings festmachen, dass ein wie auch immer gearteter religiöser Gehalt von Musik nicht nur von einem Text ausgehen kann, sondern im Musikalischen selbst verankert sein muss. So wird für ihn auch erklärbar, dass ein und dieselbe Musik, unterlegt mit verschiedenen Texten, jeweils unterschiedliche Aussagekraft erhält. Es ist die Vieldeutigkeit der Musik, die Gottwald gerade nicht im Sinne einer Abwesenheit von religiöser Substanz, sondern im Sinne einer Verwurzelung dieser Substanz im Musikalischen wertet. Die Vieldeutigkeit wird so zur Bedingung für die Anpassung von Musik an religiöse oder ideologische Bedürfnisse.[127]

Wie kann nun aber die religiöse Substanz innerhalb des Musikalischen begrifflich erfasst werden? Gottwald knüpft zur Bezeichnung dieser Substanz an Adornos Vorstellung vom Musikalischen als immanenter Transzendenz an:

> *„Was an Musik ihre Transzendenz heißen kann: daß sie in jedem Augenblick geworden ist und ein Anderes, als sie ist: daß sie über sich hinausweist, ist kein ihr zudiktiertes metaphysisches Gebot, sondern liegt in ihrer eigenen Beschaffenheit, gegen die sie nicht ankann."*[128]

Überall dort also, wo Musik ein Prozess des Werdens ist, ausgehend vom Einzelton bis hin zur großen Form, ist jene immanente Transzendenz spürbar. Dies gilt auch für die Musik

---

125   G.F.W. Hegel: Phänomenologie des Geistes, Werke Bd. 3, Frankfurt ⁴1993, S. 168.

126   Vgl. ebd.

127   Vgl. C. Gottwald 2003, S. 12.

128   T. W. Adorno: Strawinsky. Ein dialektisches Bild, Gesammelte Schriften Bd. 16, hrsg. v. R. Thiedemann, Frankfurt 1978, S. 387.

nach 1945, selbst wenn diese zunächst versuchte, sich gegen jegliche Art des Prozesses und der Sinnstiftung zu verwehren.[129]

2.) Dies wird verstärkt durch die Tatsache, dass spätestens in der Moderne Zweifel an der Eindeutigkeit und Verlässlichkeit der Sprache, des Wortes und des Begriffes auftreten.

Der Zweifel der modernen Philosophie und Sprachwissenschaft an der Eindeutigkeit des Wortes und der Sprache, artikuliert etwa durch Wittgenstein und Adorno, mag zunächst als ein Negativum für eine textgebundene geistliche Chormusik erscheinen, sie bestätigt jedoch Gottwalds These der Verwurzelung des Religiösen im Musikalischen. Genau bei diesem Misstrauen der Sprache gegenüber, zumal wenn es um das Absolute oder die Transzendenz geht, berühren sich geistliche (Chor-)Musik und Theologie und erschließen das Feld der Negativen Theologie. Gottwald spricht es indirekt an in seiner Kritik an einer „Unterhaltungs- und Spaßmacherkirche", einer positiven Religion, welche den Problemen gerne ausweicht.[130] Er steht dem Terminus der Negativen Theologie allerdings eher skeptisch gegenüber[131] und erwähnt aus der Fülle historischer Konzeptionen Negativer Theologie lediglich diejenige eines Nikolaus von Kues beiläufig im Zusammenhang mit Dieter Schnebels *Dahlemer Messe*.[132]

3.) Musik, und auch hier lehnt sich Gottwald an Adorno an, hat nicht nur eine Geschichte, sondern ist eine Form der Geschichtsschreibung. In der religiösen Musik spiegelt sich also nicht nur die gesellschaftliche,

---

129 Vgl. C. Gottwald 2003, S. 13f.

130 Vgl. ebd., S. 18f.

131 Vgl. Korrespondenz mit C. Gottwald, Kapitel 8.2, S. 249.

132 Siehe C. Gottwald 2003, S. 92.

sondern auch die theologische Entwicklung bzw. die
Entwicklung der Religions- und Kirchengeschichte.

Für Gottwald hat sich in der Musik Geschichte hörbar sedimentiert. So entwirft er ein großes Panorama der Geistesgeschichte und der Geschichte der Naturwissenschaften, in welchem er nicht nur chiliastische Tendenzen, die Einflüsse des
Nihilismus oder den Prozess der Privatisierung von Religion anführt, sondern auch Parallelen zieht etwa zwischen der
Entdeckung der Naturgesetze durch Newton und dem Auf-
kommen der Tonalität, zwischen der Quantenmechanik und
der freien Atonalität oder zwischen der Mikrophysik und
dem Serialismus.[133] Speziell die Musik des 20. Jahrhunderts,
ausgehend von Schönberg, Webern und Strawinsky sieht
Gottwald von religiösen Motiven begleitet, durch die persön-
liche Religiosität der Komponisten beeinflusst und von religiöser Thematik weit mehr durchdrungen, als es auf den ersten Blick scheint.

---

133 Vgl. C. Gottwald 2003, S. 20ff.

3 Analysen

Ist Gottwalds Maxime folgend die religiöse Substanz geistlicher Musik im musikalischen Material zu suchen, so muss
vor der Deutung dieser religiösen Substanz die Analyse des
Materials stehen. Ohnehin sollte der Deutung eines ästhetischen Gegenstandes, möchte diese in irgendeiner Art und
Weise Wissenschaftlichkeit und somit Objektivität für sich
beanspruchen, eine Analyse vorausgehen. Dieses Diktum beinhaltet freilich das Bewusstsein, dass musikalische Analyse
nicht losgelöst von musikästhetischen Positionen und vom
zeitlichen und subjektiven Standpunkt des Analysierenden
existiert.[1]

Konkret heißt dies zunächst, die Werke einer musikalischen bzw. musiktheoretischen Analyse zu unterziehen, welche nicht jedes Detail beleuchten, sondern Wesentliches of-
fenlegen soll. Doch wie lassen sich Werke analysieren, die

---

1   „Eine von Musikästhetik freie oder befreite Analyse ist eine Illusion.
     Die vom Musikanalytiker vorgenommene Analyse gibt nicht
     nur seine musikästhetische Position preis, sondern auch seinen
     historischen Standort [...]. [...] Eine Analyse ist nie abgeschlossen,
     ihr integrativer Bestandteil ist der Erfahrungshorizont des
     Analysierenden. Sie ist aber vollständig, wenn dieser Bezug
     erkannt, kritisch reflektiert und Teil der Analyse ist." G. W.
     Gruber: Analyse, in: MGG2, Sachteil Bd. 1, Kassel 1994, Sp. 579.

sich von ihrer Konzeption her gängigen analytischen Kategorien entziehen? Mit formalem, harmonischem oder rhythmi-
schem Analyseinstrumentarium gewinnt man vielleicht noch
einigermaßen sinnvolle Erkenntnisse zu Ligetis *Lux aeterna*, die drei anderen Werke von Schnebel, Lachenmann und
Holliger verlangen aber eine andere Methodik. Sie können
mit dem freilich unscharfen und dennoch treffenden Begriff
»Sprachkompositionen« bezeichnet werden und sind somit
unter Berücksichtigung des Aspekts der Sprache zu analysieren. Die unterschiedlichen Bedingungen dieses Analysean-
satzes müssen zuvor aber thematisiert werden.

3.1 Sprache und Musik

Verwendet man die zwei Substantive »Musik« und »Sprache«
in einem Zusammenhang, so betritt man unweigerlich einen
seit der Antike umfassend diskutierten und umstrittenen
Themenkomplex. Jede Epoche hat von neuem das Verhältnis von Musik und Sprache und die Frage, ob und inwiefern
Musik sprachähnlich sei, reflektiert.[2] Vor allem in Bezug auf
Vokalmusik wurde stets versucht unter unterschiedlichsten
Prämissen das Beziehungsgeflecht von Wort und Ton zu bestimmen. Für den Kontext dieser Arbeit genügt ein Blick ins
20. Jahrhundert, in dem die Analogie von Musik und Sprache spätestens mit dem Serialismus, in dem nichts mehr von
traditionellen Elementen der Formbildung wie Satz, Halb-
satz oder Periode zu finden ist, endgültig aufgehoben zu sein
scheint zugunsten einer Abkehr von Sprachlichkeit. Doch
muss nicht jegliche Musik, auch die serialistische und post-

---

2   Im 19. Jahrhundert wurde die Diskussion im Zuge der ästhetischen
     Streitpunkte zwischen Absoluter und Programmmusik geführt.
     Vgl. z.B. Eduard Hanslicks Schrift *Vom musikalisch Schönen*, eine
     Streitschrift gegen die „Neudeutschen" um Franz Liszt und
     Richard Wagner.

serialistische, zumindest ähnliche strukturelle Prinzipien wie die Wortsprache aufweisen, um überhaupt rezipierbar zu sein?[3]

Während Adorno der Musik eine konstitutive Sprachähnlichkeit zuschreibt,[4] was für viele Entwicklungen insbesondere von Beethoven bis hin zur freien Atonalität der Zweiten Wiener Schule durchaus plausibel sein mag, macht Schnebel in seinem Aufsatz *Der Ton macht die Musik oder: Wider die Versprachlichung* (1990) auf die tiefgreifenden Unterschiede von Musik und Sprache aufmerksam. Zwar bescheinigt er der Rhetorik und Lyrik durchaus Entsprechungen zur Musik, jedoch nicht dem gewöhnlichen Sprechen:

> *„Tatsächlich ist Musik von Sprache strukturell und essentiell verschieden. Basiert Sprache material auf Phonemen, formal auf Syntax, so Musik einerseits auf Ton (Klang) und Rhythmus, andererseits auf Wiederholung im weitesten Sinn [...]."*[5] *„Grob gesehen mag Musik als Folge von Perioden erscheinen, wo im Mikrobereich die Frequen-*

---

3   Beispielhaft könnte die Notwendigkeit für ein Musikstück angeführt werden, ein „relationales oder referentielles Feld zu etablieren, innerhalb dessen sich ein Erwartungs- und Sinnhorizont entwickeln kann." S. Mahrenholz: Was macht (Neue) Musik zu einer »Sprache«?, in: Musik und Sprache. Dimensionen eines schwierigen Verhältnisses, hrsg. v. C. Grüny, Weilerswist 2012, S. 111.

4   „Musik ist sprachähnlich. [...] Die Sprachähnlichkeit reicht vom Ganzen, dem organisierten Zusammenhang bedeutender Laute, bis hinab zum einzelnen Laut, dem Ton als der Schwelle zum Dasein, dem reinen Ausdrucksträger. Nicht nur als organisierter Zusammenhang von Lauten ist die Musik, analog zur Rede, sprachähnlich, sondern in der Weise ihres konkreten Gefüges." Th. W. Adorno: Fragment über Musik und Sprache, Gesammelte Schriften Bd. 16, hrsg. v. R. Tiedemann, Frankfurt 1978, S. 251.

5   D. Schnebel: Der Ton macht die Musik oder: Wider die Versprachlichung, in: Anschläge – Ausschläge, München 1993, S. 28.

zen der Klangereignisse, im Makrobereich ihre Rhythmik struktu-
riert sind, und insgesamt ist sie geformte Zeit."[6]

Im Gegensatz zu Adorno, der im Hinblick auf die Entstehung
des Serialismus vor einer Entsprachlichung der Musik warn-
te, sieht Schnebel in einer Versprachlichung der Musik eine
Schwächung musikalischer Zusammenhänge.[7] Er betont gerade die produktiven Tendenzen einer seit dem Serialismus
einsetzenden Entsprachlichung. Albrecht Wellmer hat daher
zurecht die Schnebel'sche Parole des ‚Weg-von-der-Sprache'
als „Ausdruck einer Wiederbesinnung auf die in Hinsicht auf
das akustische Material der Musik genuinen Mittel der Konstruktion von musikalischem Zusammenhang"[8] gedeutet.

Und dennoch bleibt auch für Wellmer Musik, insbesondere auf der Metaebene dessen, was er Weltbezug bzw. Welt-
gehalt der Musik nennt, notwendig auf Sprache verwiesen:
„[…] erst das Ineinandergreifen zweier unterschiedlicher In-
terpretationsmedien – des klanglichen und des wortsprach-
lichen – [kann] den geschichtlichen Charakter der Werke
überhaupt verständlich machen […]."[9] Musik sei „wortferne Kunst und doch im Umkreis der Sprache zu Haus."[10] Auf
diese Sentenz stützt Andreas Luckner seine auf zeichentheo-
retischen Überlegungen fußende These, dass „in und durch
Musik sich ein sprachlich verfasstes Wesen vorführt, wie es
über das Vorführen von akustischen Zeigehandlungen zur

---

6   D. Schnebel: Der Ton macht die Musik oder: Wider die
     Versprachlichung, in: Anschläge – Ausschläge, München 1993.
     S. 29.

7   Vgl. ebd., S. 30ff.

8   A. Wellmer: Versuch über Musik und Sprache, München 2009,
     S. 12.

9   Ebd., S. 109.

10   Ebd., S. 110.

Sprache kommt."[11] Für Luckner sind musikalische Elemente nicht-arbiträre, auf sich selbst verweisende Zeichen, welche auf das System der sprachlichen Zeichen dergestalt verwiesen sind, als sie als proto-sprachliche Zeichen nicht unabhängig von sprachlicher Bezugnahme denkbar sind: „Denn die Eigenschaften, die das musikalische Zeichen vorführt, müssen *sprachlich* identifiziert werden, damit wir den Ausdruck – das, was das musikalische Zeichen metaphorisch exemplifiziert – auch verstehen können."[12] Musik kann demnach als Motor bzw. Impulsgeber eines sprachlichen und begrifflichen Suchprozesses verstanden werden.

Es kristallisiert sich bereits anhand der hier skizzierten Positionen und Argumentationslinien heraus, dass das Verhältnis von der Kunstform Musik und dem Zeichensystem Sprache bzw. die Frage nach der Sprachähnlichkeit oder Sprachbezogenheit von Musik auch für die Musik des 20. Jahrhunderts keineswegs abschließend zu beantworten ist. Zu viele historische und systematische Aspekte sowie unterschiedliche Auffassungen von Musik und Sprache spielen hierbei eine Rolle.

3.2 Sprache als Musik

Die Überlegungen zur Analogie von Musik und Sprache bzw. deren Aufhebung können zwar als reflexive Basis einer Werkanalyse dienen, eine konkrete Methodik lässt sich durch sie aber nicht generieren. Wechselt man jedoch in der Beziehung von »Sprache und Musik« die Konjunktion, so erhält

---

11   A. Luckner: »Wortferne Kunst und doch im Umkreis der Sprache zu Haus«. Überlegungen zu einer Philosophie der Musik, ausgehend von einer Sentenz Albrecht Wellmers, in: Musik und Sprache. Dimensionen eines schwierigen Verhältnisses, hrsg. v. C. Grüny, Weilerswist 2012, S. 55.

12   Ebd., S. 70.

man mit »Sprache als Musik« einen neuen Sinnzusammenhang, welcher für die Analyse avantgardistischer Sprachkompositionen essentiell ist. Dabei hat bereits Werner Klüppelholz in seiner grundlegenden Studie zu Sprache als Musik
auf das Paradoxon hingewiesen, Werke, welche mit Negation von Sprache arbeiten mit Hilfe eben jener Sprache zu analysieren.[13]

3.2.1 Übertragung instrumentaler Tendenzen
– Wagners sprachnahe Stimmführung
– Schönbergs Sprechgesang

»Sprache als Musik« meint Verzicht auf eine „geschlossene
Darstellung vorgefundener Texte zugunsten einer Komposition von Sprache in ihrer semantischen, syntaktischen und
klanglichen Dimension."[14] Die Formel »Sprache als Musik«
umschreibt musikhistorisch im Wesentlichen Sprachkompositionen zwischen 1950 und 1970, was nicht weiter verwundert, standen doch in dieser Zeitspanne des 20. Jahrhunderts
ästhetische Auseinandersetzungen mit dem existenziellen
Verständigungsmedium ‚Sprache' im Zentrum einer politi-
sierten Öffentlichkeit.[15] Dennoch hat »Sprache als Musik« eine
Vorgeschichte, welche bis ins 19. Jahrhundert zurückreicht.
Zunächst nennt Klüppelholz instrumentale Tendenzen, welche sich auf Vokalmusik übertragen, beispielsweise das Summen oder rein vokalische Melismatik als instrumentale Nut-
zung der Stimme.[16] Zu finden sind solche „Suspendierungen

---

13   Vgl. W. Klüppelholz: Sprache als Musik, Saarbrücken ²1995, S. 10.

14   Ebd., S. 12.

15   Vgl. R. Nonnenmann: Jenseits des Gesangs, in: MusikTexte 126,
      hrsg. v. G. Gronemeyer u. R. Oehlschlägel, Köln 2010, S. 31.

16   Siehe W. Klüppelholz ²1995, S. 14ff.

des deklamatorischen Prinzips"[17], welches zu Beginn des 19. Jahrhunderts und bis weit ins 20. Jahrhundert hinein das Verhältnis von Sprache und Musik bestimmte, etwa bei Berlioz, Debussy und Mahler. Daneben finden sich jedoch bereits Tendenzen, die weg von der Kantabilität hin zur gesprochenen Sprache führen. Die sprachnahe Stimmführung Richard Wagners wäre hier anzuführen, welche von seinen Zeitgenossen als »sprechähnlich«[18] im Sinne einer Deklamation[19] empfunden wurde. Diese Sprechähnlichkeit lässt sich an vielen Merkmalen von Wagners Singstimmen analysieren: der weitgehenden Vermeidung oder gezielten Einsetzung von Melismen und Koloraturen, einem sprechartigen Melodieverlauf, der genauen Beachtung der Prosodie des gesprochenen Deutschen, der Verwendung deklamatorischer Pausen, einer beständigen Modifikation des Tempos, einer naturalistischen Gestaltung der physischen Konstitution einer Figur, einer dynamischen Realistik und melodramatischen Effekten bis hin zum Schrei, gezielten Stimmklangmodifikationen, einer in seinem Werk zunehmenden Chromatisierung der Singstimmenverläufe, der Vermeidung von Wort- bzw. Verswiederholungen und schließlich die Verwendung von Taktwechseln, welche einer gesprochenen Sprache ohne festes Metrum entgegenkommt.[20]

---

17   W. Klüppelholz [2]1995, S. 15.

18   Der Begriff lehnt sich an Martin Knusts Analysen an, vgl. z.B. M. Knust: Sprachvertonung und Gestik in den Werken Richard Wagners, Berlin 2007, S. 352.

19   Martin Knust weist auf die für das 19. Jahrhundert zentrale, u.a. auf Goethe zurückgehende Unterscheidung von Deklamation und Rezitation hin. Während mit Rezitation ein weitgehend nicht-emotionaler, abgelesener Textvortrag gemeint ist, geschieht die leidenschaftliche Deklamation auswendig und unter Verwendung von Gesten und Gebärden. Vgl. M. Knust 2007, S. 11.

20   Vgl. hierzu ebd., S. 356–364.

Vor diesem Hintergrund führte Arnold Schönberg zwar nicht als erster, aber sicherlich am weitreichendsten Elemente des Sprechens in die Vokalmusik ein. Bei seinen Sprechmelodien handelt es sich nicht um freie Rezitationen, es geht auch nicht um eine singende Sprechweise. Die Tonhöhen sind mittels einer eigenen Notationsweise[21] vorgegeben und sollen mit den Mitteln der Sprechstimme gefunden werden, so dass eine neue Art von Verbindung zwischen Stimme und Instrumentalmusik hergestellt werden kann. Umgesetzt hat Schönberg diese Konzeption in seinem in Korrespondenz mit der Rezitatorin Albertine Zehme komponierten Melodrama *Pierrot Lunaire* (1912). In seinem ‚Drama mit Musik' *Die glückliche Hand* (1913) hat er seine vokalen Innovationen weiterentwickelt und auf den Chorgesang übertragen. Flüstern, Reden und Singen werden dabei virtuos miteinander kombiniert. Es deutet sich hier bereits die für *Moses und Aron* (1930–1932) typische „lautsymbolische Verwendung des Chorgesangs als eines klingenden, lachenden, flüsternden, durcheinander redenden und schreienden Kollektivs"[22] an. Die Entstehung von Schönbergs Sprechgesang findet in einem ganz bestimmten Umfeld statt. Sie lenkt den Blick auf den Kontext experimenteller Sprechkünste um 1910 und einer Entwicklung der Musikalisierung von Sprechkünsten.[23]

21　Die von Schönberg verwendete Notationsweise im fünfzeiligen Notensystem mit durchkreuzten Noten findet sich bereits bei Humperdinck. Vgl. R. Meyer-Kalkus: Stimme und Sprechkünste im 20. Jahrhundert, Berlin 2001, S. 305.

22　Ebd., S. 316.

23　Vor diesem Hintergrund wird auch Schönbergs generelle Skepsis gegenüber dem Wort und der Sprache verständlich, welche sich bereits in seinem Aufsatz *Verhältnis zum Text* von 1912 andeutet, in welchem er sich einer Ästhetik der Verinnerlichung stofflicher Mittel Kandinskys anschließt und den inneren Klang einer musikalischen Komposition über den Sinngehalt eines Textes stellt. In vielen Bereichen sind hier Parallelen zum Dadaismus zu sehen. Vgl. ebd., S. 310ff.

3.2.2 Musikalisierung von Sprechkünsten

Die Tendenzen zu einer Musikalisierung von Sprechkünsten reichen bis ins 18. Jahrhundert zurück, in dem, u.a. von Johann Gottlieb Herder an die Antike anknüpfend die Zusammengehörigkeit von Redekunst und Musik beschworen wurde.[24] Die Entwicklungen der Vokalmusik im 19. Jahrhundert, insbesondere die des Liedes im deutschsprachigen Raum, sind losgelöst von der Musikalisierung von Sprechkünsten kaum zu verstehen, wie sie etwa in der Deklamationskunst eines Christian Gotthold Schocher oder in der Deklamationslehre eines Gustav Anton von Seckendorff gefordert wurden.[25] Um 1900 begann eine Blütezeit vokaler Experimente, die einen ersten Höhepunkt in dem neuartigen, pathetischen und expressiven Vortragsstil des Schauspielers Josef Kainz (1858–1910) fand: „Die Prosodie und die Dynamik des Sprechens erhielten hier eine Intensität, die sie bislang nicht besessen hatten – nicht besitzen durften, um nicht ins singende Sprechen zu verfallen."[26] Allerdings war die Grenze zwischen Singen und Sprechen bereits schon früher durchlässig, denn der Vortragstil von Kainz ist verständlich als Blüte der in den Melodramen des ausgehenden 19. Jahrhunderts angelegten klangorientiert-pathetischen[27] Sprechweise, eines

---

24 Vgl. R. Meyer-Kalkus 2001, S. 245.

25 Schocher forderte eine Aufhebung der Abgrenzung zwischen Gesang und Rede und sprach sich dafür aus, mit Hilfe von musikalischen und quasimusikalischen Zeichen die Töne der gesprochenen Sprache zu fixieren. Für von Seckendorff war Musik allgemeine Grundlage für Gesang sowie für Sprache. Vgl. ebd., S. 246–249.

26 Ebd., S. 256.

27 Für gesangsähnliches Sprechen wird in der sprechwissenschaftlichen Literatur oft der Begriff des Pathos verwendet. Zur Definition des Pathos im Sinne eines klangorientierten Sprechens siehe M. Nöther: Als Bürger leben, als Halbgott sprechen, Köln 2008, S. 173–193.

quasi-sängerischen Stimmgebrauchs.[28] Die Merkmale eines solchen Stimmgebrauchs reichen von sängerischen Stützvorgängen beim Einatmen und der Atemkontrolle über Techniken des Vokalausgleichs bei der Änderung von Tonhöhen bis zu einer expressiven Dehnung von Vokalen.[29] Stand die Musikalisierung der Sprache bei Kainz noch im Dienste des Wortes, so proklamierte zu Beginn des 20. Jahrhunderts der Berliner Sturm-Kreis, allen voran Rudolf Blümner, eine radikale Freiheit gegenüber literarischen und dramatischen Vorlagen. Hier wurde erstmals „die Lautlichkeit gesprochener Sprache zu einer autonomen Gestaltungsebene, indem sie die Artikulation der Sprachlaute partiell oder komplett von den lexikalischen, semantischen und syntaktischen Strukturen löste."[30] Die Dichtungen von Rudolf Blümner und August Stramm waren Vorbilder für die in den 1920er Jahren entstandene und berühmt gewordene *Ursonate* (mehrere Versionen 1923–1932) von Kurt Schwitters, in welcher Sprache und Vokalmusik ineinander übergehen. Im Kontext jener Entwicklungen ist schließlich die Lautpoesie der Züricher und Wiener Dadaisten zu sehen, allen voran die von Hugo Ball, welcher mit grotesker Kostümierung in einer Art von feierlichem liturgischem Messgesang seine Gedichte vortrug.[31] Zwei Aspekte des Dadaismus sind in Bezug auf avantgardistische Vokalmusik besonders hervorzuheben:

1. Der Dadaismus per se war eine antibürgerliche Bewegung, welche dem Primitivismus einer sich zerfleischenden Welt den Primitivismus der Lautpoesie als

---

28 Diese Sprechweise hatte ihre spezifische Verwurzelung im wilhelminischen Kaiserreich. Vgl. M. Nöther 2008, S. 10ff.

29 Vgl. ebd., S. 140–148.

30 R. Nonnenmann 2010, S. 31.

31 Siehe R. Meyer-Kalkus 2001, S. 284.

Einspruch entgegensetzte.[32] Die Skepsis gegenüber der
Sprache, welche von Hugo Ball im Eröffnungsmanifest
von 1916 formuliert wurde,[33] findet sich, wenn auch in
anderem historischen Kontext und mit anderen Konsequenzen, bei den Komponisten avantgardistischer Vokalmusik der 1950er und 1960er Jahre wieder.

2. Die über das dadaistische Programm hinausgehende
Konzeption von Hugo Balls Lautpoesie, für den Laut-
dichtung ein magisch-religiöses Ritual war, welches
Gebiete der christlichen Theologie mit einbezieht, zeigt
direkte Verbindungslinien zur geistlichen Chormusik
der Avantgarde auf. Von dem 1916 aufgeführten Krip-
penspiel Balls als so genanntes »poème simultané«, in
welchem sich der Evangelientext mit einer Klangland-
schaft von Natur- und Tiergeräuschen, menschlichen
Stimmen und diversen Geräusch- bzw. Musikinstru-
menten mischt,[34] ist es nur noch ein kurzer kompositorischer Weg zu Dieter Schnebels experimentellen
Sprachkompositionen.

3.2.3   Avantgardistische Vokalkompositionen

Prinzipiell wurzeln alle avantgardistischen Vokalkompositionen der Nachkriegszeit, welche das musikalische Material
hinsichtlich geräuschhafter Aktionen noch erweiterten oder

---

32   Vgl. R. Meyer-Kalkus 2001, S. 287f.

33   „Ich lese Verse, die nichts weniger vorhaben, als auf die Sprache
zu verzichten. […] Ich will keine Worte, die andere erfunden
haben. […] Diese vermaledeite Sprache, an der Schmutz klebt wie
von Maklerhänden, die die Münzen abgegriffen haben." H. Ball:
Eröffnungs-Manifest, 1. Dada-Abend Zürich, 14. Juli 1916, in: H.
Ball: Zinnoberzack, Zeter und Mordio, alle Dada-Texte, hrsg. v. E.
Faul, Göttingen [2]2011, S. 12f.

34   Vgl. R. Meyer-Kalkus 2001, S. 293.

elektronisch verfremdeten, in den hier skizzierten Entwicklungen. Eine repräsentative Auswahl richtungsweisender Werke der 1950er und frühen 1960er Jahre sei an dieser Stelle erwähnt:

Karlheinz Stockhausen zeigte in der Tonbandkomposition *Gesang der Jünglinge* (1955/56) programmatisch auf, welches Ausdruckspotential experimentelle Sprachkomposition birgt. In der Kombination von gesungenen und elektronisch erzeugten Klängen (Vokalen) und Geräuschen (Konsonanten), in den so möglich gewordenen extremen Geschwindigkeits-, Ambitus- und Dynamikausdifferenzierungen,[35] in den unterschiedlichen Graden der Textverständlichkeit vom reinen Klangwert hin zum verständlichen Wort[36] eröffnete Stockhausen „utopische Perspektiven; so als künstliche Chormusik, welche die ferneren Möglichkeiten der natürlichen in den Blick rückt."[37]

Dieter Schnebel hat in *Glossolalie* (1959/60) ohne Verwendung elektronischer Mittel versucht, in einer kompositorisch offenen Form Sprache in allen möglichen Erschei-

---

35   „In der Komposition sollten nun gesungene Töne zusammen mit elektronisch erzeugten in ein gemeinsames Klangkontinuum eingeschmolzen werden: sie sollten so schnell, so lang, so laut und leise, so dicht und verwoben, in so kleinen und großen Tonhöhen- und Klangfarbenproportionen hörbar sein, wie die gewählte musikalische Ordnung es wollte." K. Stockhausen: Texte zu eigenen Werken Bd. 2, hrsg. v. D. Schnebel, Köln 1964, S. 59f.

36   „Dem ›Farb‹-Kontinuum entsprechend ging die Komposition von der Vorstellung eines ›Sprachkontinuums‹ aus: gesungene Lautgruppen sind an bestimmten Stellen der Komposition zum verständlichen Sprachzeichen, zum Wort geworden, zum anderen Zeitpunkt bleiben sie reine Klangqualitäten, Lautzeichen; und zwischen diesen Extremen gibt es verschiedene Grade der Sprachverständlichkeit." Ebd., S. 60.

37   D. Schnebel: Sprache hin und zurück (Neue Chormusik), in: Anschläge – Ausschläge, München 1993, S. 221.

nungs- und Funktionsweisen gemeinsam mit instrumentalen Klängen zu einem Kontinuum zu verbinden, wobei Sprache und Sprechen auch als Moment des avantgardistischen Musiktheaters eine Rolle spielen.[38] In 30 unterschiedlichen Materialtafeln sammelt und präpariert Schnebel Parameter des Sprechens sowie Anweisungen zu deren Interpretation, aus welchen die Ausführenden ihre Aktionen ableiten sollen. Die prozesshafte Komposition kann als Reflexion über experimentelle Sprachmusik bzw. Sprache als Musik zu einem bestimmten Zeitpunkt avantgardistischen Komponierens verstanden werden:

> *„Die Komposition zieht auch das Sprachliche des Sprechens in die Musik hinein. Jedoch läßt sich solch gesprochener Musik die Sprache nicht austreiben. So entsteht ein seltsamer Vorgang: Sprechen wird Musik, ja selbst sein Inhalt, Sprache, wird in Musik zu verwandeln gesucht. Sie, die Sprache, aber rächt sich, indem die gesprochene Musik unvermittelt zu reden beginnt – wirklich verständlich wird."*[39]

Mauricio Kagels *Anagrama* (1957/58) fußt auf dem mittelalterlichen Palindrom »In girum imus nocte et consumimur igni« (Wir kreisen in der Nacht und werden vom Feuer verzehrt). Den fünfsprachigen Text (Latein, Deutsch, Französisch, Italienisch, Spanisch), der dem Vokalpart zugrunde liegt und der neben Worten und Sätzen auch bloße Laute, Phoneme und Bereiche der Lautbildung (Zischen, Hauchen etc.) enthält, gewinnt Kagel aus diesem Palindrom durch verschiedene Kombinations- und Ableitungsverfahren.[40] Die Partitur ist äußerst komplex, sie beinhaltet sowohl Arbeits- und Organisations-

---

38   Vgl. G. Nauck: Schnebel. Lesegänge durch Leben und Werk, Mainz 2001, S. 94ff.

39   D. Schnebel: Glossolalie 61 für Sprecher und Instrumentalisten, in: Denkbare Musik. Schriften 1952–72, Köln 1972, S. 385.

40   Vgl. M. Kassel: Das Fundament im Turm zu Babel. Ein weiterer Versuch, *Anagrama* zu lesen, in: Mauricio Kagel, München 2004, S. 6ff.

weisen des Serialismus als auch aleatorische Auswahlverfahren. Matthias Kassel hat *Anagrama* als „ein dem Blick durch ein Kaleidoskop ähnelndes Werk [...], das am Puls seiner Zeit zu tasten und die beobachtete Situation selbst zur Darstellung zu bringen scheint"[41] bezeichnet, ein Werk, welches kompositorisch die Bereiche Sprachbildung, Mehrsprachigkeit sowie »Sprache und Musik« reflektiert.

György Ligetis *Aventures* (1962/63) in den Komplex von Sprachmusik einzuordnen, stellt bis heute eine interpretatorische Herausforderung dar. Im Sinne einer „metasprachliche[n] Sprachmusik über den Gebrauch von Sprache"[42] ist hier eine kaum erfassbare Fülle menschlichen Sprachvermögens repräsentiert. Ligeti verwendet für den Vokalpart des Stückes einen imaginären Text in einer nichtexistenten Sprache, durch welche dennoch wie durch jede menschliche Sprache Gefühle und Affekte vermittelt werden. Der Text ist dabei „vollkommen nicht-semantisch, das heisst reine Musik (in des Wortes weiterer Bedeutung: Laute, die keine literarische Bedeutung haben). [...] Der Vokalpart von Aventures ist eine komponierte Syntax."[43] In solcher Art von musikalischer Metasprache sind grundlegende menschliche Interaktions- bzw. Kommunikationsprozesse thematisiert.[44] Ligetis *Aventures* haben somit Teil an einem allgemeinen Reflexionsprozess zu Beginn der 1960er Jahre, einem Zeitraum, in dem u.a. der Psychoanalytiker Paul Watzlawick und sei-

---

41 M. Kassel: Das Fundament im Turm zu Babel. Ein weiterer Versuch, *Anagrama* zu lesen, in: Mauricio Kagel, München 2004, S. 20.

42 R. Nonnenmann 2010, S. 35.

43 E. Salmenhaara: Das musikalische Material und seine Behandlung in den Werken Apparations, Atmosphères, Aventures und Requiem von György Ligeti, Regensburg 1969, S. 113.

44 Vgl. H. Sabbe: György Ligeti, München 1987, S. 71ff.

ne Mitarbeiter ihre wegweisenden Studien zur menschlichen Kommunikation entwarfen.[45]

3.3 »ein Hinüberwachsen von einer Harmonie zur anderen«[46]: *Lux aeterna*

Ligeti komponierte *Lux aeterna* 1966 im Anschluss an sein *Requiem* (1963–1965). Während er mit *Aventures* bis an die Grenzen stimmlicher Ausdrucksmöglichkeiten und experimenteller Vokalmusik gegangen war, griff er für die Klangflächenkompositionen der 1960er Jahre, sofern sie vokale Elemente enthalten, auf konventionellen Gebrauch der Gesangsstimmen[47] zurück. In dieser Schaffensperiode, welche in *Atmosphères* (1961) ihren radikalen Ausgangspunkt hatte, versuchte Ligeti, die Einsichten, zu welchen er im Umgang mit elektronisch erzeugten Klängen gekommen war, zu verarbeiten und das strukturelle Denken des Serialismus zu überwinden bzw. zu transformieren, um neue musikalische Formen zu erschließen:[48]

---

45 Da alles zwischenmenschliche Verhalten, vom Schweigen bis zur sprachlichen Äußerung einschließlich Mimik, Gestik und Körperhaltung, Mitteilungscharakter hat und somit Kommunikation ist, rückten für Ligeti auch die non-verbalen Formen und die psychologischen Grundlagen der Kommunikationsprozesse zwischen Agierenden und Hörern ins Blickfeld. Vgl. P. Watzlawick/ J. H. Beavin/ D. D. Jackson: Menschliche Kommunikation, Bern [12]2011, S. 58ff.

46 G. Ligeti: Lux aeterna, in: Gesammelte Schriften Bd. 2, hrsg. v. M. Lichtenfeld, Basel 2007, S. 234.

47 Dies schließt jedoch nicht die Verwendung besonderer Stimmregister wie z.B. des Falsetts im Bass aus. Ligeti verwendet allerdings weder geräuschhafte bzw. tonlose stimmliche Aktionen noch Elemente des Sprechgesangs.

48 Obwohl die innerhalb von fünf Jahren und somit relativ zeitnah entstandenen Werke wie *Atmosphères*, *Aventures*, *Requiem* oder *Lux*

> *„[...] keine Ereignisse, sondern nur Zustände, keine Konturen und Gestalten, sondern nur den unbevölkerten, imaginären musikalischen Raum, und die Klangfarben, die eigentlichen Träger der Form [...]."*[49]

Dennoch kommen auch in Ligetis Klangflächenkompositionen die im vorigen Kapitel beschriebenen Prinzipien der Ordnung und des Umgangs mit dem musikalischen Material[50] als serialistisches Erbe konsequent zur Anwendung. Die Elemente und Operationen, welche Ligeti für *Lux aeterna* bestimmt, können zunächst als Geflecht unterschiedlicher langer Kanons umschrieben werden. Die formale Anlage zeigt vier solcher Kanons, welchen jeweils unterschiedliche Textabschnitte des lateinischen „Communio"-Textes zugeordnet sind.[51] Die Kanons sind unterschiedlich lang, der kürzeste kommt ohne Silbenrepetitionen aus und umfasst einen Ambitus von acht Tönen:

Re- qui- em ae- ter- nam do- na e- is

Abb. 1: Kanon 3 (schematisch)

---

aeterna wegen ihrer teilweise großen Unterschiedlichkeit in Kontrast zueinander zu stehen scheinen, lassen sich in den Werken jeweils „konzeptionelle Nachwirkungen vorangegangener Werke" entdecken. Vgl. U. Dibelius: Ligeti, György, in: MGG2, Personenteil Bd. 11, Kassel 2004, Sp. 115.

49   G. Ligeti: Atmosphères, in: Gesammelte Schriften Bd. 2, hrsg. v. M. Lichtenfeld, Basel 2007, S. 180.

50   Vgl. Kapitel 2.1, S. 12f.

51   Siehe Abb. 2.

Im 16-stimmigen Chorsatz können sich die Kanons von der Vierstimmigkeit einer Stimmgruppe (Kanon 3 und 4) bis zur Zwölfstimmigkeit von drei Stimmgruppen (Kanon 1 ab Takt 33) ausdehnen.[52]

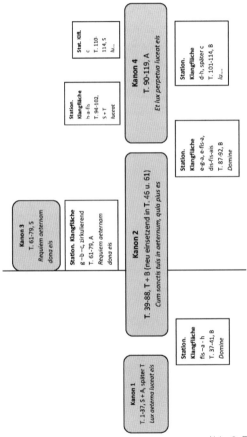

Abb. 2: Formschema

Prinzipiell singt jede Stimme wie bei einem herkömmlichen Kanon alle Töne und Silben des Kanons, es können jedoch einzelne Stimmen bzw. Stimmgruppen zu dem bereits laufenden Kanon hinzukommen, indem sie sich an einer bestimmten Stelle bereits vorhandenen Stimmen anschließen (siehe Kanon 1 und 2). Im Unterschied zum herkömmlichen Kanon können bei den vier Kanons in *Lux aeterna* mit Ausnahme des ersten Kanons alle Stimmen gleichzeitig beginnen, da die einzelnen Töne unterschiedliche Dauern haben. Ligeti erreicht dies durch ein kompliziertes rhythmisches System, einer „»Geheimkonstruktion«, die den Taleabildungen der isorhythmischen Motette ähnelt:"[53]

Abb. 3: Auszug aus Kanon 4, T. 90–98.

---

53 G. Ligeti: Lux aeterna, in: Gesammelte Schriften Bd. 2, hrsg. v. M. Lichtenfeld, Basel 2007, S. 234.

Serialistisches Erbe ist in der strikten Einhaltung einmal getroffener rhythmischer Prinzipien für eine Stimme erkennbar. Innerhalb eines Kanons operieren die jeweiligen Stimmen mit triolischen, quintolischen oder in Sechzehntelwerten verlaufenden Rhythmisierungen, Vermischungen kommen dabei nicht vor.

Neben den Kanons finden sich in der kompositorischen Anlage stationäre Klangflächen, welche nicht nach dem Kanonprinzip aufgebaut sind. Sie können statisch sein:

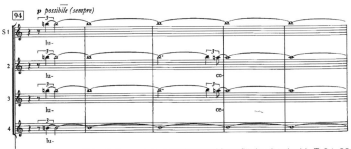

Abb. 4: Auszug aus stationärer Klangfläche (statisch), T. 94–98.

oder innerhalb der an der Klangfläche beteiligten Stimmen zirkulieren.

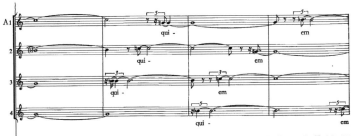

Abb. 5: Auszug aus stationärer Klangfläche (zirkulierend), T. 62–65.

So ergibt sich für *Lux aeterna* eine ausgewogene formale Gesamtanlage,[54] die sich jedoch nicht durch die Ablösung bzw. den Wechsel von Kanons und stationären Klangflächen auszeichnet, sondern im Gegenteil durch die Verknüpfungen, Übergänge und Transformationen der unterschiedlichen kompositorischen Texturen.[55]

Diese formale Anlage weist symmetrische Tendenzen[56] auf, welche bereits in der Struktur des zugrunde liegenden „Communio"-Textes vorgezeichnet sind:

> Lux aeterna luceat eis,
> DOMINE,
> cum sanctis tuis in aeternum,
> quia pius es.
> Requiem aeternam dona eis,
> DOMINE,
> et lux perpetua luceat eis.

Die ‚Symmetrieachse' in der Mitte des Stücks stellt die musikalisch komplexeste Stelle dar: Ab Takt 61 überlagern sich im vollen sechzehnstimmigen Satz zwei Kanons und eine stationäre Klangfläche.

---

54 Vgl. Abb. 2.

55 Das hier skizzierte formale Schema lässt sich freilich je nach Autor modifizieren bzw. ausdifferenzieren. Michael Kunkel beispielsweise unterscheidet für *Lux aeterna* fünf verschiedene Tonsatztypen: Typus I (polymetrischer Primkanon), Typus II (ausgerichteter Kanon auf einen bestimmten Klang oder eine Tonhöhe hin, Umkehrung des Typus I), Typus III (homophone Akklamation), Typus IV (begleitende Harmonik/ Orgelpunkt, Finalklang), Typus V (tacet, Finalstille). M. Kunkel: «Wandlungen der musikalischen Form», Saarbrücken 1998, S. 51f.

56 Der Terminus „symmetrische Tendenzen" an Stelle von „Symmetrien" verdeutlicht, dass die Symmetriebildungen in *Lux aeterna* nicht offen liegen, sondern durch Verschiebungen und Unregelmäßigkeiten verschleiert werden. Kunkel spricht deshalb von „verwackelter Symmetrie" bzw. „Symmetrie-Irritationen". Vgl. M. Kunkel 1998, S. 53f.

Durch die Kombination der Kanons und der stationären Klangflächen und deren Überlagerungen bzw. Überschneidungen entsteht eine spezielle Art von Harmonik, die Ligeti als eine Art „Bewegungsfarbe"[57] umschreibt, ein „Hinüberwachsen von einer Harmonie zur anderen"[58]:

> *„Die Besonderheit dieser Harmonik ist, daß sukzessive Akkorde nur sehr selten miteinander verbunden werden, vielmehr vollzieht sich eine allmähliche, fast kontinuierliche Transformation von einer Harmonie zur anderen, und zwar so, daß innerhalb einer stationären harmonischen Fläche zuerst ein »fremder« Ton erscheint, dann ein zweiter, dann ein dritter und so fort, bis die ursprüngliche harmonische Fläche sich verwischt."[59]*

Besonders eindrücklich manifestiert sich diese additive Clusterbildung und die anschließende Ausdünnung am klanglichen Prozess zwischen den Takten 61 bis 84. In Takt 61 ist ein g-Moll-Klang mit dem Zusatzton *c* zu hören, welcher allmählich durch hinzukommende Töne bis zur größten Dichte des Clusters in Takt 66 erweitert wird. Ab Takt 68 nimmt man einen stark verfremdeten Es-Dur-Klang wahr, ab Takt 77 wird der Es-Cluster ausgedünnt. In Takt 80 wird der Es-Klang verlassen und in Takt 84 bleibt schließlich nur ein einzelnes *e* übrig (vgl. Abb. 5).

---

57   G. Ligeti: Über Lux aeterna, in: Gesammelte Schriften Bd. 2, hrsg. v. M. Lichtenfeld, Basel 2007, S. 239.

58   Ebd., S. 234.

59   Ebd.

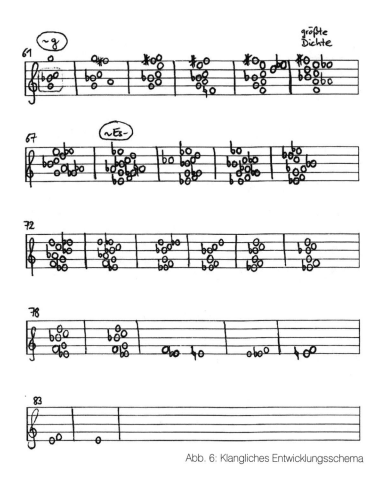

Abb. 6: Klangliches Entwicklungsschema

Als Zwischenfazit lässt sich festhalten, dass sich die Klanglichkeit und strukturelle Beschaffenheit von *Lux aeterna* mit herkömmlichen analytischen Kategorien wie Form, Rhythmus
und Harmonik durchaus beschreiben lässt. Dennoch bleibt
die dem Werk eigene Aussagekraft teilweise ungeklärt, da sie
sich nicht zuletzt aus einem spezifischen Umgang mit dem

„Communio"-Text ergibt. Auch *Lux aeterna,* obwohl es nicht zu den experimentellen Sprachkompositionen zählt, erhält seine Charakteristik durch jene spezifische Musikalisierung von Sprache und ihren Bestandteilen: durch eine bestimmte Gliederung und Aufteilung des Textes, durch Repetitionen von Wörtern, durch bestimmte Verwendung und Kombination von Vokalen, durch den Umgang mit Konsonanten und durch das Verwenden spezieller vokaler Register. Ligetis charakteristische Musikalisierung von Sprache spielt vor allem auf der Wahrnehmungsebene[60] eine entscheidende Rolle. Die großen formalen Einschnitte von *Lux aeterna* wie z.B. in den Takten 37, 61 oder 90 können auditiv erfasst werden, es kann aber, außer an wenigen Einzelstellen, weder die der Komposition zugrunde liegende Konstruktion der Kanons, noch der Inhalt des gesungenen Textes nachvollzogen werden. Innerhalb der ersten 37 Takte etwa sind lediglich an drei Stellen Ausschnitte des Kanon 1 mit den jeweils zugrunde liegenden Textabschnitten wahrzunehmen: In den Takten 3 bis 5 hört man auf die Tonfolge *f–e–f–g* den Text *Lux aeterna,* in den Takten 12 und 13 die transponierte Version *b–a–b–c* mit dem Text *aeterna lux* und in den Takten 22 bis 24 ist auf die Tonfolge *f–b–g* nochmals das Adjektiv *aeterna* zu. Diese ‚Inseln auditiver Strukturwahrnehmung' lassen sich dadurch erklären, dass an jenen drei Stellen in mehreren Stimmen eine kurze Tonfolge von drei bis vier Tönen mit gleicher Silbenverteilung relativ dicht innerhalb einer kurzen Zeitspanne gesungen wird.

Soll für die Analyse von *Lux aeterna* nun also der Aspekt der Sprache hinzukommen, so kann ein ähnliches Prinzip wie auf der Ebene der Klanglichkeit konstatiert werden. Das als Bewegungsfarbe beschriebene graduelle Hinüberwachsen von homogenen in heterogene klangliche Bereiche

---

60   Die Problematik der Subjektivität, welche durch Hinzunahme der auditiven Wahrnehmungsebene auftritt, wird hier in Kauf genommen in dem Bewusstsein, dass analytisches Vorgehen ohnehin subjektiven Kategorien unterworfen ist (siehe S. 57).

und umgekehrt findet sein sprachliches Äquivalent auf der Ebene der Vokal- und Konsonantenbehandlung:

> *„Das konsequente Vermeiden scharfer Konturen hat für die Beschaffenheit des komponierten Textes wichtige Folgen. Zusammen mit dem musikalischen Material verliert nämlich auch das sprachliche Material seine Konturen [...].‟*[61]

Es ergibt sich ein kontinuierlicher ‚Vokalstrom', der je nach Vokalkombination unterschiedliche Färbungen annimmt bzw. an Komplexität zu- oder abnimmt. Als Grund hierfür kann aber nicht nur die spezifische Kanontechnik angeführt werden, bei der jeder Ton mit einer bestimmten Silbe des „Communio"-Textes unterlegt wird. Ligeti steuert diesen Vokalstrom durch eine bestimmte Art der Textbehandlung: Zunächst einmal werden z.B. durch Anweisungen wie *stets sehr weich einsetzen* (Takt 1, 22ff., 33, 61 etc.) oder *unmerklich einsetzen* (Takt 39, 46, 101, 110) alle harten Konsonanten eliminiert, welche den Fluss des Vokalstroms stören würden. Am Ende von formalen Abschnitten wie in Takt 37, in Takt 70ff. oder in Takt 100ff. entfallen sogar alle Konsonanten, ein weiteres Indiz dafür, dass es Ligeti nicht um Textverständlichkeit, sondern um die Evokation eines inhaltlichen Gesamteindrucks geht. Haben die Konsonanten ihre Bedeutung verloren, ergibt sich ein Changieren zwischen Vokalen, das Ligeti durch die Anweisungen *wie aus der Ferne* und *stets vollkommen akzentlos singen: die Taktstriche bedeuten keine Betonung*[62] ebenfalls fließend und weich gestaltet. Die Pausen zwischen den Tönen tragen zusätzlich dazu bei, dass statt eines semantischen Zusammenhanges die einzelnen Vokalklänge als selbstständige Elemente an Bedeutung gewinnen.[63]

---

61   P. Op de Coul: Sprachkomposition bei Ligeti: ›Lux aeterna‹, in: Über Musik und Sprache, hrsg. v. R. Stephan, Mainz 1974, S. 61.

62   G. Ligeti: Lux aeterna, Frankfurt 1968, S. 2.

63   Vgl. P. Op de Coul 1974, S. 61.

Zu Beginn von *Lux aeterna* besteht der Vokalstrom ausschließlich aus den dunklen und langen Vokalen *u* [u:], *a* [ɑ] und dem Umlaut *ä* [ɛ:].[64] Erst allmählich kommt das etwas hellere *e* [zwischen offen und geschlossen: ɛ–e] von *aeterna* und *luceat* [e] hinzu und erst ganz am Ende des ersten Kanons (Takt 33) das helle *i* [ɪ] von *eis*. Ligeti erreicht dies durch eine bestimmte Art der Textverteilung. Der erste Kanon besteht aus einer Folge von 35 Tönen und ist mit dem Text *Lux aeterna luceat eis* unterlegt.[65] Die Silbenanordnung, welche den Vokalstrom generiert, sieht folgendermaßen aus:

Lux lux lux ae-ter-na lux ae-ter-na lux ae-ter-na lux ae-ter-na lux ae-ter-na lux ae-ter-na lux ae-ter-na lu-ce-at e-is

Der Text per se beinhaltet eine Vokalfärbung von dunkel nach hell, welche noch verstärkt wird durch die Repetitionen. So garantiert etwa die anfängliche Repetition des Wortes *Lux* die oben beschriebene verzögerte Einführung des helleren *e* [e]. Diese Aufhellung ist begleitet von einem allmählichen Ansteigen der melodischen Linie. Seinen Höhepunkt findet der vokale und melodische Prozess der Aufhellung in dem versinnbildlichten *luceat* ab Takt 24, bei welchem zunächst der erste Sopran und der erste Tenor simultan in hoher Lage auf dem a² einsetzen und nach und nach alle Sopran- und Tenorstimmen hinzukommen.

So wie der Beginn von *Lux aeterna* als Prozess aus der Tiefe zur Höhe hin und aus der Dunkelheit hin zum Licht charakterisiert wurde, kann das Ende als symmetrisch anmutende Umkehrung dieses Prozesses beschrieben werden. Der abschließende Kanon 4 mit dem Text *et lux perpetua luceat eis*

---

64   Zu den phonetischen Angaben vgl. das internationale phonetische Alphabet in: J. Meibauer u. A.: Einführung in die germanistische Linguistik, Stuttgart ²2007, S. 358f.

65   M. Kunkel bezeichnet den Beginn von Lux aeterna als „Einschwingzone, um den Tonraum von einer Tonhöhe ausgehend gleichsam tastend in Besitz zu nehmen." M. Kunkel 1998, S. 50.

beginnt in Takt 90 zwar in tiefer Altlage, wird jedoch sogleich von dem nunmehr auf h² bzw. h einsetzenden *luceat* der Soprane und Tenöre flankiert. Diese alles überstrahlenden Stimmen diminuieren ab Takt 101 und verklingen schließlich ganz, so dass das Stück in sehr tiefer Lage ausklingt. Auch hier spielt Ligetis subtile Sprachbehandlung eine entscheidende Rolle. Er variiert die textlichen Gegebenheiten in seinem Sinne und endet nicht mit dem den „Communio"-Text abschließenden *eis*, da sich das helle *i* und die tiefe Lage wiedersprechen würden. Das Ende wird von den dunklen Vokalen *u* [u:] und *a* [aus dem eigentlich kurzen a entsteht durch die Dehnung ein langes α] von *luceat* dominiert, wobei freilich der harte Konsonant *t* wiederum entfällt.[66]

Zwischen diesen zwei entgegengesetzten Prozessen des Ein- und Ausklingens liegt, wie bereits erwähnt, in Takt 61 die kompositorisch dichteste Stelle des Stücks als Symmetrieachse. Bezeichnenderweise ist dies hinsichtlich der Vokalfarben die hellste Stelle von *Lux aeterna*. Es kommen lediglich die Vokale *e* [e:] und *i* [i:] vor. Mit zunehmender klanglicher Verschmutzung ab Takt 61[67] kommen auch die dunkleren Vokale *u* [u:], *a* [α] und der Umlaut *ä* [ε:] wieder hinzu.

Paul Op de Coul hat im Zusammenhang mit den für *Lux aeterna* maßgeblichen unterschiedlichen Vokalmischungen bzw. deren Variation von „Vokalzentren"[68] gesprochen. Diese Vokalzentren, gesteuert durch die oben beschriebene Kanon- bzw. Klangflächentechnik sind Motor der Klangfarbenbewegung des Stückes. Im Zusammenhang mit Ligetis Behandlung der Vokale sei abschließend nochmals erwähnt,

---

66   Vgl. S. 80.

67   Siehe S. 77.

68   „Durch die kontinuierliche Verlagerung solcher Vokalzentren, die durch die dichte kanonische Verflechtung der Stimmen fast unmerklich ineinander übergehen, entsteht eine oszillierende Klangfarbenbewegung." P. Op de Coul 1974, S. 63.

dass er deren Verwendung mit gezieltem Einsatz bestimmter Stimmregister[69] kombiniert, „so besonders helle Oktavierungen im hohen Sopran und Tenor bei der Textstelle »luceat«, die Gegenüberstellung von höchstem Falsett im Baß und Basso profondo bei »Domine«, schließlich die Führung der vier Altstimmen in extrem tiefer Lage, wobei vor allem der Schluß des Stücks durch das dunkle Leuchten des tiefen Alts, trotz vorherrschendem Pianissimo, eine charakteristische intensive Farbe erhält."[70]

Die exemplarischen Ausführungen zu *Lux aeterna* haben gezeigt, dass Analysen, welche die Ebene der Sprache, der Textbehandlung und des Einsatzes spezifischer vokaler Techniken außer Acht lassen, zu kurz greifen und wesentliche Aspekte dieses Meilensteins avantgardistischer Chormusik nicht erfassen können.

3.4 Modulierende Laut- und Sprechverläufe: *AMN*

Dieter Schnebel, einer der Pioniere und wichtigsten Vertreter experimenteller Sprachmusik, hat nicht nur durch Kompositionen wie *Für Stimmen (...missa est)*, *Glossolalie* oder den *Maulwerken* entscheidend zur avantgardistischen Chormusik beigetragen, sondern er hat auch Bedingungen und Möglichkeiten experimenteller Sprachmusik theoretisch reflektiert. In seinem Aufsatz *Sprache hin und zurück (Neue Chormusik)* von 1966 ordnet er seine experimentellen Sprachkompositionen in

---

69   Gemeint sind verschiedene, aber in sich gleichartige Klangbereiche der menschlichen Stimme, für deren Bezeichnung aus dem Bereich der Orgel der Terminus Register entlehnt wird. Zur physiologischen Übersicht über die männlichen und weiblichen Stimmregister siehe W. Seidner: Singen, in: MGG2, Sachteil Bd. 8, Kassel 1998, Sp. 1422f.

70   G. Ligeti: Lux aeterna, in: Gesammelte Schriften Bd. 2, hrsg. v. M. Lichtenfeld, Basel 2007, S. 236.

den oben skizzierten musikhistorischen Kontext ein. Als Charakteristikum von Kompositionen wie Kagels *Anagrama* oder seinem eigenen *Dt 31,6*, dem ersten Stück aus *Für Stimmen* (...*missa est)*, führt Schnebel die Tatsache an, dass kein Text mehr vertont wird, sondern vokale Prozesse aus einem Text abgeleitet werden: „Der Text fungiert als Materialspender".[71] Für Schnebel vermochte in solchen Kompositionen „Musik zu Sprache zusammenzuschießen, aber auch Sprache sich in Musik aufzulösen."[72] In jenem Verhältnis von Sprache als Musik, indem die menschliche Stimme zum ausdrucksstarken und wandlungsfähigen Instrument wird, sah er ein neues Niveau von Vokalmusik erreicht:

> „Man gelangte zu Vorgängen von ähnlich hohem Veränderungsgrad, wie man sie in der Instrumentalmusik bereits erreicht hatte, und es entstand eine vokale Ensemblemusik, wo man nicht mehr bloß Selbstlaute klingen ließ, sondern Stimmen sich wirklich zu entfalten vermochten, so daß auch ihre Vereinigung über die einfache Parallelbewegung von Uniformen hinauskam."[73]

In *AMN* hat Schnebel den in *Dt 31,6* grundgelegten Ansatz zur Musikalisierung von Sprache weiterverfolgt. Aus einer enormen Vielfalt von neuen und alten Sprachen unterschiedlichster Provenienz erwächst eine Musik, die diverse kulturelle und religiöse Gebetsformen beinhaltet. Bewerkstelligt wird dies von einem insgesamt sechzehnstimmigen »Sprechchor«, aufgeteilt in sieben Vokalgruppen zu jeweils zwei bis drei Sängerinnen und Sängern. Die Komposition ist variabel und kann als Aneinanderreihung „ungerichteter linearer Prozesse"[74] beschrieben werden. Schnebel spricht auch von

---

71   D. Schnebel: Sprache hin und zurück (Neue Chormusik), in: Anschläge – Ausschläge, München 1993, S. 226.

72   Ebd., S. 224.

73   Ebd., S. 228.

74   Siehe Vorwort von D. Schnebel: Für Stimmen (...missa est). AMN, Mainz 1977.

einem „Gefüge paralleler Linien, die sich in gewissem Maß zeitlich verschieben lassen, wie auch ihre zeitlichen Grenzen oft verwischt sind."[75] Strenge Mensurierungen fehlen und vorgeschlagene Tempi können individuell variiert werden. Der Dirigent dient als Verwalter einer übergeordneten Zeitgestaltung, der die verschiedenen Einsatzschichten koordiniert und selbst durch vokale Aktionen in die Aufführung unmittelbar mit einbezogen ist.

Die linearen Prozesse beinhalten verschiedenartige stimmhafte, stimmlose oder halbstimmliche Laut- und Sprechverläufe, welche von Schnebel minutiös vorgegeben werden:

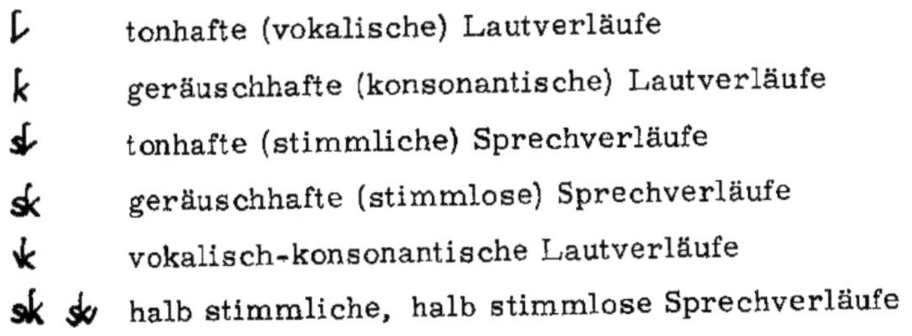

$\mathcal{L}$	tonhafte (vokalische) Lautverläufe
k	geräuschhafte (konsonantische) Lautverläufe
$\mathcal{f}$	tonhafte (stimmliche) Sprechverläufe
sk	geräuschhafte (stimmlose) Sprechverläufe
k	vokalisch-konsonantische Lautverläufe
sk sk	halb stimmliche, halb stimmlose Sprechverläufe

Abb. 7

Diese Laut- und Sprechverläufe sind mannigfachen Modulationen unterworfen, welche bei horizontalen Veränderungen z.B. der Tonhöhe oder Klangfarbe durch Kurven angezeigt werden, bei vertikalen, in denen es um Zeiteinteilungen geht, durch rhythmische Symbole:

---

75   D. Schnebel: Für Stimmen … missa est II, in: Denkbare Musik, Schriften 1952-72, hrsg. v. H. R. Zeller, Köln 1972, S. 417.

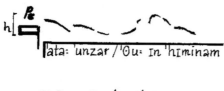

ziemlich normales Sprechen,
mehr in den Tonhöhen
strukturiert

zeitlupenhaftes Sprechen,
zugleich in den Lauten
uniformiert

rhythmisiertes Sprechen

Abb. 8

Als weiteres Element der Komposition sei die szenische Ebene angesprochen, die allerdings für den Kontext dieser Arbeit nur am Rande berücksichtigt werden kann.[76] Aus der räumlichen Aufstellung der sieben Vokalgruppen ergeben sich für jeden Prozess unterschiedliche Aktionen. Schnebel gibt in eigens in die Komposition eingefügten Schaubildern vor, in welche Richtung die Vokalisten blicken sollen, welche Bewegungen sie vollziehen sollen und wie ihre Körperhaltung dabei sein soll.

---

76 Simone Heiligendorff weist in ihrer Dissertation auf die Bedeutung der szenischen Komponente in experimentellen Sprachkompositionen der 1960er Jahre hin. U.a. in Werken von Dieter Schnebel zeigt sie typische Elemente des experimentellen Musiktheaters auf, worin sie Lebenshaltungen, wie sie für den geographisch-kulturellen Hintergrund einer bestimmten Zeit maßgeblich waren, repräsentiert sieht. In ihre Analysen jener Werke lässt sie daher die Methode der tiefenhermeneutischen Kulturanalyse von Alfred Lorenzer mit einfließen. Siehe S. Heiligendorff: Experimentelle Inszenierung von Sprache und Musik, Freiburg 2002.

Die linearen Prozesse fügen sich zu einer sechsteiligen Gesamtanlage, sodass trotz aller Variabilität ein schlüssiges und abgerundetes formales Entwicklungsschema erkennbar ist:

In Teil A umschreibt Schnebel die durchgängigen geräuschhaften (konsonantischen) Lautverläufe als Zentralverlauf, aus dem andere Prozesse herauswachsen:

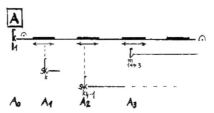

Zentralverlauf, aus dem anderes herauswächst

Abb. 9

Es werden drei solcher Prozesse unterschieden. Der erste Prozess (A1) beginnt mit einer ca. 20–30 Sekunden andauernden Pause, in welcher die Ausführenden regungslos warten sollen. Als erste Aktion sind vom Tenor der Gruppe 3 Atemvorgänge auszuführen. Eine Auflistung aller Atemvorgänge in *AMN* belegt Schnebels Einfallsreichtum in Bezug auf Materialpräparationen und Vortragsanweisungen. Die Häufungen der Atemvorgänge zu Beginn (Teile A und B) und zum Ende des Stückes (Teile E und F) verdeutlicht zudem die Konzeption der Gesamtanlage:[77]

---

77   Vgl. Ausführungen zu Teil F.

Atemvorgänge	Partiturseite	Teil
„Mund aufreißen – heftig einatmen"	1	A
„intensiv einatmen – abrupt abbrechen"	1	A
„zittrig, allmählich normal ein- und ausatmen"	1	A
„normales aber sehr intensives Ein- und Ausatmen"	2	A
„leicht geöffneter Mund, deutliches Ein- und Ausatmen – jedoch ohne sichtbare Bewegung"	2	A
„starke Unterlippenbewegung; stets einatmend/ ausatmend"	3/4	A
„starke Bewegungen der Hinterzunge; auch das Zäpfchen und den Speichel in die Aktivität einbeziehen; stets einatmend/ ausatmend"	5	A
„panisches Atmen – rasche, sehr angestrengte Atemvorgänge"	8	B
„sehr rasches Ein-/Ausatmen – Atemtremolo"	9	B
„etwas gepreßtes und leicht stimmliches Aus-/Einatmen"	9	B
„sehr lange und sehr tief Atem holen"	11	B
„röchelnd – bei unregelmäßigem Atmen"	20	D
„einatmend, ausatmend, mit Unterbrechungen"	25	E

Atemvorgänge	Partiturseite	Teil
„einatmend, ausatmend – mit Speichelgeräuschen"	25	E
„gepreßtes kehliges Ausatmen"	25	E
„ruhiges, nicht hörbares Atmen, das jedoch bemerkbar sein sollte"	29	F
„von hier ab stets ausatmend/ einatmend (das Einatmen jeweils ganz kurz)"	29	F
„beim Einatmen geflüstert: erschreckt"	29	F

Tab. 1: Tabellarische Auflistung der Atemvorgänge in *AMN*

Es folgt ein etwa 40 Sekunden dauernder Abschnitt, in welchem allgemeines Atmen mit unterschiedlichen »Lautierversuchen«[78] kombiniert ist. Der zweite Prozess (A2) beinhaltet leise ausgeführte Anrufungen von Götternamen wie *Jahwe*, *Manitu* oder *Wischnu*, kombiniert mit unterschiedlich modulierten, raschen Aneinanderreihungen des Konsonantes *t*. Der Prozess A3, der letztlich wieder in der Stille einer Generalpause endet, wird durch diffuse und heterogene Aktionen des Wimmerns und Jammerns geprägt. Dazu wird gleichsam als Motto geflüstert: »Unser Anfang geschehe – In nomine dei«[79]. In schneller Rhythmisierung werden elementare Dimensionen des menschlichen Seins ausgesprochen: *Pneuma*, *Leben*, *Seele*, *Leib*, *Wesen*, *Herz*. Zum ersten Mal kom-

---

78 Schnebel bezeichnet so einzelne Konsonanten und unterschiedliche Silben bzw. Kombinationen von zwei bis drei Konsonanten und Vokalen (d, t, p, ma, mu, ksu ...), welche ohne deutliche Artikulationsbewegungen hervorgebracht werden sollen. Vgl. D. Schnebel: Für Stimmen (...missa est). AMN, Mainz 1977, S. 2.

79 Ebd., S. 4.

men nun auch melodische Partikel vor, die sich zu spontanen Melodien verdichten können. Das Stück entwickelt sich also in Teil A über das Atmen, Lautieren und Flüstern bzw. Sprechen hin zum Singen.

Teil B ist gekennzeichnet durch blockartige Aktionen am Anfang und am Ende, an denen sich alle Vokalisten beteiligen. Dazwischen sind andere Prozesse eingefügt:

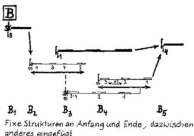

$B_1 \quad B_2 \quad B_3 \quad B_4 \quad B_5$

Fixe Strukturen an Anfang und Ende, dazwischen anderes eingefügt

Abb. 10

Unter dem Motto: »oremus Erhebet eure Herzen« werden in B1 hektische Hilferufe wie *lass mich nicht allein* oder *holt uns heraus* und allgemeine Ausrufe wie *ach!* oder *wie schön* geflüstert.[80] Während B2 ein sehr transparenter Prozess ist, in dem sich alles auf solistische Einzelaktionen von Bass und Sopran konzentriert, stellt sich B3 unter dem Motto »Kyrie eleison, Christe eleison«[81] als komplexes Durcheinander von Flüchen und Beschwörungen dar, kombiniert mit panischen und mit hektischen Atemvorgängen, Stöhnen und Schluchzen. Hierauf folgt ein vierter Prozess (B4) mit unterschiedlichen Deklamationen, kombiniert mit grotesk anmutenden stimmlichen Aktionen wie hysterischem Lachen, affektiert virtuosem oder weinerlichem Singen. Bevor Teil B mit einer Generalpause endet, herrscht im fünften Prozess (B5) größ-

---

80   D. Schnebel: Für Stimmen (…missa est). AMN, Mainz 1977, S. 6.

81   Ebd., S. 8f.

te innere Hektik und Unruhe, jedoch werden alle Aktionen wie z.B. heftige Zungenbewegungen, Schwanken von Tonhöhe und Dynamik, Brummen und *Kixen* mit geschlossenem Mund ausgeführt,[82] gleichsam als ob sich die gesamte vokale Energie staute, um dann explosionsartig hervorzubrechen. Programmatisch spricht der Dirigent in diese vielleicht spannungsreichste Generalpause vor Teil C das Wort »confiteor«, ich glaube.

Die Teile A und B können als Hinführung zum Hauptteil des Stückes betrachtet werden, welcher mit dem Abschnitt C beginnt. Dieser Hauptteil ist geprägt durch das zentrale Gebet des christlichen Glaubens, das *Vater unser*, welches in verschiedenen Sprachen rezitiert wird. Die Vorgänge des Atmens, Anrufens, Verfluchens, Beschwörens und Deklamierens sind somit als vokale Vorstufen bzw. Vorbereitungen zum Gebet zu sehen. Teil C stellt sich als Prozess mit klarem Beginn dar, an den sich alle folgenden Prozesse reihen:

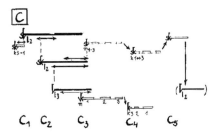

Fester Anfang, an dem alles Folgende hängt

Abb. 11

Der erste Prozess (C1) leitet die nun folgenden *Vater-unser*-Rezitationen ein und beginnt mit dem unisono ausgeführten Schrei *abba*[83]. Es folgt das *Vater unser* auf aramäisch, also

---

82   D. Schnebel: Für Stimmen (...missa est). AMN, Mainz 1977, S. 11.

83   Ebd., S. 12.

in seiner ursprünglichen Sprache, der Muttersprache Jesu. In Prozess C2 wird das *Vater unser*, welches nun auch auf griechisch, der Sprache des Neuen Testaments rezitiert wird, kombiniert mit unterschiedlichen Stoßgebeten in deutscher Sprache und diversen vokalen Aktionen wie Stottern, undeutlichem Gesang etc. Einen gänzlich neuen Aspekt führt Schnebel in Prozess C3 in das Stück ein: das melodische Zitat. Es werden Anfänge unterschiedlicher geistlicher Lieder zitiert, jedoch freilich ohne auf exakte Tonhöhen Wert zu legen und unter Verwendung diverser gesangstechnischer Verfremdungsmechanismen:

	Lied	Angaben zur Ausführung
1	Befiel du deine Wege	Tonhöhen ziehen (gliss.)
2	Christ ist erstanden	spitz, Tonhöhen nach oben und unten übertreiben
3	Christe du Lamm Gottes	nasaler Gesang, Tonhöhen nach oben verstimmen
4	Es kommt ein Schiff geladen	nasaler Gesang, Tonhöhen nach oben verstimmen
5	Gott lass uns dein Heil schauen	Sprechgesang (wie in Schönbergs „Pierrot")
6	Herz und Herz vereint zusammen	Sprechgesang (wie in Schönbergs „Pierrot")
7	O lux beata trinitas	*keine Angabe*
8	So nimm denn meine Hände	Sprechgesang
9	Te deum laudamus	zittriger Gesang, Intonationsschwankungen
10	When Israel was in Egypt's land	Sprechgesang

Tab. 2: Zitierte Melodien in Teil C

Mit den Prozessen C4–C6, in denen Wörter aus verschiedenen religiösen Zusammenhängen wie *mysterion* oder *brahma*[84] und meditative Wortfolgen unterschiedlicher Kulturen artikuliert werden, klingt Teil C aus. Am Ende bleibt lediglich ein zwischen *n* [n]und *ng* [ŋ] changierender Laut im zweiten Alt übrig, der mittels Hinterzungenveränderungen variiert wird.

Teil D kann als formales Pendant zu Teil C beschrieben werden, von dem er durch eine Generalpause getrennt ist. Er ist auf ein festes Ende hin angelegt, den im unisono ausgeführten Schrei des aramäischen Wortes *Maranatha* bzw. dessen deutsche Übertragung *Komm Herr Jesus*[85], auf den sich die vorangestellten Prozesse beziehen:

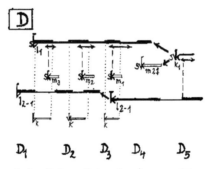

Abb. 12

Auch Teil D wird durch das *Vater unser* geprägt, aus welchem Textabschnitte in Prozess D1 in gotischer, in Prozess D2 in althochdeutscher, in Prozess D3 in mittelhochdeutscher und schließlich in Prozess D4 in neuhochdeutscher Sprache rezitiert werden. Dazwischen stehen u.a. verschiedene Bekenntnisse und Gelöbnisse sowie Bitt-, Dank- und Kindergebete. Begleitet werden diese Gebetselemente von diversen pho-

---

84 D. Schnebel: Für Stimmen (…missa est). AMN, Mainz 1977, S. 15.

85 Ebd., S. 20.

netischen Prozessen wie vokalen Echolauten, Lautakzenten und Lautäußerungen sowie Pfeifen, Fauchen, Zischen und Röcheln.

Nachdem in den Teilen C und D ein quasi sprachhistorischer Verlauf des *Vater unser* vom Aramäischen bis ins Neuhochdeutsche aufgezeigt wurde, wird es zu Beginn des Teils E in diversen europäischen Sprachen gesprochen, beginnend mit Latein, dem Ursprung aller romanischen Sprachen. Insgesamt erscheint Teil E zunächst als heterogenes Durcheinander von *Vater-unser*-Rezitationen und unterschiedlich modulierten Gebetselementen wie *O du bist, Du hast uns* oder *Wir wollen dir geben*[86], welche lediglich durch vom Dirigenten koordinierten Strukturen in Prozess E2 gegliedert werden:

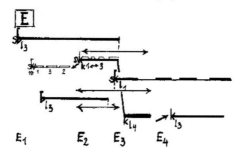

Fixe Strukturen in der Mitte, um die alles andere herumgruppiert ist

Zeichenerklärung

| Anfang bzw. Ende eines Verlaufs
←→ innerhalb der durch den Pfeil symbolisierten Zeit

Abb. 13

Jene festen Strukturen artikulieren sich als Forderungen: *allen brot liebe kraft frieden.* In Prozess E4 wird die Heterogenität aufgegeben zu Gunsten eines auf einzelne Aktionen re-

---

86   D. Schnebel: Für Stimmen (…missa est). AMN, Mainz 1977, S. 21f.

duzierten, durchsichtigen Satzbildes. Neben geflüsterten traditionellen Gebeten wie dem *Kyrie* oder dem *Ave Maria* und Psalmzitaten wie *Der Herr ist mein Hirte* oder *Aus der Tiefe rufe ich Herr zu dir*[87] klingt der Teil mit expressiven Geräuschen wie z.b. langsamen Veränderungen von Frikativlauten durch Mundverformungen aus. Programmatisch ertönt in die abschließende Generalpause das vom Dirigenten geflüsterte Motto: »Es sei Stille vor ihm«[88].

Der letzte Teil des Stücks, Teil F, wird von Schnebel als Gegenstück zu Teil A ebenfalls mit dem Begriff Zentralverlauf charakterisiert, an dem andere Prozesse hängen. Allerdings ist der Zentralverlauf hier nicht so eindeutig auszumachen, zu heterogen sind die Wechsel zwischen tonhaften und geräuschhaften Sprech- und Lautverläufen. Das Auflösen der Sprache in einzelne Worte, Laute und Atemvorgänge kann jedoch tatsächlich als methodische Spiegelung der Prozesse in Teil A bezeichnet werden.

---

87   D. Schnebel: Für Stimmen (...missa est). AMN, Mainz 1977, S. 24.

88   Ebd.

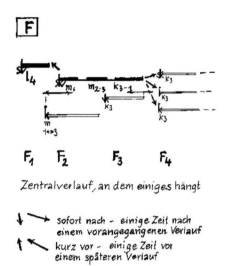

Abb. 14

Mit Prozess F1 enden die *Vater-unser*-Rezitationen und somit der Hauptteil von *AMN*. Er schließt mit einer Doxologie in vielen, auch außereuropäischen Sprachen ab, einem quasi globalen Lobpreis. Mit den Prozessen F2 bis F4 endet das Stück. Segnungen, Preisungen und beschwörende Rufe verlieren sich in einzelnen Lauten als sogenannten Sprachresten,[89] bevor letzte Laute und ersterbendes Atmen[90] zurück zur konzentriert gehaltenen Stille führen, mit welcher das Stück begonnen wurde. Wahrzunehmen sind in diesem finalen Prozess noch ein geflüstertes *ite missa est* und Ausrufe wie *deus*, *dieu* oder *jesses*[91].

---

89 Die von Schnebel so bezeichneten »Laute als Sprachreste« (tha, ma, na …) unterscheiden sich nicht von den oben genannten Lautierversuchen.

90 Vgl. Tabelle 1.

91 D. Schnebel: Für Stimmen (…missa est). AMN, Mainz 1977, S. 29.

Es soll hier keiner Deutung des Stückes vorgegriffen werden, wenn als Resümee festgehalten wird, dass Schnebels *AMN* nicht nur Sprache musikalisiert, dass Gebete und andere Texte nicht nur quasi als Materialspender fungieren, sondern dass anhand des Materials Bedingungen, Möglichkeiten und Grenzen der menschlichen Lautäußerung überhaupt und somit letztlich auch des Betens und Bittens aufgezeigt werden. Schnebel spricht in diesem Zusammenhang neben „unverfremdeten Formen"[92] von Sprechen und Gesang von der Inklusion „gestörter Formen [...], welche die Situationen der Bitte oft implizieren."[93]

---

92   D. Schnebel: Für Stimmen ... missa est II, in: Denkbare Musik, Schriften 1952–72, hrsg. v. H. R. Zeller, Köln 1972, S. 416.

93   Ebd.

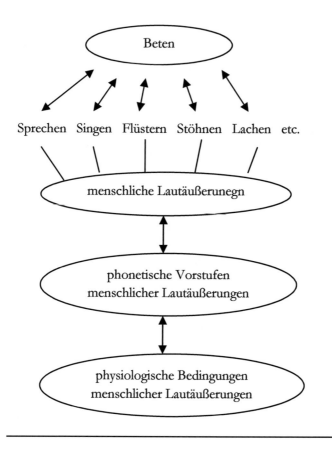

Abb. 15

Jeder menschlichen Äußerung geht in *AMN* das Hören voraus: das aktive Hineinhören in die Stille bzw. eine Konzentra-
tion, aus der jegliche Musik hervorgeht.

Als nächstes werden die physiologischen Bedingungen der menschlichen Lautäußerung wie Atemvorgänge, Mund- und Lippenbewegungen nicht etwa übergangen oder verschleiert, sie sind gleichberechtigtes Material der Komposition, ebenso wie die phonetischen Vorstufen der menschlichen Lautäußerung: die von Schnebel sogenannten Lautier- und Artikulierversuche. Die menschliche Lautäußerung an sich kann sich schließlich in unterschiedlichen Formen zeigen; diverse Arten des Singens und Sprechens stehen neben einer Fülle von Möglichkeiten: Flüstern, Stöhnen, Lachen, Schluchzen etc. Alle diese Formen können bei jenem Phänomen eine Rolle spielen, mit dem das Anrufen einer Gottheit umschrieben wird: dem Beten. Dabei ist *AMN* keinesfalls als eindimensionaler Entwicklungsprozess, etwa vom Atmen hin zum Beten zu sehen. Stets kann das Beten in Alltagssprache umschlagen, sich in unzusammenhängenden Lautäußerungen verlieren oder mit geräuschhaften vokalen Aktionen kombiniert sein.

3.5 »einen Text übers Vertonen hinaus ,komponieren'«[94]: *Consolation II*

Kompositionen mit Textbezug finden sich in Lachenmanns Schaffen verhältnismäßig selten, was mit einer „tiefen Skepsis der von Texten ausgehenden Sogwirkung" zusammenhängen könnte, „denn sie präfigurieren oft die affektiven und semantischen Dimensionen eines Musikstücks."[95] Zu den wenigen Werken mit Textbezug zählen *Consolation I* und *Consolation II* (1967/1968), welche später in die stark erweiterte

---

94   H. Lachenmann: Consolation II für 16 Stimmen (1968), in: Musik als existenzielle Erfahrung, Wiesbaden ²2004, S. 377.

95   J. P. Hiekel: Lachenmann verstehen, in: Der Atem des Wanderers, hrsg. v. H.-K. Jungheinrich, Frankfurt 2006, S. 14.

Komposition *Les Consolations* (1967/1978) Eingang gefunden haben.

Lachenmanns Behandlung des Chores und sein Umgang mit Textvorlagen sind prinzipiell vor dem Hintergrund der Chortechnik seines Lehrers Luigi Nono zu sehen. Dieser hatte von 1956–58 in den Werken *Canto sospeso, La terra e la compagna* und den *Cori di Didone* ein konsequentes Verfahren entwickelt, nach welchem die Silben bzw. Phoneme eines Textes auf verschiedene Stimmen aufgeteilt werden. Es entwickelt sich eine Art „Klangfarbenmelodie, in welcher der in seine Bestandteile, die Silben und Laute, zerspaltene Text als Klangträger durch die Stimmen wandert:"[96]

Abb. 16: T. 145–150 aus: II canto sospeso Nr. II („Muoio per la giustizia. Le nostre idée vincerano")

Dabei können die Phoneme des Textes melodisch aneinandergereiht, akkordisch geballt oder punktuell zerspalten werden,

---

96   D. Schnebel: Sprache hin und zurück (Neue Chormusik), in: Anschläge – Ausschläge, München 1993, S. 221.

der Textzusammenhang ergibt sich, wenn überhaupt, erst im chorischen Ensemble der Stimmen. Während Schnebel das Nono'sche Verfahren als „Komposition aus Dekomposition"[97] bezeichnet hat, wählt Armando Gentilucci den Begriff der „Rekomposition"[98]. Er weist darauf hin, dass es Nono nicht um eine Entleerung des Textes gehe, der den Forderungen einer autonomen Klangstruktur geopfert werde, wie Stockhausen dies geäußert hatte. Nonos Zerlegung und Rekomposition führe ganz im Gegenteil zu einer Verstärkung des Ausdruckwertes und einer Intensivierung der Textaussage,[99] wenn auch freilich nicht unter der Prämisse einer herkömmlichen Textverständlichkeit.[100]

Lachenmanns Faible für unerwartete Wortfügungen, seine Suche nach neuen und unvorhergesehenen semantischen Assoziationen durch Dekomposition und Rekomposition von Texten und seine Absicht, trotz dieser Verfahren den semantischen Gehalt eines Textes nicht zu verdecken, sondern neu zur Kenntlichkeit zu bringen, all diese Charakteristika finden sich bereits bei Nono. Doch Lachenmann geht darüber hinaus. Während Nono weitgehend auf erweiter-

---

97 D. Schnebel: Sprache hin und zurück (Neue Chormusik), in: Anschläge – Ausschläge, München 1993, S. 221.

98 A. Gentilucci: Luigi Nonos Chortechnik, in: Luigi Nono. Texte. Studien zu seiner Musik, hrsg. v. J. Stenzl, Zürich 1975, Bd. 1, S. 403ff.

99 Vgl. ebd., S. 405f.

100 „Das Prinzip der Textzerlegung, wie es sich in ‚Cori di Didone' bis zur Aufteilung in einzelne Konsonanten und Vokale entwickelt hat, hat dem Text seine Bedeutung nicht ausgetrieben, sondern hat den Text als phonetisch-semantisches Gebilde zum musikalischen Ausdruck gemacht. Die Komposition mit den phonetischen Elementen eines Textes dient heute wie früher der Transposition von dessen semantischer Bedeutung in die musikalische Sprache des Komponisten." L. Nono: Text – Musik – Gesang, in: Luigi Nono. Texte. Studien zu seiner Musik, hrsg. v. J. Stenzl, Zürich 1975, Bd. 1, S. 60.

te Vokaltechniken verzichtete, „lauschte [Lachenmann] der Stimme neue Techniken des Atmens, der Lippen- und Zungenaktion und der Verfremdung des Stimmklangs [...] ab."[101] Ihm geht es um die Bedingungen des Materials, um die Offenlegung der Produktionsmechanismen bzw. Produktionsweisen des Klangs.[102] Jenes Interesse für die physikalisch-physiologischen Bedingungen der menschlichen Artikulation in den Vokalkompositionen der 1960er Jahre teilt Lachenmann mit Schnebel, dessen radikales Werk *Maulwerke für mehrere Artikulationsorgane und Reproduktionsgeräte* (1968) etwa gleichzeitig mit *Consolation II* entstand.[103]

Wie sich dieses Interesse kompositorisch im Umgang mit einem Text bei Lachenmann konkret auswirkt, lässt sich exemplarisch an zwei Schlüsselstellen von *Consolation II* zeigen, in welchen das Wort *Gott* auf unterschiedliche Weise kompositorisch verarbeitet wird:

Die erste Stelle beginnt mit dem Konsonanten *G* des ersten und zweiten Tenors. Durch das Anhalten des Atems wirkt dieses *G* leicht explosiv [g^h mit Tendenz zu k^h]. Das in Klammern gesetzte kleine *o* zeigt die Einfärbung des Konsonanten an, der Mundraum wird entsprechend geformt, so dass bereits der vokale Raum für das ebenfalls geräuschhafte bzw. tonlose *O* [ọ] der Soprane geschaffen ist. Die beiden *t*'s des Wortes *Gott* werden unterschiedlich gestaltet: zunächst mit angehaltenem Atem ein hell eingefärbtes explosives *t* [t], daraufhin ein von Lachenmann als „Gaumen-T" bezeichnetes, retroflexes *t* [t].

---

101 R. Meyer-Kalkus: Klangmotorik und verkörpertes Hören in der Musik Helmut Lachenmanns, in: Der Atem des Wanderers, hrsg. v. H.-K. Jungheinrich, Frankfurt 2006, S. 98.

102 Vgl. Kapitel 2.1, S. 16f.

103 Vgl. hierzu auch R. Nonnenmann: Angebot durch Verweigerung, Mainz 2000, S. 29.

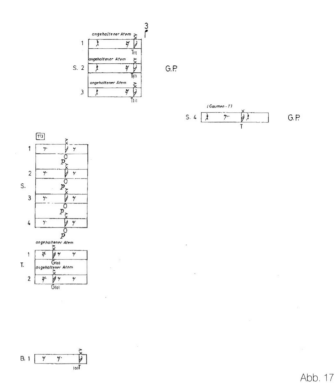

Abb. 17

Auch bei der zweiten Stelle wird das Wort *Gott* in seine Bestandteile zerlegt, allerdings geschieht eine zusätzliche Verfremdung durch Häufung von Aktionen und durch einen
höheren Grad an Abstraktion. Zu den bereits erwähnten
Verfahren kommt die nicht-stimmliche Aktion des Gegenei-
nander-Schlagens der geschlossenen Finger hinzu. Der helle Klang dieses Klatschens kann als akustische Variante des
geräuschhaften Konsonanten *t* bezeichnet werden, dessen
klangliches Potential Lachenmann somit nicht nur stimm-
lich sondern auch durch die Verwendung einer Art von Bo-
dy-Percussion ausgelotet hat.

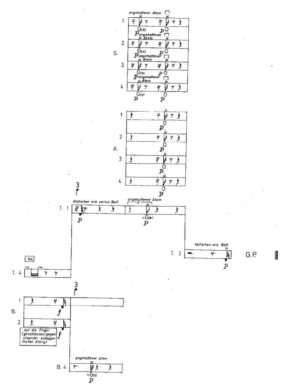

Abb. 18

Neben den hier genannten vokalen Möglichkeiten nutzt Lachenmann eine austarierte Palette von stimmlichen Aktionen,
deren Erklärungen er dem Stück voranstellt (vgl. Abb. 19).
Hierbei zählt er die konventionelle Notation von Tönen, welche den konventionellen Gebrauch der Singstimme anzeigt,
nicht auf. Diese Zeichenerklärung mag im Vergleich zu den
ausufernden Erläuterungen Schnebels zu *AMN* spärlich und
eingeschränkt wirken, sie zeigt jedoch Lachenmanns Art und
Weise, musikalisches Material zu konzentrieren und zu kom-

primieren und die kompositorische Fähigkeit, diese mit Einfallsreichtum umzusetzen, zu kombinieren und zu variieren.

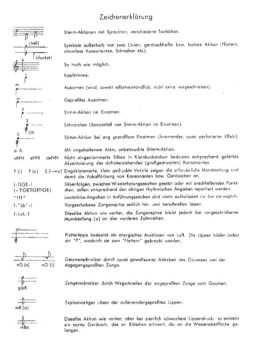

Abb. 19

Wie lässt sich solches Komponieren formal analysieren? Die Methodik der formalen Analyse gibt Lachenmann indirekt in seinen Ausführungen zum Strukturbegriff vor:[104] Es geht um ein für jedes Werk charakteristisches Gefüge von Anordnungen, sogenannten »Familien«. In der Vokalmusik beispielsweise besteht eine solche Familie aus einer Gruppierung unterschiedlicher Stimmaktionen, die durchaus individuell verschieden sein dürfen, aber dennoch als Varianten eines über-

---

104 Vgl. H. Lachenmann: Bedingungen des Materials, in: Musik als existenzielle Erfahrung, Wiesbaden ²2004, S. 36ff.

geordneten Charakters, einer verbindenden Klangidee erkennbar sein müssen. Exemplarisch seien die Familien der ersten 9 Takte von *Consolation II* dargestellt. Das Stück beginnt mit einer Familie von vorwiegend konsonantischen Stimmaktionen der Altistinnen und des ersten und zweiten Tenors im Sprechton:

Das Wort *Berg* wird in seine phonetischen Bestandteile B-Ä-R-K zerlegt. Hierbei dominiert der gerollte Konsonant *R* [r], welcher dynamisch und von der Mundstellung her unterschiedlich ausgeführt wird, das Klangfeld.[105] Der Beginn von *Conolation II* ist ein Paradebeispiel jener für Lachenmann essentiellen Musikalisierung mechanisch-energetischer Aspekte der Klangerzeugung bezogen auf Vokalmusik.

Abb. 20

---

105 In der spezifischen Behandlung des Konsonanten *r* (insbesondere des rollenden *r*) in allen Werken mit Textbezug sieht Reinhart Meyer-Kalkus ein Erkennungszeichen Lachenmanns. Die unzeitgemäße, aggressive und teils komödiantisch-parodistische Wirkung, welche nicht zuletzt an Adolf Hitlers Diktion erinnert, nutzt Lachenmann gezielt, um sprachästhetische Hörgewohnheiten zu brechen. Vgl. R. Meyer-Kalkus 2006, S. 99.

In den Takten 3–5 bzw. 7 schließen sich überwiegend konventionell gesungene Clusterfelder[106] in Sopran, Alt und Tenor an, in welchen die phonetischen Bestandteile der Worte *Himmel*, *Erde* und *Baum* vertont sind. Verbunden werden diese Clusterfelder durch eine Familie von konsonantischen, tonlosen Stimmaktionen im Bass (T. 3–7). In Takt 8 und 9 findet sich in Sopran und Alt eine Familie mit konsonantischen Bestandteilen des Wortes *nicht*:

Das *CH* soll in den Altstimmen von unten nach oben, kombiniert mit einem crescendo gezogen werden, bevor die Soprane es, einsetzend mit einem Sforzato in hoher Lage, verstärken. Lachenmann erreicht diese Wirkung durch eine durch die Mundstellung gesteuerte Einfärbung. Wird das *CH* mit dem Vokal *u* eingefärbt, so entsteht ein dunkler, tiefer Klang [x], wird es mit einem *i* eingefärbt, ein heller, hoher [ç].

Abb. 21

---

106   Vgl. S. 110.

Das formale Schema eines Stückes lässt sich demnach unter folgenden Bestimmungen erfassen:[107]

a) Anzahl der Familien und ihrer Einsatzabstände voneinander,

b) Anzahl jeweils der Familienmitglieder und deren Einsatzabstände.

Insgesamt weist *Consolation II* eine dreiteilige formale Anlage auf:

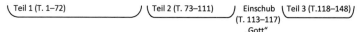

Während in Teil 1 einzelne Worte bzw. Satzpartikel wahrnehmbar sind und Lachenmann diese zur Verdeutlichung sogar in rechteckigen Kästchen unter die jeweiligen Stellen der Partitur notiert, dominieren in Teil 2 und 3 zusammenhanglose, gleichsam aus dem Wortmaterial herausgelöste konsonantische und vokale Stimmaktionen. Abgesehen von den oben bereits erwähnten besonders herausgehobenen Stellen, in welchen das Wort *Gott* vertont wird, sind hier nur einzelne Ausrufe wie *Hilfe* (T. 88), *Bitte* (T. 129), *Da* oder *Wo?* als konkret zusammenhängende Worte wahrnehmbar, andere Worte wie *L(Hi) – (i)CH – T* (T. 119–121) lassen sich in ihrem Sinnzusammenhang allenfalls erahnen. Es lässt sich somit festhalten, dass Lachenmann in *Consolation II* anhand des Textmaterials einen Abstraktionsprozess komponiert. Die Tendenz, dass sich im Verlauf des Stückes der Grad der Abstraktion erhöht, lässt sich aber nicht ausschließlich an Lachenmanns Textbehandlung aufzeigen, auch die Verteilung der „konven-

---

107 Folgende Aufzählung zitiert nach H. Lachenmann: Bedingungen des Materials, in: Musik als existenzielle Erfahrung, Wiesbaden ²2004, S. 36.

tionell gesungenen und notierten Passagen"[108] gibt hierüber
Aufschluss:

Teil 1 (T. 1–72)

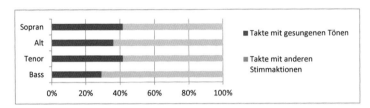

Teil 2 (T. 73–112)

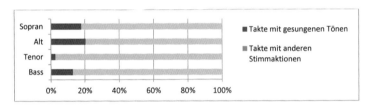

Teil 3 (T. 118–148)

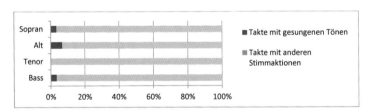

108   Gemeint sind hierbei die im 5-Linien-System unter Verwendung
       klassischer Notensymbole komponierten Passagen, welche
       in Abgrenzung zu den von Lachenmann als Stimmaktionen
       bezeichneten Vorgänge (siehe Zeichenerklärung) gesungen
       werden. Der Terminus „konventionell" schließt hierbei jedoch
       keineswegs aus, dass ungewöhnliche Stimmregister wie z.B.
       extrem hohe Falsett-Lagen im Bass (siehe T. 11) oder Glissandi,
       Vorschläge etc. vorkommen können.

Es ist deutlich erkennbar, dass die Häufigkeit der konventionell gesungenen und notierten Töne im Verlauf des Stückes abnimmt, während die Häufigkeit aller anderen Stimmaktionen zunimmt.

Die konventionell gesungenen Passagen von *Consolation II* gestaltet Lachenmann als bewegliche und sich verändernde Cluster, in denen die dissonanten Intervalle der Sekunde und des Tritonus dominieren. Exemplarisch seien vier dieser Clusterfelder bzw. Familien harmonisch beschrieben:

Das zehntönige Clusterfeld in Sopran, Alt und Tenor von Takt 3–5 wird durch den Tritonus *h–f* eröffnet. Die Klangstruktur wird im weiteren Verlauf durch die kleinen Sekunden zwischen *d–es, h–c, c–cis, a–b* und *fis–g* bestimmt. Das sich in Takt 7 in Sopran und Alt anschließende Feld bewegt sich im Oktavraum zwischen a^1 und a^2. Auch hier prägen der Tritonus zwischen *a–es* bzw. *es–a* und die kleine Sekunde zwischen *d–des* den Klang. Das ausgedehnte Feld in der Mitte von Teil 2 (T. 92–99 in Sopran und Alt) fächert sich von *fis¹* ausgehend zu einem Cluster auf, in welchem nacheinander die großen Sekunden *fis–as* bzw. *fis–es*, die große Septime *es–d* und abschließend die große Sekunde *d–e* klangbildend wirken. Das kurze Clusterfeld in Teil 3 (T. 136–137 in Sopran, Alt und Bass) wird durch zwei dicht aufeinanderfolgende Sekundklänge *f–fis* und *h–c* strukturiert.

Es ist in diesem Zusammenhang bemerkenswert, dass Lachenmann noch in Bezug auf eines seiner jüngsten Werke *Got lost* für Stimme und Klavier (2007/2008/2012) von seiner Skepsis gegenüber dem konventionellen solistischen Gebrauch der menschlichen Singstimme spricht, welche für ihn in hohem Maße mit individuellen Färbungen und Emotionen verbunden sei, die er als Komponist nur schwer zu steuern vermöge. Daher greife er immer wieder auf Verfremdungen zurück.[109] Geräuschhafte Aktionen sind hierbei eine Möglich-

---

109 Dies äußerte Lachenmann bei einer Werkeinführung zu *Got lost* anlässlich eines Konzertes mit Lachenmann, Jahn, Kakuta und

keit, eine andere ist beispielsweise die Doppelung der Soprane im *Mädchen mit den Schwefelhölzern*, welche Interferenzen ermöglicht, oder eben die Addition zu einem chorischen Cluster. Demnach könnte man auch die konventionell gesungenen Passagen von *Consolation II* bereits als komplexes Gebilde der Verfremdung oder Abstraktion einer solistischen Singstimme betrachten.

Was lässt sich nun resümierend über die Rolle des Textes und somit der Sprache innerhalb dieses formalen Gefüges unterschiedlicher Familien aussagen? Die Textgrundlage für *Consolation II* bildet eine neuhochdeutsche Fassung des *Wessobrunner Gebetes*[110]:

> Mir gestand der Sterblichen Staunen als Höchstes
> Daß Erde nicht war noch oben Himmel
> Noch Baum, noch irgend ein Berg nicht war
> Noch die Sonne, nicht Licht war
> Noch der Mond nicht leuchtete noch das gewaltige Meer
> Da noch nirgends nichts war an Enden und Wenden
> Da war der eine allmächtige Gott.[111]

Dieser Text ist in *Consolation II* aber nicht zu verstehen, da „Lachenmanns Verfahrensweise gegenüber dem heute ver-

---

Sugawara am 7.11.2013 im Theater im Spitalhof, Leonberg.

110 „Das *Wessobrunner Gebet*, erhalten in einer Handschrift (Anfang 9. Jh.) aus dem Kloster Wessobrunn, besteht aus zwei Teilen. Der erste Teil (Stabreimdichtung) schildert, wie der eine Gott in seiner Allmacht die Welt aus dem Nichts schuf. Im zweiten Teil (Prosa) schließt sich ein Gebet um Gottes Gnade um Hilfe zum rechten Leben an. Die Beschreibung des Nichts erinnert an ähnliche Schöpfungsberichte in der *Edda*; aber Gott ist nicht mehr der Ordner des Chaos, die Welt entsteht aus seinem Willen: er ist der Weltenschöpfer der Bibel." H. G. Rötzer: Geschichte der deutschen Literatur, Bamberg ²2013, S. 14.

111 Zitiert nach Lachenmanns eigenen Angaben in: H. Lachenmann: Consolation II für 16 Stimmen (1968), in: Musik als existenzielle Erfahrung, Wiesbaden ²2004, S. 377.

fügbaren musikalischen Material so beschaffen [ist], dass ein herkömmliches «Vertonen», am Text entlang, der ästhetischen Stimmigkeit des Kunstwerks, so wie er sie versteht, nicht zuträglich wäre, selbst da, wo das Kunstwerk bewusst Widersprüchliches in sein Verfahren integriert."[112]

Der Text wird von Lachenmann „übers Vertonen hinaus ‚komponiert' – das muß heißen: in die durch ihn gesetzte Ordnung [muss/kann man] eingreifen und auf sie reagieren."[113] Es werden Phoneme aus ihrem sprachlichen Zusammenhang herausgelöst und Textpartikel umgestellt bzw. neu angeordnet. Hartmut Lück hat darauf hingewiesen, dass die phonetische Gestalt der von Lachenmann vertonten Texte bestimmte Schwerpunkte nahelegt, die sich als „artikulatorische Hülle des semantisch Gemeinten"[114] wiederfinden. In Bezug auf das *Wessobrunner Gebet* wären die Häufung der *n*-Laute (noch, nicht, nirgends etc.), das mehrfach vorkommende *m* (Himmel, Meer, Mond etc.) oder das *ch* (nicht, Licht, allmächtig etc.) zu nennen.[115]

Ziel dieser Sprachbehandlung ist für Lachenmann eine „Freilegung des Empirisch-Akustischen" und zugleich eine „expressive Neubestimmung im Strukturzusammenhang."[116] Trotz aller Verfremdungsmechanismen bleibt „die semantische Bedeutung doch noch quasi ‚von fern' signalisiert."[117] So

---

112 H. Lück: Philosophie und Literatur im Werk von Helmut Lachenmann, in: Der Atem des Wanderers, hrsg. v. H.-K. Jungheinrich, Frankfurt 2006, S. 41.

113 H. Lachenmann: Consolation II für 16 Stimmen (1968), in: Musik als existenzielle Erfahrung, Wiesbaden ²2004, S. 377.

114 H. Lück 2006, S. 46.

115 Vgl. ebd.

116 Vgl. H. Lachenmann: Die gefährdete Kommunikation, in: Musik als existenzielle Erfahrung, Wiesbaden ²2004, S. 101.

117 H. Lachenmann: Consolation II für 16 Stimmen (1968), in: Musik als existenzielle Erfahrung, Wiesbaden ²2004, S. 377.

gibt es in *Consolation II* vor allem in Teil 1 durchaus Abschnitte, in welchen eine große Dichte verstehbarer Worte vorliegt, wenn auch freilich nicht innerhalb eines inhaltlich sinnvollen Verlaufes gemäß der Textvorlage. Der Sachverhalt, dass jene von ferne signalisierten semantischen Bedeutungen im Verlauf des Stückes abnehmen, wurde hier als gewollter Abstraktionsprozess in Korrelation zur graduellen Abnahme konventionell gesungener Passagen dargestellt.

3.6 Die Auslöschung des Klangs oder »unhörbare Chormusik« [118]: *Psalm*

Wie ein roter Faden zieht sich die Thematik des Atems durch das gesamte Schaffen Holligers. Um 1970 verdichtete sich diese Beschäftigung in mehreren zentralen Kompositionen. So ist es kaum verwunderlich, dass neben Orchesterwerken wie *Pneuma* (1968) in jener Zeit zwei seiner wegweisenden Chorwerke entstanden: *Dona nobis pacem* (1968/69) und *Psalm* (1971).

In *Dona nobis pacem* sind viele Elemente des musikalischen Materials, welche in *Psalm* dann radikal und bis zur äußersten Konsequenz angewendet werden, bereits angelegt. Ähnlich wie bei dem Palindrom in Kagels *Anagrama* wird die aus dem Agnus Dei des lateinischen Messordinariums stammende Bitte „dona nobis pacem" in ihre Bestandteile zerlegt und neu kombiniert. *Dona nobis pacem* folgt einer mobilen Formkonzeption, in welcher dem Dirigenten überlassen wird, welche Abschnitte aufeinander folgen. Hierbei verwendet Holliger unterschiedlichste Arten von Notationen, so dass dieses Werk geradezu als Sammelsurium vokaler Kompositionsmöglichkeiten der sechziger Jahre bezeich-

---

118 Dieser Terminus ist an eine Interviewaussage Holligers angelehnt. Vgl. K. Ericson: Heinz Holliger. Spurensuche eines Grenzgängers, Bern 2004, S. 331.

net werden kann. Dabei lässt sich in *Dona nobis pacem* eine Tendenz von exakt vorgeschriebenen Tonhöhen in Spacenotation (Teil 1) hin zu immer freieren Formen graphischer Notation bzw. Formen des rhythmisierten Sprechens feststellen.

Diese Tendenz (exakt notierter Ton, relativ notierter Ton/exakt notiertes Geräusch, relativ notiertes Geräusch), die als Abstraktionsprozess oder gar als ‚Entklanglichung‘ der Musik bezeichnet werden kann, hat Holliger in dem nachfolgenden Chorwerk *Psalm* weiter verfolgt.

ʃ̣	=	stimmlos (gehaucht, geflüstert)
ʃ̣	=	mit etwas Stimme
ſ	=	völlig resonanzloser Konsonant
[b,d,g] ʈ p d b	=	stimmlose (unbehauchte) „Plosive". Konsonanten mit viel Mundhöhlenresonanz (teilweise mit approximativer Tonhöhennotation)
↑ ↓ ▲	=	so hoch, resp. so tief wie möglich ord. gesungen
↑̃ ↓̃	=	dito, Mund mit Hand zugedeckt
♮ d b ×	=	stimmloses Hauchgeräusch mit approximativer Tonhöhennotation
↓ ↓ ↓	=	ausatmend
↑ ↑ ↑	=	einatmend
m(ʌ), n(ı:)	=	Vokalwerte in Klammern geben die für die Konsonanten gewünschte Mundstellung an.

Abb. 22: Anmerkungen zu *Psalm*

Er reduzierte die Fülle der in *Dona nobis pacem* verwendeten Notationsformen auf ein System von graphisch notierten Geräuschaktionen (vgl. Abb. 20).

Diese Geräuschaktionen werden allerdings vorwiegend nicht in Spacenotation notiert, sondern in durchlaufenden rechteckigen Kästen rhythmisch exakt innerhalb der jeweils vorgeschriebenen Taktart und innerhalb eines bestimmten Tempos (zu Beginn etwa Viertel ca. 52–64)[119]. Auch der Ambitus, in welchem die Auf- und Abbewegungen der

---

119   Vgl. H. Holliger: Psalm, Mainz 1971, S. 3.

Geräuschaktionen stattfinden, ist graphisch detailliert angezeigt. So erscheint die Gesamtanlage im Vergleich zu *Dona nobis pacem* wesentlich strukturierter und durchkomponierter, auch wenn Holliger auf aleatorische und metrisch freie Elemente in *Psalm* nicht verzichtet (vgl. T. 76 bzw. T. 84ff)[120]. Ein weiterer entscheidender Unterschied zu *Dona nobis pacem* rührt auch von den Erfahrungen Holligers mit Orchesterwerken wie *Pneuma* her. In *Pneuma* und *Dona nobis pacem* hatte er die Einzelstimmen individualisiert. Dieses Verfahren bewertet er im Nachhinein negativ: „das [führt] zu totaler Anarchie, und es entsteht weniger ein Dialog als ein Kampf zwischen Protagonisten."[121] So versuchte Holliger in den 1970er Jahren nicht für eine Ansammlung von Solisten zu komponieren, sondern das jeweilige Ensemble als einen einheitlich agierenden Korpus zu betrachten, „als Körper, der zwar eine Vielzahl musikalischer Gedankengänge in sich birgt, diese jedoch einer Grundaussage oder –Ausstrahlung unterstellt und somit als Einheit auftritt."[122]

In *Psalm* sind die sechzehn Einzelstimmen so zusammengefasst, dass sich im Wesentlichen eine an den klassischen Chorsatz angelehnte Vierstimmigkeit von Sopran, Alt, Tenor und Bass ergibt. Die von Holliger angestrebte einheitliche Grundausstrahlung lässt sich beispielsweise in den Takten 12–16 feststellen, in denen das Wort *Lehm* vertont ist. Das Geräuschfeld wird bestimmt durch den Konsonanten *h* im Alt und Tenor, welcher durch den in Klammern dahinterstehenden Vokal *e* eingefärbt ist. Deutlich ist zu erkennen, dass die beiden Stimmen Alt und Tenor nicht im Sinne einer anarchischen Individualisierung getrennt voneinander agieren, sondern kompositorisch aufeinander bezogen sind. Zwar sind

---

120   H. Holliger: Psalm, Mainz 1971, S. 19ff.

121   P. Albèra: Ein Gespräch mit Heinz Holliger, in: Heinz Holliger. Oboist, Komponist, Dirigent, hrsg. v. A. Landau, Bern 1996, S. 31.

122   K. Ericson 2004, S. 298.

die Aktionen nicht identisch (so unterscheiden sich etwa Anzahl und Gruppierung der durch Pfeile nach oben oder unten angezeigten Ein- und Ausatemvorgänge), doch sind sie innerhalb des 4/4-Takt-Rasters als gemeinsame Aktionsbündelungen zu erkennen: gemeinsames Glissando zu Beginn des Taktes 12, hektisches Ein- und Ausatmen zu Beginn des Taktes 13, gemeinsames Glissando nach oben in Takt 15 und gemeinsamer Abschluss in Takt 16.

Vereinzelt spaltet sich in *Psalm* die Vierstimmigkeit auf, wie etwa in Tenor und Bass in den Takten 9–11. Die volle 16-Stimmigkeit verwendet Holliger lediglich in den Takten 35–43, dort allerdings im Sinne einer ‚Geräuschwolke', welche durch approximative Tonhöhenangaben und genaueste Rhythmisierungen des Konsonanten *s* zustande kommt. Die oben beschriebene Anarchie, welche die Individualisierung der Einzelstimmen mit sich bringt, ist in diesen Takten also gewollt. Das klangliche Ergebnis der diffizilen rhythmischen Notation wäre durch graphische Notation ebenso zu erzielen. Dies lässt sich anhand der Tenorstimmen in den Takten 37 und 38 belegen, wo graphische Linien unmittelbar in die ausnotierten Rhythmisierungen übergehen. Der Gegenpol zur 16-stimmigen Individualisierung findet sich bei formalen und inhaltlichen Schlüsselstellen: alle Stimmen können hier zum Unisono verschmelzen (vgl. z.B. Takt 28).

Ihre Radikalität und Stringenz erhält die Partitur von *Psalm* durch die konsequente Vermeidung jeglicher Art von Gesang. Es bleiben Atemvorgänge, Röcheln, Brummen, Knarren, Zischen etc. Zwar verwenden auch Schnebel oder Lachenmann diese erweiterten vokalen Möglichkeiten, in seiner Reduktion und Ausschließlichkeit ist Holligers *Psalm* jedoch singulär.[123] Und als sollte nicht nur der Gesang an sich,

---

123 Dieser Singularität ist sich Holliger auch rückblickend durchaus bewusst: „Es gibt meines Wissens kein einziges sozusagen unhörbares Chorstück, das den Ton so radikal ausschließt." Vgl. K. Ericson 2004, S. 331.

sondern auch noch das übriggebliebene Geräusch vermieden werden, bewegt sich die Musik „dicht an der Hörbarkeitsgrenze. Nur dort wo es ausdrücklich vorgeschrieben ist, soll Stimme (so unauffällig wie möglich) verwendet werden."[124] Diese Angabe Holligers in der Partitur kann allerdings nur als angestrebter Gesamteindruck verstanden werden, denn natürlich verfehlen etwa explosiv hervorgebrachte Konsonanten im Fortissimo nicht ihre akustische Wirkung.

Ihre inhaltliche Verankerung findet diese Komposition in der Textvorlage für *Psalm*, dem 1961 geschriebenen gleichnamigen Gedicht von Paul Celan aus der Sammlung *Die Niemandsrose*:

PSALM

Niemand knetet uns wieder aus Erde und Lehm,
niemand bespricht unsern Staub.
Niemand.

Gelobt seist du, Niemand.
Dir zulieb wollen
wir blühn.
Dir
entgegen.

Ein Nichts
waren wir, sind wir, werden
wir bleiben, blühend:
die Nichts-, die
Niemandsrose.

Mit
dem Griffel seelenhell,
dem Staubfaden himmelswüst,
der Krone rot
vom Purpurwort, das wir sangen
über, o über
dem Dorn.[125]

---

124 H. Holliger: Psalm, Mainz 1971, Anmerkungen.

125 P. Celan: Gesammelte Werke Bd.1, Frankfurt 1986, S. 225.

Prinzipiell verfährt Holliger mit dieser Textvorlage wie Lachenmann nach der Nono'schen Methode: die Silben bzw. Phoneme werden auf die Stimmen verteilt, der Text 'wandert' quasi durch die einzelnen Stimmen. Die zeitliche Reihenfolge einzelner Buchstaben und Wörter weicht auch bei Holliger teilweise von der Textvorlage ab, so ist etwa in den ersten sechs Takten die Buchstabenfolge *n-m-n-d-a-i* als Verfremdung des Wortes *Niemand* zu hören. Es gibt jedoch einen entscheidenden Unterschied zu Lachenmanns *Consolation II*. Während Lachenmann die Textvorlage als Materialfundus gebraucht, von dessen Zusammenhängen er sich im Verlauf des Stückes immer weiter löst, komponiert Holliger gleichsam trotz aller oft bis zur Unkenntlichkeit der Textvorlage reichenden Verfremdung am Gedicht Celans entlang. So scheut er auch nicht vor dramaturgischen Ausdeutungen und dem gezielten 'In-Szene-setzen' einzelner Textpassagen zurück. Anhand der Darstellung des Formschemas und ausgewählter Einblicke sei die dramaturgische Konzeption von *Psalm* dargestellt.[126]

Das Stück ist durch insgesamt acht Generalpausen gegliedert. Diese Häufigkeit hat offensichtlich nicht nur Ursachen, welche in der Logik der Gliederung bzw. der formalen Anlage zu suchen sind. Vielmehr dürfte Holligers Grundkonzeption einer Musik am Rande der Hörbarkeit und des Verstummens immer wieder zur Stille und somit zur Generalpause führen.[127]

---

126 Für eine detaillierte Analyse des ganzen Werkes sei auf die Dissertation von Kristina Ericson verwiesen: K. Ericson 2004, S. 346–365.

127 K. Ericson weist darauf hin, dass die Generalpausen in ihrer Wirkung unterschiedlich erlebt werden, von natürlichem Innehalten bis hin zu bedrängender Anspannung. Vgl. ebd., S. 342f.

Gemäß den vier Strophen des Gedichtes könnte man eine vierteilige Gesamtanlage vermuten. Allerdings gliedert Holliger zwar die einzelnen Formteile dramaturgisch sinnvoll und setzt Generalpausen an einschlägigen Stellen, jedoch nicht zwingend zwischen den Strophen. Statt einer groben Formübersicht mit großen formalen Abschnitten kann daher nur eine exakte Darstellung aller zehn Formabschnitte und der dazwischengeschalteten Generalpausen einen Einblick in den Aufbau des Stücks leisten:

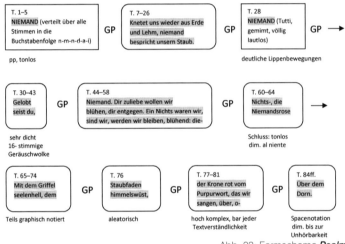

Abb. 23: Formschema *Psalm*

Auffällig sind neben der Häufung von Generalpausen die vielen tonlosen, lautlosen und bis zur Unhörbarkeit diminuierenden Stellen. Besonders das Subjekt *Niemand* von Celans *Psalm* ist verschiedenartig vertont bzw. eben nicht vertont. Holliger selbst hat diese Passagen als „schwarzes Loch"[128] bezeichnet.

---

128   Vgl. K. Ericson 2004, S. 331.

Neben dem bereits beschriebenen Anfang des Stückes[129] wird die klangliche Leerstelle des *Niemand* in Takt 28 bzw. in den Takten 44–45 lautlos im Tutti mittels deutlicher Lippenbewegungen gemimt (vgl. Abb. 24).

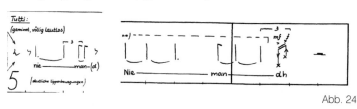

Abb. 24

Etwa in der Mitte des Stückes (Takt 60–64) nimmt Holliger das *diminuendo al niente* des Schlusses vorweg: Bei der im Gedicht zentralen Stelle *die Nichts-, die Niemandsrose* verklingt im Alt und Tenor nach und nach eine auf- und abmodulierende, stimmlose ‚Kantilene' auf dem Konsonanten *s* [s] (vgl. Abb. 25).

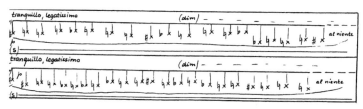

Abb. 25

Der dramaturgische Höhepunkt des Stückes wird durch ein aleatorisches Feld über den Textausschnitt *Staubfaden himmelswüst* eingeleitet (Partitur S. 19). Der Dirigent gibt drei Einsätze, wobei die Reihenfolge und der zeitliche Abstand zwischen den Einsätzen variabel sind. Auf diese Einsätze hin werden drei unterschiedlich lange Aktionsräume eröffnet: Aktionsraum A dauert drei Sekunden, Aktionsraum B dau-

---

129   Siehe S. 118.

ert eine Sekunde und Aktionsraum C fünf Sekunden. Während dieser Aktionsräume wählen die Choristen aus einer in Rechtecken graphisch notierten Ansammlung unterschiedlicher vokaler Aktionen beliebige Elemente und führen diese aus. Nicht nur die Auswahl der Elemente ist dabei frei, sondern auch die Ausführung ist in verschiedenen Varianten möglich. So können etwa bei einem Element diverse dynamische Abstufungen oder bei einem anderen unterschiedliche Arten des Flüsterns gewählt werden. Alle Elemente verwenden dabei Konsonanten und Vokale des zugrunde liegenden Textausschnittes *Staubfaden himmelswüst*, kombiniert mit unterschiedlichsten vokalen Ausdrucksformen wie stöhnen, zittern, pfeifen, stottern etc. (vgl. Abb. 26).

Gerade in der Konzeption solcher vom Dirigenten gesteuerten aleatorischen Abschnitte ist Holliger der Kompositionsweise von Dieter Schnebel näher, als er sich vielleicht eingestehen mag, wenn er im Zusammenhang mit der Entstehung von *Psalm* rückblickend sagt: „diese [die Stücke von Dieter Schnebel] haben mich überhaupt nicht interessiert."[130]

---

130   Vgl. K. Ericson 2004, S. 331.

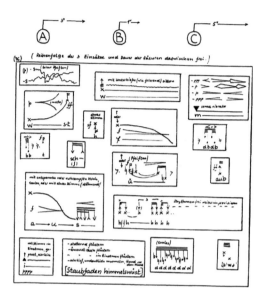

Abb. 26

Die Komplexität der nachfolgenden Stelle (Partitur S. 20, T. 76–81) beruht weniger auf ihrer Vielstimmigkeit (immerhin ist der Chorsatz hier 11-stimmig und wird nur von der 16-Stimmigkeit in Takt 35ff. übertroffen) als auf ihrer Vielschichtigkeit und der bis zur Unkenntlichkeit führenden Aufsplittung der Textstelle *der Krone rot – vom Purpurwort, das wir sangen*.[131] Einzig das anfängliche im Tutti gesprochene »der« ist noch verstehbar, die übrigen Textpartikel wie *vom, pur* oder *wor(t)* gehen im allgemeinen Durcheinander der Konsonanten unter. In Lachenmann'scher Manier macht sich Holliger die lautliche Ähnlichkeit der Worte *Krone, rot* und *Wort* zunutze, um

---

131 Diese Stelle wurde auch von Clytus Gottwald als beispielhaft anerkannt und analysiert: Vgl. C. Gottwald: Psalm, in: Heinz Holliger. Komponist, Oboist, Dirigent, hrsg. v. A. Landau, Bern 1996, S. 92.

ein Klangfeld zu kreieren, das von den Buchstaben *r, o, t, k* und *w* dominiert ist. Hierbei können unterschiedliche Wortpartikel gleichzeitig erklingen und neue Lautkombinationen entstehen, die sich in dem ursprünglichen Textausschnitt so nicht finden lassen. Besonders die rhythmisch strukturierte Aneinanderkettung der Explosivlaute *t* und *k* wird genutzt, um eine effektvolle Geräuschkulisse zu schaffen:

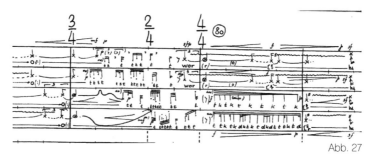

Abb. 27

Der ausgedehnte Schlussteil des Stückes ab Takt 84, welcher sieben Partiturseiten umfasst, stellt einen großen, ins Nichts verlaufenden Abgesang dar. In Spacenotation geschrieben und nur mit einer vagen Gesamtdauer-Angabe von 60 bis 120 Sekunden (wobei jeder Sänger sein eigenes Tempo wählen soll) ähnelt er trotz der Verwendung rhythmisch äußerst komplexer Figuren und nachvollziehbarer Auf- und Abbewegungen einer Improvisationsskizze. Der Textausschnitt *über dem Dorn* zerfällt gemäß der vier Stimmgruppen (Sopran, Alt, Tenor, Bass) in vier Silben: *ü, be(a), de, do*. Die ruhige und fast meditative Schlusswirkung, welche sich durch eine kontinuierliche Verlangsamung des ohnehin schon langsamen Ausgangstempos und ein kontinuierliches Diminuendo ergibt, wird noch verstärkt durch szenische Elemente wie dem unbeteiligten „in-sich-Selbstversinken" des Dirigenten, dem Senken der Köpfe der Beteiligten, dem allmählichen Verdunkeln des Saales und dem abschließenden regungslosen Verharren in der Stille. Hier zeigt sich Holligers feines Gespür für dramaturgische Abläufe ebenso, wie zuvor in der Gestaltung des Höhepunkts von *Psalm*, welcher jenem meditativen Schlussteil vorangeht.

Was ist am Ende der vier Analysen über den ursprünglichen Analyseansatz unter besonderer Berücksichtigung des sprachlichen Aspektes zu sagen? Sicherlich gelingt es mit jenem sprachlich orientierten Analyseanasatz besser als mit herkömmlichen Analysemethoden, zum Wesen der Werke vorzudringen, auch wenn das bereits erwähnte Paradoxon einer verbalen Beschreibung von Sprachmusik, welche in weiten Teilen Negation von Sprache betreibt, nicht nur bei Holligers *Psalm* ins Bewusstsein tritt. Dieses Paradoxon scheint sich jedoch weniger auf die bisher verwendete Sprache der Analyse im Sinne eines wissenschaftlichen Verbalinstrumentariums mit allgemeiner Gültigkeit und Verständlichkeit zu beziehen als vielmehr auf die sprachliche Deutung der ästhetischen Erfahrung einer Negation (u.a. von Sprache), welche im Zentrum der nachfolgenden Kapitel steht. In diesem Zusammenhang muss jener Bereich noch viel deutlicher ins Blickfeld rücken, der mit dem Terminus Negation umschrieben werden kann und der in diesen Kompositionen ja bei Weitem nicht nur die Ebene der Sprache betrifft. Im »negierenden Potential«, welches den vier Werken dieser Arbeit in unterschiedlicher Art und Weise eingeschrieben ist, liegt der Ansatzpunkt der nachfolgenden theologischen Deutungen. Doch zuvor sei der Begriff der Negation theologisch und ästhetisch reflektiert.

„Si enim comprehendis,
non est Deus."[1]

Augustinus

„Das negative Denken
der modernen
Philosophie, die offene,
fragmentarische Gestalt
der modernen Kunst
stehen in einem gewissen
Sinn also dem Kern des
Christlichen näher als die
‚positiven', geschlossenen
Systeme der alten
‚christlichen Kultur'."[2]

Hans Zender

4 Negationen

4.1 Negative Theologie

4.1.1 Historie und Moderne der Negativen Theologie

Mit dem Begriff der Negativen Theologie ist nicht etwa eine
Wertung gemeint im Sinne einer wie auch immer gearteten
‚schlechten' oder obskuren Theologie, vielmehr wird damit
eine bestimmte Methode des Theologisierens aufgezeigt. Negative Theologie bezeichnet ursprünglich eine Aussage, „die
Gott das ‚abspricht', was er nicht ist und so auf die Transzen-

---

1   A. Augustinus: Sermo CXVII, Caput III,5, Paris 1861 (PL 38), Sp.
     663.

2   H. Zender: Happy New Ears, Freiburg ²1997, S. 93.

denz Gottes verweist."[3] Anders formuliert, vermeidet Negative Theologie oder setzt zumindest Fragezeichen hinter positive, affirmative Aussagen über eine letzte und transzendente Entität in Bezug auf deren Wesen, Charakter und in manchen Strömungen auch hinsichtlich der Möglichkeiten und Bedingungen eines Verhältnisses des Menschen zu einer solchen Entität. Es soll gleich darauf hingewiesen sein, dass bei allem Potential kaum eine theologische Konzeption so vieldeutig und umstritten ist wie diejenige der Negativen Theologie.

Sie ist vieldeutig, denn „grundsätzlich kann man über die verschiedenen inhaltlichen und methodischen Versuche, über Gott aus der Perspektive der negativen Theologie zu sprechen, dies sagen: Viele Versuche lassen sich weder in der Geschichte noch heute auf einen einzigen Begriff, eine einzige Methode, ein einziges System bringen. [Aber:] Wo immer Menschen mit Metaphern, Symbolen, Geschichten, Erzählungen sowie mit Begriffen, Reflexionen, Dialogen und Abhandlungen über den einen Gott zu sprechen versuchen, sprengen sie die in ihrer Zeit üblichen Denkmodelle und erfahren deren Grenzen. Zur negativen Theologie gehört daher ‚der Bruch des kohärenten Diskurses' (Levinas)."[4]

Nicht nur aufgrund ihrer Vieldeutigkeit ist Negative Theologie in mehrerlei Hinsicht umstritten. Bereits der Terminus selbst wird teilweise als Aporie bezeichnet, trage doch, „was nicht von Gott gesagt werden kann, […] selbst bereits eine untilgbare Positivität aus. Negative Theologie artikuliert noch dort, wo sie es durchstreicht, ein theologisches Wissen von Gott und tritt als ‚Affirmation einer eigentlich gemeinten ab-

---

3 J. Hochstaffl: Negative Theologie, in: LThK Bd. 7, hrsg. v. W. Kasper, Freiburg 1993, 2006 Sp. 723.

4 W. Oelmüller: Negative Theologie heute. Die Lage der Menschen vor Gott, München 1999, S. 46. Vgl. auch E. Lévinas: Außer sich. Meditationen über Religion und Philosophie, München 1991, S. 79.

soluten Transzendenz' auf"[5], anders sei sie ja gar nicht von einer atheistischen Position zu unterscheiden. Andere Autoren wiederum verweisen darauf, dass Negative Theologie, wo sie tatsächlich ernsthaft betrieben werde, nicht in den Dienst einer Affirmation gestellt werden dürfe: „Negative Theologie ist damit keine Methode, um indirekt, auf dem Weg der doppelten Verneinung, den unbegreiflichen Gott doch noch auf den Begriff zu bringen."[6] Neben dem Verdacht, ein verschleierter Atheismus zu sein, muss sich Negative Theologie nicht selten dem Vorwurf „geistiger Erschlaffung und resignierender Erkenntnishaltung"[7] stellen und sich zudem fragen lassen, ob sich Gott dem Menschen nicht in den biblischen Texten gerade als der offenbart habe, der er sei, ob also Offenbarung nicht gerade dem Gedanken einer Negativen Theologie widerspreche und Negative Theologie somit unbiblisch bzw. unchristlich sei.

Dabei ist Negative Theologie nicht nur so alt wie die monotheistischen Religionen selbst, entsprechende Ansätze finden sich bereits in der polytheistisch geprägten Antike:

Der Vorsokratiker Xenophanes kritisierte im 6. Jahrhundert v. Chr. die Mythen seiner Zeit und entlarvte gängige Gottesvorstellungen als menschliche Projektionen:

> *„Aber die Sterblichen meinen, Götter würden geboren und hätten ihre Kleidung, Stimme und Gestalt. Doch wenn Ochsen oder Löwen Hände hätten oder vielmehr malen könnten mit ihren Händen und Kunstwerke herstellen wie die Menschen, dann würden Pferde pfer-*

---

5   A. Halbmayr/ G.M. Hoff (Hrsg.): Negative Theologie heute? Zum aktuellen Stellenwert einer umstrittenen Tradition, Freiburg 2008, S. 9.

6   A. Benk: Gott ist nicht gut und nicht gerecht. Zum Gottesbild der Gegenwart, Ostfildern 2008, S. 15.

7   Vgl. ebd., S. 16.

deähnlich, Ochsen ochsenähnlich der Götter Gestalt malen und sol-
che Körper bilden, wie jeder selbst gestaltet ist."[8]

Und ganz im Sinne einer Negativen Theologie folgerte Xenophanes: „Ein Gott ist unter Göttern und Menschen der Größ-
te, nicht an Gestalt den Sterblichen gleich, nicht an Einsicht."[9]
Der Vorwurf, dass Negative Theologie ein unbiblisches
Konzept sei, lässt sich mit Blick auf die Fülle biblischer Ansätze, Ursprünge und Anleitungen zu Negativer Theologie nicht
halten. Bereits im Alten Testament erscheint Gott als der verborgene Gott, der bei der Berufung des Mose (Ex 3) seinen Namen in einer Form offenbart, die gleichzeitig eine Verhüllung
und Verweigerung ist.[10] Auch Jakob bleibt beim Kampf am
Jabbok (Gen 32,30) der Name und das Wesen Gottes verborgen. Bei Hosea und Jesaja findet sich prophetische Kritik an
von Menschen gemachten Göttern und der Hinweis auf den
ganz anderen, unbegreiflichen Gott[11] und im biblischen Bilderverbot des Dekalogs (Ex 20,4) kulminieren unterschiedliche Anknüpfungspunkte Negativer Theologie. Andreas Benk
weist zu Recht darauf hin, dass auch im Neuen Testament affirmative bzw. positive Aussagen immer im Lichte ihrer negativen Gegenaussagen zu lesen sind.[12] So ist Jesu Hoffnungs-
botschaft vom Reich Gottes gekennzeichnet vom Ringen nach
letztlich immer unzureichenden Worten, Bildern und Verglei-
chen und sein Schrei am Kreuz »Mein Gott, mein Gott, war-
um hast du mich verlassen« (Mk 15,34/ Mt 27, 46) zeugt in
beklemmender Weise von der Fremdheit und Unzugänglich-
keit Gottes innerhalb der Immanenz. Im Wirken Jesu insge-

---

8   Xenophanes: Die Fragmente, übers. u. hrsg. v. E. Heitsch,
     München 1983, S. 41/43.

9   Ebd., S. 53.

10   A. Benk 2008, S. 27f.

11   Vgl. ebd., S. 31.

12   Vgl. ebd., S. 38.

samt wird die göttliche Verborgenheit nicht etwa durch eine Offenbarung im Sinne einer vollständigen Enthüllung abgelöst, das Wirken Jesu ist immer auch im Lichte seiner Verweigerung zu sehen:

> *„Immer wieder wird erzählt, wie Jesus sich gerade dann den Menschen entzieht und die Einsamkeit sucht, als diese beginnen zu erfassen, mit wem sie es zu tun haben. Aber die Bestätigung des von ihnen Erfassten schlägt Jesus aus – weil es die Bestätigung einer falschen Deutung wäre."[13]*

Auch Paulus ist sich der Verborgenheit Gottes bewusst, wenn er zu den Korinthern oder den Athenern spricht:

> *„Wir verkündigen nicht die Weisheit dieser Welt [...]. Wir verkündigen, [...] was kein Auge gesehen und kein Ohr gehört hat, was keinem Menschen in den Sinn gekommen ist [...]"[14] (1 Kor 2, 6-9). „Gott [...] wohnt nicht in Tempeln, die von Menschenhand gemacht sind. [...] Da wir also von Gottes Art sind, dürfen wir nicht meinen, das Göttliche sei wie ein goldenes oder silbernes oder steinernes Gebilde menschlicher Kunst und Erfindung"[15] (Apg 17, 16-34).*

Die Geschichte des Christentums schließlich ist durchzogen von unterschiedlichen Konzeptionen Negativer Theologie, von denen hier nur einige bedeutende der früheren Kirchengeschichte umrissen seien:

Bereits für Augustinus (354–430), der in seiner Theologie eine Verbindung von Glaube und Vernunft unter neuplatonischen Vorzeichen anstrebt, endet der Aufstieg der menschlichen Vernunft vor dem Absoluten.[16] Allerdings

---

13   H.-J. Höhn: Der fremde Gott. Glaube in postsäkularer Kultur, Würzburg 2008, S. 129.

14   EÜ, Freiburg 1980, S. 1282.

15   Ebd., S. 1248.

16   Zur neuplatonischen Stufenfolge Körperwelt – Seele – Geist – Gott vgl. das 9. und 10. Buch aus den Bekenntnissen: A. Augustinus: Bekenntnisse IX.10,23–25 und X. 6,8 ff., aus d. Lat. übers. u. hrsg. v. K. Flasch u. B. Mojsisch, Stuttgart 1989, 2008.

denkt Augustinus die Konsequenzen einer Negativen Theologie nicht stringent zu Ende, und so findet sich bei ihm keine Erklärung darüber, wie und ob Negative Theologie u.a. mit seinen Konzepten der Trinitäts- oder Prädestinationslehre vereinbar wäre.

Der erste systematische Entwurf einer Negativen Theologie stammt von dem um 500 n.Chr. lebenden, bis heute nicht eindeutig identifizierten Dionysius Areopagita bzw. Pseudo-Dionysius Areopagita.[17] Seine mystische Theologie (*De mystica theologica*) wird zur Grundlage der spätmittelalterlichen Mystiker wie Meister Eckhart oder Nikolaus von Kues:

> *„Noch höher steigend sprechen wir jetzt aus, dass er [d.h. die Endursache allen Seins und Werdens] nicht Seele und auch nicht Geist ist, dass ihm weder Einbildungskraft [phantasía] zu eigen sein kann, noch Meinung [dóxa], noch Vernunft, noch Erkenntnis [nóesis], dass Gott weder ausgesprochen noch gedacht werden kann. Er ist weder Zahl noch Ordnung [táxis], noch Größe noch Kleinheit, nicht Gleichheit und Ungleichheit, nicht Ähnlichkeit [homoiótes], nicht Unähnlichkeit [anhomoiótes]."[18]*

Hier ist bereits eine Charakterisierung des Absoluten angelegt, welche Nikolaus von Kues später als »coincidentia oppositorum«[19], als Zusammenfall aller Gegensätze bezeichnen wird. In seiner Abhandlung über die göttlichen Namen (*De divinis nominibus*) gibt Dionysius Areopagita einer negativen Gottesrede eindeutig den Vorzug vor einer positiven bzw. bejahenden und begründet dies zweifach:

---

17   Vgl. G. Wehr: Dionysius Areopagita, Wiesbaden 2013, S. 11–14.

18   Ebd., S. 121.

19   Zur philosophischen Verortung und terminologischen Klärung des Bergriffs der „coincidentia oppositorum", welche Nikolaus von Kues als das Prinzip des Nichtwissens bezeichnet, das dem Verstand (ratio) unzugänglich ist, vgl. R. Ott: Die menschliche Vernunft und der dreieinige Gott bei Nikolaus von Kues, Norderstedt 2009, S. 43–53.

„Aber hinter der Wahrheit der tatsächlichen Verhältnisse werden wir weit zurückbleiben. Deshalb haben auch jene [die Verfasser der heiligen Schriften] selbst dem Aufstieg durch die negativen Prädikate [also einer Annäherung durch Negation] den Vorzug gegeben. Denn dieser zieht die Seele von der ihr gleichartigen Welt ab[20][...]. Es [das sog. Aufsteigen durch Negation] verbindet zuletzt von allem die Seele mit dem Göttlichen, soweit unser Verbundenwerden mit ihm möglich ist."[21]

Dass Gedanken Negativer Theologie trotz allen kirchenkritischen Potentials[22] auch Eingang in offizielle kirchliche Dokumente gefunden haben, zeigt sich an der klassischen Analogieformel des Vierten Laterankonzils (1215). Im Hinblick auf biblische Vergleiche zwischen Schöpfer und Geschöpf (z. B. Joh 17,22) und quasi als Regel all solcher theologischen Vergleiche hält das Konzil fest: „Denn zwischen dem Schöpfer und dem Geschöpf kann man keine so große Ähnlichkeit feststellen, daß zwischen ihnen keine noch größere Unähnlichkeit festzustellen wäre."[23]

In Werken wie *De docta ignorantia* (1440) oder *De deo abscondico* (1445) entfaltet Nikolaus von Kues seine Neubestimmung einer *theologia negativa* im ausgehenden Mittelalter, indem er sowohl Konzepte Negativer Theologie christlicher (z.B. von Dionysius) als auch jüdischer Provenienz (Moses Maimonides) zusammenführt.[24] In seiner oben erwähnten Lehre vom

---

20   „Dies ist im Hinblick auf Gott erstrebenswert, da er eben den Menschen und Dingen nicht verwandt, sondern ihnen gegenüber der Andere ist." A. Benk 2008, S. 48.

21   G. Wehr 2013, S. 118.

22   A. Benk verweist darauf, dass im Umfeld des Vierten Laterankonzils freilich mitnichten irgendeine Absicht bestand, theologie- oder kirchenkritische Texte zu verfassen. Vgl. A. Benk 2008, S. 58.

23   DH 806.

24   Vgl. hierzu D. Westerkamp: Via negativa. Sprache und Methode der negativen Theologie, München 2006, S. 134f.

Zusammenfall aller Gegensätze betont er die bereits bei Dionysius angelegte Tatsache, dass das Unendliche vom Endlichen nicht erkennbar sei, da es nicht vergleichbar sei, und somit auch weder mit Mitteln der Affirmation noch der Negation fassbar sei. Die *docta ignorantia* (belehrte Unwissenheit) und die *coincidentia oppositorum* (Zusammenfall der Gegensätze) streben letztlich eine Verknüpfung und Überwindung von affirmativer und Negativer Theologie an.[25] Bei allem Primat einer *via negativa* über eine *via affirmativa*[26] gibt Nikolaus von Kues nämlich zu bedenken, dass auch alle Bestreitung und Durchstreichung das Wesen des Absoluten nicht zu fassen vermögen, da Gott sowohl über Negation als auch über Affirmation steht. Er schließt sich daher einer *via eminentiae*[27]an, einer Theologie, welche das *mehr als* bzw. das *darüber-Hinausgehen* Gottes betont:[28]

> *„Weil also nun das absolut Größte in absoluter Aktualität alles ist, was sein kann, und zwar derart frei von irgendeiner Art des Gegensatzes, daß im Größten das Kleinste koinzidiert, darum ist das absolut Größte gleicherweise erhaben über alle bejahende und verneinende Aussage. All das, was als sein Sein begriffen wird, ist es ebenso sehr wie es dieses nicht ist, und all das, was als Nichtsein an ihm begriffen wird, ist es ebenso sehr nicht, wie es dieses ist."*[29]

Der ausführliche Rekurs auf einige wichtige historische Konzeptionen einer *theologia negativa* war notwendig um aufzu-

---

25   Vgl. R. Ott 2009, S. 176.

26   „Daraus erhellt, daß in theologischen Aussagen Verneinungen wahr und positive Aussagen unzureichend sind." N. de Cusa: De docta ignorantia. Die belehrte Unwissenheit Buch I, übersetzt u. hrsg. v. P. Wilpert. 4. Erweiterte Auflage besorgt v. H. G. Senger. Hamburg [4]1994, S. 113.

27   Cusanus bezieht sich hierbei auf die analoge Gotteserkenntnis des Thomas von Aquin in drei Schritten: *via affirmativa, via negativa, via eminentiae*. Vgl. R. Ott 2009, S. 14.

28   Vgl. D. Westerkamp 2006, S. 135.

29   N. de Cusa [4]1994, S. 19.

zeigen, weshalb Denkmuster Negativer Theologie innerhalb der Moderne eine Aktualität, Brisanz und Unumgänglichkeit erhalten, welche sie vorher so nie besessen haben und welche Negative Theologie endgültig von dem Verdacht befreit, eine theologische Randerscheinung oder spitzfindiges Philosophieren zu sein. Die herausragende Bedeutung Negativer Theologie für die Moderne wird von Theologen heute kaum mehr bestritten, auch wenn die enorme Dominanz in den letzten Jahren teilweise kritisch beobachtet wird.[30] Doch wie kann diese Entwicklung begründet werden? Zwei Ursachen lassen sich bündeln: „Sie [Figuren Negativer Theologie] bieten eine Bühne, den Gottesverlust und die erfahrbare Abwesenheit Gottes zur Sprache zu bringen."[31]

Der Gottesverlust der Moderne ist kein punktuelles Ereignis, er ist ein facettenreicher Prozess, welcher dennoch in dem Nietzsche-Wort »Gott ist tot« kulminiert. Für die Moderne erscheint Gott nicht mehr notwendig:

> „[...] aus den wissenschaftlichen Plausibilitäten wurde er vertrieben und für Moralbegründungen entbehrlich; ausgeschieden ist er aus dem Kalkül der Ökonomie und sperrig geworden beim Ausfüllen metaphysischer Reflexionslücken. [...] Am Ende der Moderne steht der Gottesglaube ohne feste Plausibilitäten da."[32]

Dieser Prozess beginnt mit der Aufklärung, in welcher die Vernunft anstatt Gott zur obersten Instanz wird. Die modernen Religionskritiken eines Feuerbach, Marx oder Freud entlarvten gängige Gottesvorstellungen als Projektionen eigener Sehnsüchte und Wünsche des Menschen, als Vertröstungen

---

30 Vgl. hierzu etwa die Arbeiten von Magnus Striet, beispielsweise: Grenzen des Nicht-Sprechens. Annäherungen an die negative Gottesrede, in: Negative Theologie heute? Zum aktuellen Stellenwert einer umstrittenen Tradition, hrsg. v. A. Halbmayr u. G. M. Hoff, Freiburg 2008, S. 20–33.

31 Ebd., S. 11.

32 H.-J. Höhn 2008, S. 35.

auf ein besseres Jenseits oder als Hemmnis für die Selbstverwirklichung.[33] Moderne Sprachkritiken beispielsweise Ludwig Wittgensteins oder Differenzphilosophien von Emmanuel Levinas oder Jacques Derrida weisen auf die Grenzen des Sagbaren hin. Transzendenz und Gottesglaube scheinen sinnlos geworden zu sein, das Reden vom Absoluten scheint obsolet oder unmöglich, die säkulare Welt ist buchstäblich ‚Gott los geworden'. Dieser Realität der Moderne hatte und hat sich bis heute jedes Reden von Gott und jede Theologie zu stellen. Wird diese Gottesfremdheit ernst genommen, so wird jede affirmative oder gar selbstherrliche Gottesrede, jede Rede von einer Gottvertrautheit inadäquat oder zumindest problematisch, da sie quer zur modernen Wirklichkeit steht.[34] Ein Gottesglaube, welcher die Realitäten der Moderne ernst nimmt, muss sich eingestehen, dass er

> *„nicht in der Einsicht in eine Notwendigkeit Gottes für etwas Innerweltliches [gründet] und einem darauffolgenden Akt der Affirmation Gottes. Hinsichtlich seines ‚Weltbezugs' artikuliert er eine Negation [...]. Er wurzelt nicht in einem Vollzug der Behauptung, sondern in der Praxis der Bestreitung."[35]*

Hierin lag nun gerade die Chance einer Negativen Theologie der Moderne. Sie konnte aufzeigen, dass der Verlust Gottes,

---

33   Vgl. u.a. H.-J. Höhn 2008, S. 40. Es mag rückblickend beinahe skurril anmuten, dass sich die moderne Religionskritik ausgerechnet an einen positivistisch gewordenen, jüdisch-christlichen Monotheismus wendete, der „sich seinerseits aus nichts anderem entwickelt hatte als aus der Kritik an selbstgemachten Göttern." E. Nordhofen: Der Engel der Bestreitung. Über das Verhältnis von Kunst und Negativer Theologie, Würzburg 1993, S. 89.

34   Ohne den Gedanken an dieser Stelle ausführen zu können sei darauf hingewiesen, dass auch eine für die Postmoderne oftmals diagnostizierte Rückkehr der Religiosität äußerst diffus, keineswegs unbedingt theistisch geprägt und in einem vorwiegend säkularen und multikulturellen Umfeld stattfindet.

35   H.-J. Höhn 2008, S. 57.

die Fremdheit Gottes, die Unzulänglichkeiten überkommener Gottesrede, die Lage des modernen Menschen vor Gott insgesamt als Potential begriffen werden können. Durch Bestreitung, durch Zweifel, durch das Verknüpfen von „existenzieller Authentie und intellektueller Radikalität"[36] und das Verweisen auf das gänzlich Andere konnte Gottesrede der Moderne eine neue Glaubwürdigkeit gewinnen.

Die erfahrbare Abwesenheit Gottes manifestiert sich in der gesamten Leidensgeschichte der Menschheit. Rückblickend zeigt sich jedoch gerade die Moderne als eine Zeit nie da gewesener Gräuel und Katastrophen ungeahnten Ausmaßes. Zweitausend Jahre nach Jesu Botschaft vom Reich Gottes erscheint vielen die Ankündigung eines bereits jetzt und hier auf Erden beginnenden Heils als unerfüllbare Utopie. Besonders ein Wort jedoch benennt ein kaum fassbares Gräuel, mit dem sich seither jegliches Reden von Gott konfrontieren lassen muss: Auschwitz[37], ein Menschenwerk, und gleichwohl ist nirgendwo sonst die Abwesenheit Gottes mehr erfahrbar. Der planmäßige Völkermord an den Juden ist eine so „singuläre und präzedenzlose Zäsur"[38], dass Theologie niemals mehr die gleiche sein kann wie zuvor, denn: „Gott ließ es geschehen. Was für ein Gott konnte es geschehen lassen?"[39] Wie soll nach Auschwitz von einem Gott gesprochen werden, der

---

36 H.-J. Höhn 2008, S. 96.

37 Es geht bei der Nennung von Ausschwitz, wie Andreas Benk zu bedenken gibt, „nicht um eine makabre Rangfolge menschlicher Bestialität", denn die „Qual von Menschen kann niemals gegeneinander aufgerechnet werden." Vgl. A. Benk 2008, S. 150.

38 Ebd., S. 151.

39 H. Jonas: Der Gottesbegriff nach Auschwitz, Baden-Baden 1987, S. 13. Auch Jonas verwirft affirmative Gottesbegriffe wie den »allmächtigen Gott« und den »Herrn der Geschichte«, er verwirft allerdings auch die Idee eines verborgenen und unverständlichen Gottes als unjüdisch und schließt sich der Idee eines leidenden und werdenden Gottes an.

dies an seinem eigenen auserwählten Volk geschehen ließ? Viele Prädikate einer positiven und affirmativen Gottesrede wie »allmächtiger Gott« oder »gütiger Vater« erscheinen im Lichte von Auschwitz geradezu als zynisch. Andreas Benk fasst drei Bedingungen zusammen, um nach Auschwitz überhaupt noch christliche Gottesrede zu verantworten:[40] Niemals mehr darf von Gott gesprochen werden, ohne sich die jüdischen Wurzeln des christlichen Glaubens und der christlichen Gottesrede bewusst zu machen. Es ist nach Auschwitz kein affirmatives theologisches Denken mehr zumutbar, nachdem Gott als allmächtiger Verwalter und Erhalter des Kosmos allem menschlichen Tun einen Sinn zu geben vermag. Schließlich sind alle Versuche zurückzuweisen, Gott zu rechtfertigen: Gott ist im Angesicht von Auschwitz nur noch als der Verborgene, der Unbegreifliche und Unverfügbare zu sehen. So drängt sich Negative Theologie geradezu als letzte verbliebene Möglichkeit auf, um dem „Bruch in der Gottesrede"[41] Ausdruck zu verleihen: „Was Negative Theologie seit Dionysius vorbringt und vorbringen muss, erhält angesichts von Auschwitz nun aber einen scharfen und bitteren Geschmack: Unangemessen ist es, von Gott als Liebe zu reden, *wahr* hingegen ist, dass Gott nicht Liebe ist."[42]

Moderne Ansätze von Negativer Theologie also nicht nur als angemessene Form moderner Gottesrede, sondern als angemessenes Mittel zur Darstellung der Lage des modernen Menschen vor Gott schlechthin. Für diese Arbeit sind jene Ansätze des 20. Jahrhunderts bis etwa 1970 von besonderem Interesse, da zwar nicht innerhalb, aber in Nachbarschaft zu diesem geistigen Umfeld die vier Werke von Ligeti, Schnebel, Lachenmann und Holliger entstanden sind. Hierbei fällt auf, dass sich innerhalb des 20. Jahrhunderts keine in sich ge-

---

40 Vgl. A. Benk 2008, S. 156f.

41 Ebd., S. 158.

42 Ebd., S. 157.

schlossenen Konzeptionen einer Negativen Theologie im Sinne eines Dionysius oder Nikolaus von Kues finden lassen. In bedeutenden Strömungen lassen sich jedoch Ansätze, Übereinstimmungen und Denkmuster der Negativen Theologie nachweisen.[43] Stellvertretend sei hier die Dialektische Theologie erwähnt. Hat sie auch als wirkungsmächtigste protestantische Bewegung des 20. Jahrhunderts freilich einen anderen Ausgangsort und auch andere Zielsetzungen als die Negative Theologie (und insbesondere ein anderes Verhältnis zur Offenbarung), so sind in der Betonung der „Distanz zwischen Gott und Welt"[44] und in der Darstellung Gottes als „die große Negation allen frommen Menschenwesens, aller Kultur, alles Zeitlichen und Geschichtlichen"[45] eindeutig Denkfiguren Negativer Theologie erkennbar. Als Ausgangspunkt der Dialektischen Theologie gilt Kierkegaard, in dessen Denken die

---

43 Es geht bei den gewählten Beispielen nicht um konfessionelle Präferenzen, auch wenn auffällig erscheint, dass sich die evangelische Theologie bis weit ins 20. Jahrhundert hinein intensiver und mit größerer theologischer Tragweite mit Elementen Negativer Theologie beschäftigt hat als die katholische. Diese Beobachtungen korrespondieren mit dem Eindruck, dass auch die avantgardistische Chormusik der 1960er Jahre vorwiegend im protestantischen Umfeld angesiedelt war. Die Ursachen hierfür sind vielfältig und mögen, zumindest was die Theologie anbelangt, u.a. im dogmen-, hierarchie- und institutionskritischen Potential Negativer Theologie liegen, sie sind allerdings nicht Gegenstand dieser Arbeit. Es sei an dieser Stelle lediglich darauf hingewiesen, dass es natürlich auch nicht erst in den letzten Jahren prominente Vertreter katholischer Theologie der Moderne gibt, welche Denkweisen Negativer Theologie berücksichtigen. Beispielhaft sei hier Karl Rahners Rede zu seinem achtzigsten Geburtstag erwähnt: Von der Unbegreiflichkeit Gottes, Erfahrungen eines katholischen Theologen, hrsg. v. A. Raffelt, m. e. Einführung v. K. Lehmann, Freiburg 2004.

44 M. Beintker: Dialektische Theologie, in: LThK Bd.3, Freiburg 1993, 2006, Sp. 190.

45 Ebd.

höchste Existenzweise des menschlichen Seins (das religiöse Stadium) u.a. dadurch gekennzeichnet ist, dass der Mensch erkennt, dass er mit den Mitteln des endlichen Verstandes keine intellektuelle Gotteserkenntnis leisten kann. In der Betonung der Nicht-Erkennbarkeit Gottes zeigen sich Parallelen zur Negativen Theologie. Als Initialzündung zu Beginn der 1920er Jahre und gleichsam als Höhepunkt der Dialektischen Theologie gilt Karl Barths Römerbriefkommentar. Die Wirkung der Dialektischen Theologie, teils in Abgrenzung, teils in Weiterentwicklung der Barth'schen Theologie, reicht weit ins 20. Jahrhundert hinein. Als Fortsetzung unter anderen Vorzeichen kann Rudolf Bultmanns Entmythologisierungs-Konzept der 1940er Jahre angesehen werden.

Vor diesem Hintergrund wollen die nachfolgenden Ausführungen zu Karl Barth, Dietrich Bonhoeffer und Dorothee Sölle verstanden sein und sie sollen aufzeigen, in welch großem Umfang Denkfiguren Negativer Theologie Eingang in die Theologie des 20. Jahrhunderts gefunden haben.

4.1.2 Barth – Bonhoeffer – Sölle

Karl Barths Römerbriefkommentar von 1922 gilt als epochemachendes Werk der modernen Theologie. In einer radikalen sprachlichen Konkretion mit geradezu expressionistischen Zügen entwirft Barth auf der Grundlage Kierkegaards und vor dem Hintergrund der modernen Religionskritik von Nietzsche und Feuerbach eine Theologie, welche das Ereignis des Todes Gottes absolut ernst nimmt. Wie nahe sich hierbei Nietzsche und Barth in ihrem „Tanz mit der Negation"[46] sind, hat Martin Walser in seinem vielbeachteten Essay *Über Rechtfertigung, eine Versuchung* dargestellt:

---

46   M. Walser: Über Rechtfertigung, eine Versuchung, Reinbek bei Hamburg 2012, S. 72.

*„Dass Gott tot sei, ist eine Nachricht, die das Zarathustra-Buch von
Anfang bis Ende durchzieht. Dass Gott nur als Unbekannter vor-
stellbar sei und durch jeden Versuch, ihm Anschaulichkeit zu ver-
schaffen, noch unbekannter werde, das ist das, was Karl Barth mit
seinen Auslegungen des Paulus-Briefs an die Römer beschreibt.“*[47]

*„Was die zwei, Nietzsche und Karl Barth, zutiefst verbindet, ist die
Unversuchbarkeit durch etwas Gegenwärtiges.“*[48]

Barths Theologie gilt als dialektische, die den qualitativen
Unterschied zwischen Immanenz und Transzendenz zum
zentralen Thema hat und die Offenbarung nur im Zusammenhang mit Verhüllung denken kann. Sie überschneidet
sich darin trotz unterschiedlicher Akzentuierungen in ihrem
Ausgangspunkt mit den Traditionen der Negativen Theologie. Aus der Fülle der Barth'schen Gedankengänge sei diese
Verbindung an drei Begriffen exemplifiziert: »Gott«, »Glaube« und »Offenbarung«.

Ganz im Sinne der Negativen Theologie ist für Karl
Barth Gott der unbekannte Gott, „der ganz anders ist, von
dem der Mensch als Mensch nie etwas wissen noch haben
wird.“[49] Er wehrt sich damit gegen jede menschliche Domesti-
zierung Gottes: „Was der Mensch diesseits der Auferstehung
Gott nennt, das ist in charakteristischer Weise Nicht-Gott.“[50]
Als Wahn, als „religiösen Nebel“[51] verwirft er alle Vorstellungen von einem wie auch immer gearteten Bündnis oder einer Vereinigung des Menschen mit Gott. Das christliche Wesen insgesamt und mit ihm der Glaube kann somit immer nur
„Hohlraum“[52] sein im Sinne eines negativen Verweises auf

---

47   M. Walser 2012, S. 58.

48   Ebd., S. 63.

49   K. Barth: Der Römerbrief 1922, Zürich [18]2011, S. 4.

50   Ebd., S. 17.

51   Vgl. ebd., S. 27.

52   Vgl. ebd., S. 35.

das Heilige bzw. Transzendente. Barth unterscheidet Glaube strikt von Frömmigkeit: „Nirgends ist er identisch mit der historischen und psychologischen Anschaulichkeit des religiösen Erlebnisses"[53], er bleibt „Respekt vor dem göttlichen Inkognito", „Wille zum Hohlraum", „bewegtes Verharren in der Negation" und letztlich ein „Sprung ins Ungewisse, ins Dunkle, in die leere Luft".[54] All die Barth'schen Negationstiraden sind zu bedenken in Bezug auf seinen geschichtlich nicht ableitbaren Offenbarungsbegriff. Diese positivistische, ‚senkrecht von oben hereinbrechende' Offenbarungslehre deckt sich nun freilich nicht gänzlich mit den Konzeptionen Negativer Theologie, und doch bleibt bei Barth jene Offenbarung stets Hinweis auf den unbekannten Gott, die nicht durch direkte Einsichtnahme zugänglich ist:

> „Die Offenbarung in Jesus ist ja, eben indem sie Offenbarung der Gerechtigkeit Gottes ist, die denkbar stärkste Verhüllung und Unkenntlichmachung Gottes. In Jesus wird Gott wahrhaft Geheimnis, macht er sich bekannt als der Unbekannte, redet er als der ewig Schweigende."[55]

In seinen ergreifenden und zeitgeschichtlich bedeutenden Briefen an Eberhard Bethge aus der Haft in Tegel aus dem Jahre 1944 kritisierte Dietrich Bonhoeffer den Barth'schen Offenbarungspositivismus: „Barth hat als erster Theologe [...] die Kritik der Religion begonnen, aber er hat dann an ihre Stelle eine positivistische Offenbarungslehre gesetzt, wo es dann heißt: ‚friß, Vogel, oder stirb' [...]."[56] Im Anschluss an Bultmanns Entmythologisierung des Neuen Testaments wollte Bonhoeffer noch weiter als dieser gehen: „die ‚religi-

---

53   K. Barth: Der Römerbrief 1922, Zürich [18]2011, S. 111.

54   Vgl. ebd., S. 15/18/79.

55   Ebd., S. 80.

56   D. Bonhoeffer: Widerstand und Ergebung, hrsg. v. E. Bethge, Gütersloh 2013, S. 144.

ösen' Begriffe schlechthin sind problematisch."[57] Die Frage, welche Bonhoeffer beschäftigte war:

> *„Wie sprechen wir von Gott – ohne Religion [...]? Wie sprechen (oder vielleicht kann man eben nicht einmal mehr davon ‚sprechen' wie bisher) wir ‚weltlich' von ‚Gott', wie sind wir ‚religionslos-weltlich' Christen [...]?"[58]*

Hier treffen Bonhoeffers Fragestellung und das Potenzial einer Negativen Theologie der Moderne aufeinander. Die Ursache dieser Fragestellung liegt für Bonhoeffer in der modernen Krisis jeglicher religiösen Sprache und jedes theologischen Redens:

> *„Was mich unablässig bewegt, ist die Frage, was das Christentum oder auch wer Christus für uns heute eigentlich ist. Die Zeit, in der man das den Menschen durch Worte – seien es theologische oder fromme Worte – sagen könnte, ist vorüber; ebenso die Zeit der Innerlichkeit und des Gewissens, und d.h. eben die Zeit der Religion überhaupt."[59]*

In seiner zeitlichen Analyse hat Bonhoeffer exakt die Problematik jeder Theologie in einer säkularen und einer ‚Gott-los' gewordenen Welt erkannt. Im Sinne einer Negativen Theologie wäre rück zu fragen: Hat es diese Zeit, in welcher das Absolute sprachlich bzw. begrifflich beschreibbar bzw. vermittelbar war, jemals gegeben? Jede christliche Apologetik, welche mit überkommenen religiösen Topoi und innerhalb überkommener Religion überhaupt die Notwendigkeit eines Gottes in einer säkular gewordenen Welt nachweisen möchte, ist für Bonhoeffer jedenfalls sinnlos geworden.[60]

---

57   D. Bonhoeffer 2013, S. 143.

58   Ebd., S. 141.

59   Ebd., S.140.

60   Vgl. ebd., S. 172: „Die Attacke der christlichen Apologetik auf die Mündigkeit der Welt halte ich erstens für sinnlos, zweitens für unvornehm, drittens für unchristlich."

Es ist der historischen Situation geschuldet, dass seine theologischen Ausführungen hier fragmentarisch bleiben mussten, es konnte nicht zum theologischen Entwurf einer Antwort auf diese Fragestellung der Moderne kommen. So ist es müßig und sinnlos zu spekulieren, ob Bonhoeffer noch näher auf Konzeptionen der Negativen Theologie eingegangen wäre. Das Grundproblem jeglicher positiven Gottesrede und jeder affirmativen Theologie war ihm jedenfalls bewusst: „besonders schlimm ist es, wenn die anderen in religiöser Terminologie zu reden anfangen, dann verstumme ich fast völlig, und es wird mir irgendwie schwül und unbehaglich"[61]. Die folgenden Ausführungen zu Dorothee Sölle können als mögliche theologische Antwort auf Bonhoeffers Situationsanalyse gesehen werden.

Die Theologie Dorthee Sölles wird mit vielen Attributen in Verbindung gebracht: Theologie der Befreiung, politische Theologie, feministische Theologie oder liberale Theologie. Sie kritisiert die Barth'sche Theologie »von oben« („des Menschen »Ich«, »Du« und »Wir« kommen [...] nicht vor"[62]) und schließt sich Bultmanns Entmythologisierungskonzept an: „Was bei Barth, wie schon zuvor bei Kierkegaard, auf dem Altar des Gottes Abrahams geopfert wird – Intellekt, Autonomie, Kritik -, das bleibt erhalten: Gehorsam *und* Kritik, Demut *und* superbia bestimmen »Geschichtlichkeit« im Sinne Bultmanns."[63] Neben ihrem unermüdlichen Einsatz für ein ethisches Handeln am Mitmenschen war ihre Theologie in den 1960er Jahren, als ihre ersten Arbeiten erschienen, vor allem durch das Bewusstsein des Todes Gottes in der Moderne und das Bewusstsein, nach Auschwitz zu leben, geprägt. Dieses doppelte Bewusstsein, welches sich in vielen ihrer

---

61   D. Bonhoeffer 2013, S. 142.

62   D. Sölle: Atheistisch an Gott glauben, in: Stellvertretung, Stuttgart 2006, S. 202.

63   Ebd., S. 204.

Schriften, wie z.B. *Theologie nach dem Tode Gottes* (1964), *Stellvertretung – Ein Kapitel Theologie nach dem »Tode Gottes«* (1965), *Atheistisch an Gott glauben* (1966) oder *Auferstehung – nach dem Tode Gottes* (1968) manifestiert, artikuliert sich u.a. in Denkfiguren Negativer Theologie. Es ist für sie klar, dass jegliche ernsthafte Theologie der Moderne weder das Faktum des Todes Gottes ignorieren, noch sich in positivistische, althergebrachte Gottesvorstellungen flüchten kann.[64] Und so schließt sie sich in ihrem Urteil inhaltlich den historischen Konzeptionen Negativer Theologie an:

> *„Den »Gottespositivisten« gegenüber befinden sich die in der Negation Verharrenden nicht nur auf einer höheren Reflexionsstufe, sie sind als die vom unendlichen Schmerz gezeichneten zugleich die Religiösen, die den Blick nicht fortwenden wollen von der einmal erfahrenen Gestalt Gottes."[65]*

Ihre theologische Lösung, welche sie als Versöhnung einer unmöglich gewordenen positivistischen Religiosität und einem als schmerzlich empfundenen Atheismus versteht, ist eine spekulativ-geschichtliche Position: da sich Gott in die gottlose Welt der Moderne hinein vermittelt hat, muss es möglich sein, atheistisch an Gott zu glauben. Solch atheistischer Glaube knüpft an die Gottesrede Negativer Theologie an:

> *„Dieser Gott der Atheisten ist freilich kein Wesen, das man mit Ausdrücken wie »allgütig, allmächtig, allwissend« preisen und zugleich kaltstellen kann. Ein einziges gefoltertes Kind genügt, um die Bezeichnung »allgütig« für immer verstummen zu lassen."[66]*

In einem so verstanden atheistischen Glauben lösen sich Theologie und Christologie zwar nicht in dem Sinne in Anthropologie und Ethik auf, dass sie verschwänden, allerdings

---

64 Vgl. D. Sölle: Atheistisch an Gott glauben, in: Stellvertretung, Stuttgart 2006, S. 199.
65 Ebd., S. 200.
66 Ebd., S. 216.

werden sie in Anthropologie, Ethik und Humanismus zu erfahren sein. Sölles Theologie »von unten« beleuchtete in den
1960er Jahren unter radikal modernen Vorzeichen die uralten
Figuren Negativer Theologie: „Seine Verborgenheit – der innerste Grund unseres Nihilismus – hält gerade das offen, was
wir am meisten von ihm brauchen: seine Zukunft."[67]

In völlig unterschiedlichen historischen Situationen innerhalb des 20. Jahrhunderts haben Barth, Bonhoeffer und Sölle
ihre je ganz eigene und doch aufeinander bezogene Theologie entworfen: Karl Barth im Bewusstsein der religionskri-
tischen Anfragen der Moderne und nach der historischen
Katastrophe des Ersten Weltkriegs in einer Situation allgemeiner (auch theologischer) Orientierungslosigkeit, Dietrich
Bonhoeffer inmitten eines gottlosen und verbrecherischen
Regimes, welches die europäische Geistesgeschichte in ihre
schwerste Krise stürzte, und Dorothee Sölle als Vertreterin einer Nachkriegstheologie im Bewusstsein von Auschwitz, die
sich vor ganz neue Herausforderungen gestellt sah. Alle drei
griffen, wie gezeigt werden konnte, auf Denkweisen Negativer Theologie zurück.

4.1.3 Negative Theologie und avantgardistische Chormusik? – Eine interpretatorische Anfrage

Am Ende der Ausführungen zur Negativen Theologie muss
noch einmal die Frage nach dem Bezug solcher theologischer
Konzeptionen zu den vier musikalischen Werken dieser Arbeit gestellt werden. Bevor eine Deutung angegangen werden kann, muss geklärt sein, ob allein die Tatsache, dass diese
Werke wie oben erwähnt, in zeitlicher Nachbarschaft bzw. im
geistesgeschichtlichen Fahrwasser moderner theologischer

---

67 D. Sölle: Atheistisch an Gott glauben, in: Stellvertretung, Stuttgart
2006, S. 217.

Konzeptionen etwa von Barth, Bonhoeffer oder Sölle entstanden sind, eine Deutung vor dem Hintergrund von Negativer Theologie rechtfertigt. Können die historischen Konzeptionen Negativer Theologie insgesamt überhaupt zur Deutung herangezogen werden? Spielten diese denn bei der Entstehung der Werke eine Rolle?

Für Dieter Schnebel, den protestantischen Theologen-Komponisten, wird der Gegenstand geistlicher Musik von der Theologie her bestimmt.[68] Er ist sich in diesem Zusammenhang der Gefahr der Affirmation geistlicher Werke bewusst[69] und richtet sein Komponieren gezielt an Bonhoeffers Vermeidung überkommener religiöser Sprache aus. Schnebel gibt unumwunden zu, dass man etwa Werke wie *AMN* als komponierte Negative Theologie deuten könne.[70] Doch wie sieht es mit den drei anderen Komponisten aus? Helmut Lachenmann stammt zwar aus protestantischem Milieu, seine theologische Orientierung wird jedoch von Clytus Gottwald als »ambivalent« bezeichnet.[71] Lachenmann selbst sieht sich außer Stande, „Musik, gar meine eigene – als autonome Kunst verstanden – unmittelbar mit Theologie in Verbindung zu bringen, obwohl dies dauernd geschieht."[72] Heinz Holliger ist als Agnostiker in seinem Komponieren sicherlich nicht primär an theologischen Fragestellungen interessiert und György Ligeti schließlich hätte sich wohl als Atheist bezeichnet.
Die Frage muss also konkret lauten: Darf ein geistliches Werk des 20. Jahrhunderts im Sinne von Negativer Theologie interpretiert werden, auch wenn diese Deutungsart keine pri-

---

68   Vgl. D. Schnebel: Geistliche Musik heute, in: Anschläge-Ausschläge, München 1993, S. 246.

69   Siehe ebd., S. 239.

70   Siehe Korrespondenz mit D. Schnebel, Kapitel 8.1, S. 248.

71   Siehe Korrespondenz mit C. Gottwald, Kapitel 8.2, S. 251.

72   Korrespondenz mit Helmut Lachenmann, Kapitel 8.3, S. 251f.

märe oder möglicherweise auch gar keine Rolle für den Komponisten gespielt haben mag (und darüber können letztlich, sofern es nicht wie bei Schnebel dezidierte Äußerungen des Komponisten selbst gibt, nur Mutmaßungen angestellt werden)?

Die Antwort lautet: Ja. Aus Sicht moderner Rezeptionsästhetik ist die Deutung des Komponisten über sein eigenes Werk keineswegs die allein gültige:

> *„Im Dialog mit dem Werk, das sich vom Autor losgelöst hat und sich in die Geschichte hinein entfaltet, ist die auktoriale Sicht eine Stimme unter anderen und nicht einmal eine bevorzugte."*[73]

Das »Entfaltet-Sein in die Geschichte hinein« verlangt geradezu nach neuen hermeneutischen Zugängen zu einem Werk unter Berücksichtigung der jeweils historisch relevanten Fragestellungen. Nun konnte gezeigt werden, dass die Anliegen der Negativen Theologie für den religiösen Kontext der Moderne zentrale Fragestellungen behandeln. Folglich muss es im Zusammenhang mit geistlicher Musik (bzw. mit Musik, welche sich geistlicher oder religiöser Sujets bedient) erlaubt sein, Figuren Negativer Theologie für deren Deutung fruchtbar zu machen, selbst wenn diese Deutungsmethode für die Entstehung des jeweiligen Werks eine marginale Rolle gespielt haben mag.

Noch ein Aspekt drängt sich bei der Wendung des »Entfaltet-Seins in die Geschichte hinein« auf. Der zeitliche Abstand des deutenden Subjekts zu den Avantgarde-Kompositionen der 1960er Jahre und ihrem geistigen Umfeld kann ganz

---

[73]   R. Brinkmann: Der Autor als sein Exeget. Fragen an Werk und Ästhetik Helmut Lachenmanns, in: Nachgedachte Musik, hrsg. v. J. P. Hiekel u. S. Mauser, Saarbrücken 2005, S. 124. Vgl. zum Spannungsfeld zwischen Autorintention und Interpretenintention auch H. Danuser: Interpretation, in: MGG2, Sachteil Bd. 4, Kassel 1996, Sp. 1055–1057.

im Sinne von Hans-Georg Gadamers Hermeneutik-Verständnis als produktiv nutzbare Chance begriffen werden:

„Der zeitliche Abstand [...] lässt den wahren Sinn, der in einer Sache liegt, erst voll herauskommen. Die Ausschöpfung des wahren Sinnes aber, der in einem Text oder in einer künstlerischen Schöpfung gelegen ist, kommt nicht irgendwo zum Abschluß, sondern ist in Wahrheit ein unendlicher Prozeß. [...] Es entspringen stets neue Quellen des Verständnisses, die ungeahnte Sinnbezüge offenbaren."[74]

Es ist demnach gar nicht besonders relevant, welche Rolle bestimmte theologische Konzeptionen bei der Entstehung der Werke gespielt haben oder nicht gespielt haben mögen. Das deutende Subjekt sieht sich nicht vor die letztlich unmögliche Aufgabe gestellt, sich in jene Zeit und deren Protagonisten hineinzuversetzen. Relevant hingegen ist der fragende Rückblick auf die künstlerischen Schöpfungen, welcher aus seiner eigenen, subjektiven Situation heraus neue Sinnbezüge zu artikulieren vermag. Der Zeitfaktor ermöglicht dabei aus heutiger Sicht beispielsweise die oben belegte Bedeutung von Elementen Negativer Theologie für viele religiöse Zeugnisse (auch künstlerische) des 20. Jahrhunderts klarer in Bezug auf die historische Gesamtsituation dieses Jahrhunderts zu erkennen.

Es bleibt in unserem Kontext jedoch entscheidend, dass jene neu offengelegten Sinnbezüge im Werk selbst angelegt sind und in dieser Arbeit primär am kompositorischen Material selbst festgemacht werden sollen.

Der Topos der Negation jedenfalls, der ja als wesentliches Moment Negativer Theologie eingeschrieben ist, kann sowohl am ästhetischen Unterbau als auch am musikalischen Material der vier Werke ausgemacht werden. So legitimiert die im folgenden Absatz dargelegte Beziehung zwischen musikalischer Avantgarde und Negativität den Deutungsansatz

---

74   H.-G. Gadamer: Wahrheit und Methode, Tübingen [7]2010, S. 303.

dieser Arbeit im Sinne der Offenlegung eines bisher noch zu wenig beachteten Sinnbezuges.

4.2 Negativität und musikalische Avantgarde

In seiner wegweisenden Dissertation zur musikalischen Avantgarde um 1960 hat Gianmario Borio Negativität als Paradigma musikalischer Avantgarde bezeichnet.[75] Diese Negationsstruktur manifestiert sich einerseits in einem gewichtigen Teil des philosophischen Hintergrunds vieler Kompositionen um 1960, nämlich in der Kritischen Theorie der Frankfurter Schule, insbesondere im Negativitätsbegriff Adornos. Andererseits finden sich jene Elemente der Negation nicht nur im Kontext, sondern auch im Text, mit anderen Worten: Viele Kompositionen um 1960 sind von Elementen der Negation durchdrungen.

Der Begriff der Negativität durchzieht das philosophische Hauptwerk Adornos wie ein roter Faden, doch bedarf er der Konkretisierung. Es geht Adorno im Zusammenhang mit Negativität vorwiegend nicht um das ‚Nichtseiende', sondern um das ‚Nichtseinsollende', das ‚Schlechte' bzw. ‚Falsche' und ‚Unwahre'.[76] Jene Negativität des Nichtseinsollenden, die im Gegensatz zur Affirmation steht, ist grundlegend für Adornos Konzeption einer negativen Geschichtsphilosophie, die hier in Ansätzen erläutert sein soll, da sie die Bereiche der Kunst bzw. Ästhetik und der Metaphysik bzw. Theologie berührt.

Die philosophische Strömung des Negativismus, in deren Kontext Adornos negative Geschichtsphilosophie anzu-

---

75   Vgl. G. Borio: Musikalische Avantgarde um 1960. Entwurf einer Theorie der informellen Musik, Laaber 1993, S. 15ff.

76   Vgl. M. Theunissen: Negativität bei Adorno, in: Adorno-Konferenz 1983, hrsg. v. L. v. Friedeburg u. J. Habermas, Frankfurt 1983, S. 41f.

siedeln ist, ist vor dem Hintergrund der geschichtlichen Erfahrungen der Moderne zu sehen. Jener Negativismus will
„Kritik des Negativen im Sinne des Schlechten sein, und zwar
am Maßstab des entsprechend normativ aufzufassenden
Positiven."[77] Wird nun dieser Negativismus in eine negative Geschichtsphilosophie transformiert, ergibt sich ein Problem: Der Maßstab der Kritik (das Positive) soll dem Negativen der bestehenden Welt selbst entnommen werden. Wenn
nach Adornos *Negativer Dialektik* das Charakteristikum des
Bestehenden aber das »bis ins Innerste Falsche«[78] bzw. absolut Negative ist, so scheint das Positive darin nicht enthalten
sein zu können. Aufgabe einer negativen Geschichtsphilosophie ist demnach, Möglichkeiten aufzuzeigen, wie das Positive im Negativen dennoch immanent sein kann bzw. „wie am
Unwahren selbst die Wahrheit zu entnehmen"[79] ist. Adornos
Versuche, dieses Problem zu lösen, sind vielfältig. Berühmt
geworden ist der Schluss der *Minima Moralia*, nach dem „die
vollendete Negativität, einmal ganz ins Auge gefaßt, zur
Spiegelschrift ihres Gegenteils zusammenschießt."[80] Letztlich
greift Adorno, um das Positive im Negativen der bestehenden Welt aufzuzeigen, auf metaphysische und theologische
Topoi zurück. Michael Theunissen spricht in diesem Zusammenhang u.a. von einer »eschatologischen Geschichtsphilosophie« und von »Prolepse«[81] in theologischem Sinne. Heißt
das nun, dass bereits in der jeweils gegenwärtigen negativen
geschichtlichen Situation Elemente der Positivität auszumachen sind? In Adornos Sinne wohl eher nicht, es sei denn in

---

77   M. Theunissen 1983, S. 47.

78   Vgl. T. W. Adorno: Negative Dialektik, Gesammelte Schriften Bd.
      6, hrsg. v. R. Tiedemann, Frankfurt ⁵1996, S. 41.

79   M. Theunissen 1983, S. 49.

80   T. W. Adorno: Minima Moralia, Gesammelte Schriften Bd. 4, hrsg.
      v. R. Tiedemann, Frankfurt 1980, S. 281.

81   M. Theunissen 1983, S. 54.

bestimmten Bereichen der Ästhetik, worauf später zu kommen sein wird. Vielmehr geht es um eine Art von ideeller Immanenz des Positiven im Negativen, die nicht reell auszumachen ist. Gerade die Absolutheit des Negativen wird zur Möglichkeit für ihr Gegenteil, das Positive.

Analogien zwischen den Problemstellungen der negativen Geschichtsphilosophie und der Methodik und Problematik unterschiedlicher Traditionen der Negativen Theologie liegen auf der Hand. Beiderseits spielt die Frage, ob und wie das Positive am Negativen erkenntlich zu machen sei, eine entscheidende Rolle. Beiderseits wird letztlich auf ein Absolutes bzw. absolut Gesetztes zurückgegriffen, welches die Grenze menschlichen Denkens markiert.[82] Adornos negative Dialektik geht an genau jenem Punkt in Metaphysik über, an welchem sie die Spur des Positiven im Negativen nur als »transzendenten Widerschein«[83] deuten kann.

In unserem Kontext ist nun nach der Bedeutung von Adornos Negativitätsbegriff für die Ästhetik und Kompositionspraxis der Avantgarde zu fragen.

Kunstwerke spielen im Zusammenhang mit Adornos Negativitätsbegriff insofern eine entscheidende Rolle, als sie selbst in gewissem Sinne als negativ definiert werden können. Negativ ist demnach alle Kunst, die sich dem Falschen und Unwahren der gegebenen Welt und der jeweils herrschenden Verhältnisse entgegenstellt und diese negiert. So ist für Adorno Kunst gerade dann geglückt, wenn sie zum »Statthalter des Nichtidentischen«[84] wird. Die Negativtät von geglückter Kunst im Sinne Adornos ist demnach von einem Kontext abhängig, von welchem sie sich abhebt. In Bezug auf die Musik der Avantgarde der 1960er Jahre wären also die Radikalität der musikalischen Formen und der kompositorischen Mittel

---

82   Vgl. auch M. Theunissen 1983, S. 57.

83   Vgl. ebd., S. 57.

84   Vgl. G. Borio 1993, S. 18.

als Element von Negation zu verstehen. Beispielhaft sei an dieser Stelle nochmals auf die Ästhetik Lachenmanns verwiesen, für dessen Komponieren das Moment der Negativität im Sinne Adornos eine entscheidende Rolle spielt hinsichtlich einer „Negation von ästhetischen Vorprogrammierungen, die sich im musikalischen Material sedimentiert haben"[85].

Im Zusammenhang mit jener Negativität stehen Begriffe wie Verweigerung[86] und Dekonstruktion. Musik muss sich Vertrautem verweigern, muss herkömmliche Zusammenhänge, Assoziationen und Hörgewohnheiten dekonstruieren, um neue Situationen zu schaffen und neue Wahrnehmungsweisen anzuregen.[87]

Martin Scherzinger bezeichnet Lachenmanns Komponieren selbst als negative Dialektik, ein Indiz für die Nähe zu Adornos Philosophie:

> „Dieser Prozess [der Dekonstruktion und Verweigerung] stellt eine *negative Dialektik dar, eine Wahrnehmung, die ,nicht nur dessen (des abgetasteten Objektes) Struktur und seine konstituierenden Mittel und Gesetze und den darin wirkenden Geist erfährt, sondern zugleich (ihre) eigene Struktur daran reibt und wahrnimmt und sich so deutlicher (ihrer) bewußt wird.'"*[88]

---

85 A. Wellmer: Über Negativität, Autonomie und Welthaltigkeit der Musik oder: Musik als existentielle Erfahrung, in: Der Atem des Wanderers, hrsg. v. H.-K. Jungheinrich, Frankfurt 2006, S. 133.

86 Vgl. z.B. R. Nonnenmann: Angebot durch Verweigerung, Mainz 2000.

87 Vgl. M. Scherzinger: Dekonstruktives Denken in der Musik von Helmut Lachenmann, München 2009, S. 105. Nicht verschwiegen werden soll an dieser Stelle, dass in neueren Abhandlungen die von Lachenmann selbst dominierte Analyse seiner Musik vom exegetischen Ausgangspunkt des Negativen bzw. der Verweigerung kritisch hinterfragt wurde. Vgl. hierzu R. Brinkmann 2005, S. 116–127.

88 M. Scherzinger 2009, S. 106.

Kompositorische Negationen bergen utopisches Potential im Sinne Blochs, sie verweisen auf etwas und verleihen dem vor dem Hintergrund eines allgemein gültigen historischen Kontextes zunächst vielleicht sinnlos erscheinenden Komponieren dadurch neuen Sinn.[89] Wie sehr Negation von zuvor geltenden Sinnzusammenhängen gerade die musikalische Moderne bestimmt, kann anhand einiger musikhistorischer Zäsuren leicht veranschaulicht werden:

Die Auflösung der Dur-Moll-Tonalität zu Beginn des 20. Jahrhunderts (eingeleitet durch Werke wie Wagners *Tristan und Isolde* und die Symphonien Gustav Mahlers, dem Spätwerk Franz Liszts oder der Musik Skrjabins), welche die Emanzipation der Dissonanz in der Phase der freien Atonalität ermöglichte, stellte einen ersten entscheidenden »Bruch des kohärenten [musikalischen] Diskurses«[90] dar. Zur Emanzipation der Dissonanz kam um 1910 die Emanzipation des Rhythmus' hinzu, welche sich in Werken wie Strawinskys *Le Sacre du printemps* niederschlug. Herkömmliche metrische Ordnungen, welche bis dahin vorwiegend auf regelmäßigen binären und tertiären Strukturen beruht hatten, wurden bewusst zerschlagen.

Als vielleicht weitreichendster »Bruch des kohärenten Diskurses« kann die Übertragung der dodekaphonen Reihentechnik auf sämtliche musikalische Parameter im Serialismus der 1950er Jahre angesehen werden. Hier wurden gleichsam alle bisherigen Kriterien musikalischer Sprache aufgekündigt, von harmonischen über rhythmische Beziehungen bis hin zu formalen Kategorien. In Folge des Serialismus, teils auch in Abgrenzung zu ihm, konnten nun die weiteren im Kapitel Nährböden beschriebenen Brüche stattfinden, etwa die Dekonstruktion des Werkbegriffs und die Öffnung der Musik zur Nichtmusik bei Cage.

---

89   Vgl. G. Borio 1993, S. 18.

90   Vgl. E. Lévinas 1991, S. 79.

Alle diese Brüche können, da sie zuvor Bestehendes und Geltendes verneinen, als Negationen bezeichnet werden. In diesem Sinne sollen im Kapitel Deutungen die kompositorischen Negationen der avantgardistischen Chorwerke von Ligeti, Schnebel, Lachenmann und Holliger, festgemacht am musikalischen Material selbst, zum Ausgangspunkt für eine Verknüpfung mit Negativer Theologie werden.

4.3 Exkurs: Negative Theologie und Kunst

Dass es viele Abhandlungen bzw. Deutungen über den Zusammenhang von Negativer Theologie und Kunst gibt, liegt an der Tatsache, dass diese Verbindung von alters her in einen unmittelbaren Zusammenhang gebracht wird. Am Anfang steht das bereits erwähnte alttestamentliche Bilderverbot, welches im Dekalog vorgestellt und an anderer Stelle ausgeführt bzw. kommentiert wird:

> *„Du sollst dir kein Gottesbild machen und keine Darstellung von irgend etwas am Himmel droben, auf der Erde unten oder im Wasser unter der Erde."*[91] *(Ex 20,4)*

> *„Nehmt euch um eures Lebens willen gut in acht! Denn eine Gestalt habt ihr an dem Tag, als der Herr am Horeb mitten aus dem Feuer zu euch sprach, nicht gesehen. Lauft nicht in euer Verderben, und macht euch kein Gottesbildnis, das irgend etwas darstellt, keine Statue, kein Abbild eines männlichen oder weiblichen Wesens, kein Abbild irgend eines Tiers, das auf der Erde lebt, kein Abbild irgend eines gefiederten Vogels, der am Himmel fliegt, kein Abbild irgend eines Tiers, das am Boden kriecht, und kein Abbild irgend eines Meerestiers im Wasser unter der Erde."*[92] *(Dtn 4, 15-18)*

Trotz dieses Bilderverbots sind im Christentum seit dem frühen 3. Jahrhundert Bilder mit christlichem Inhalt nachweisbar. Es entstanden daraufhin die religionsgeschichtlichen Bilder-

---

91   EÜ, Freiburg 1980, S. 72.

92   Ebd., S. 172.

streite, ausgetragen auf vielen Synoden und Konzilien. Insbesondere die ostkirchlichen Auseinandersetzungen zwischen Ikonoklasten und Ikonodulen, welche im Jahr 754 unter Kaiser Konstantin V. im Bilderverbot des Konzils von Hiereia und dem anschließenden Bildersturm ihren Höhepunkt fanden, zeugen von der theologischen und gesellschaftlichen Sprengkraft jener Thematik.[93] Was ist aber mit dem Bilderverbot genau gemeint? Es ist sicherlich nicht als religiöses Kunstverbot oder Verbot religiöser sprachlicher Bilder per se zu sehen, es richtet sich allerdings gegen ein bestimmtes Gottesverhältnis, welches die Unverfügbarkeit Gottes und somit die Differenz zwischen Immanenz und Transzendenz vernachlässigt.[94] Eckard Nordhofen bezeichnet das alttestamentliche Bilderverbot daher als »Gründungsevangelium der negativen Theologie« und Mose als Ahnherrn des Ikonoklasmus.[95] Die Frage stellt sich nun allerdings, wie denn also ästhetisch vom ganz Anderen und Unverfügbaren gesprochen werden kann bzw. wie in der Kunst das ganz Andere zum Vorschein kommen kann, ohne dass diese Kunst in mythische oder magische Gottesvorstellungen zurückfällt bzw. sich in plumpen, affirmativen Aussagen verliert? Die Antwort lautet wohl: Indem die Kunst die im Bilderverbot inhärente Negation ins Werk selbst aufnimmt, beispielsweise in Form von Abstraktion.

Ganz in diesem Sinne folgt Eckard Nordhofen einer kunsthistorischen Betrachtungsweise, welche einer vom Fortschrittsdenken des 19. Jahrhunderts beeinflussten Kunstgeschichtsschreibung entgegenläuft. Gerade in der als primitiv abgewerteten mittelalterlichen Kunst der Romanik oder Gotik, aus der angeblich erst die sich an den Realismus der An-

---

93 Vgl. H. G. Thümmel: Bild, historisch-theologisch, in: LThK Bd. 2, Sp. 444.

94 Vgl. hierzu H.-J. Höhn 2008, S. 133f.

95 E. Nordhofen 1993, S. 79.

tike anlehnende Renaissance herausführte, sieht er eine theologische Aufgeklärtheit, welche später für lange Zeit verloren gehen sollte. Der Fortschritt von der mittelalterlichen Abstraktheit hin zur Detailverliebtheit und zum Realismus kann auch als Rückschritt gesehen werden: „Kunsttheologisch [...] ist nämlich religiöse Kunst mit den Abzeichen der Alterität die aufgeklärtere, avanciertere."[96] Die ästhetische Moderne mit all ihren Abstraktionen ist so gesehen jener mittelalterlichen Kunst näher als jedem nachfolgenden Realismus, welcher spätestens mit dem Auftreten der Fotografie an ein Ende gekommen ist. Doch ist sie es auch kunsttheologisch? Ist es legitim, in den modernen Abstraktionen ein Potential Negativer Theologie auszumachen, wo sich doch die ästhetische Moderne größtenteils von religiösen Sujets und sowieso von kirchlicher Doktrin abgekoppelt hat? Die oben beschriebenen Mechanismen der Abstraktion, Negation oder Verhüllung innerhalb der modernen Kunst bergen ihrerseits das Potential, auf der Ebene der ästhetischen Erfahrung eine Reflexion zu provozieren.[97] Die Negation der Möglichkeit zur Darstellung des Absoluten innerhalb des Werks wirft als ästhetische Erfahrung den Betrachter auf sein eigenes ‚Gebrochensein' im Verhältnis zum Absoluten zurück.

Der Zusammenhang von moderner Ästhetik und Negativer Theologie mag verdeckt sein, doch er ist nicht zu leugnen:

---

96 E. Nordhofen 1993, S. 86.

97 „Da das Kunstwerk das Absolute nur schwarz verhüllt darzustellen vermag, ist eine ästhetische Erfahrung des Absoluten nicht ungebrochen zugänglich; sie ist zu beschreiben als eine paradoxale Erfahrung, die imaginativ nur ahnt, was sich ihr entzieht. Weil aber ästhetische Erfahrung so nicht eigentlich weiß, was sie erfährt, bleibt sie angewiesen auf Reflexion, bedarf der Erschließung durch ergänzende Reflexion." M. Eckert: Negative Theologie und ästhetische Erfahrung: Kunst und Religion, in: Als gäbe es ihn nicht. Vernunft und Gottesfrage heute, hrsg. v. G. Kruip u. M. Fischer, Berlin 2006, S. 148.

„Die klassische Moderne ist religiöser, als sie weiß, denn die Lehre von Pfingsten heißt: Der Geist weht, wo er will. [...] Wir sind so frei, in den Bestreitungsbewegungen, mit denen das Jetzt der Gegenwart überboten wird, dieselbe Wurzel wiederzuerkennen, aus der der erste Monotheismus entstand."[98]

Nordhofens Argumentation ist nicht neu, sie war den Künstlern der klassischen Moderne durchaus bewusst. Willi Baumeister weist in seiner Schrift *Das Unbekannte in der Kunst* (1943-45) dem Realismus bzw. der Imitation und Nachahmung einen geringen künstlerischen Rang zu und nimmt die oben dargestellte Argumentation Nordhofens voraus:

„Im Naturalismus hat das Geheimnis kaum Platz und ist schwer zu finden. In aller Formkunst, wie in der ägyptischen, im geometrischen Stil der griechischen Vasen, in der romanischen Kunst, im Expressionismus, Kubismus und in der ungegenständlichen Kunst kündigt sich das Geheimnis deutlicher an."[99]

In seiner Ansprache in Darmstadt im Juli 1950 verweist Baumeister in diesem Zusammenhang ausdrücklich auf Analogien zum religiösen Bilderverbot und zu Gedankengängen Negativer Theologie:

„Die Idee einer obersten, nicht faßbaren Energie ist stärker als ein persönlicher Gott. [...]. Die Vermenschlichung Gottes durch epigonale, konservative, imitative Maler und Bildhauer sind Abschwächungen bis in niedere Grade."[100]

Bestreitung, Abstraktion oder Verhüllung innerhalb des modernen Kunstwerks also als Anschluss an eine uralte Tradition eines Bewusstseins der Unverfügbarkeit. Wie sich dies in moderner Kunst realisieren kann, sei am Beispiel der Kreuzübermalungen des österreichischen Künstlers Arnulf Rainer

---

98   E. Nordhofen 1993, S. 87/101.

99   W. Baumeister: Das Unbekannte in der Kunst, Köln ²1960, S. 35.

100   W. Baumeister: Ansprache in Darmstadt Juli 1950, in: Das Unbekannte in der Kunst, Köln ²1960, S. 210f.

exemplarisch dargestellt. Es werden hierbei bewusst zwei Werke betrachtet, die im zeitlichen Umfeld der vier Kompositionen, also im Zeitraum der späten 1950er und der 1960er Jahre entstanden sind.

Das Motiv des Kreuzes spielt eine wichtige Rolle in den unterschiedlichen Schaffensperioden Arnulf Rainers. Er nähert sich ihm in diversen Abstraktionsprozessen, die teilweise radikal sind. Diese Radikalität ist jedoch nicht als anti-religiöser oder gar blasphemischer Akt zu sehen:

> „was zunächst wie bilderstürmerische Aggression wirkt, ist ohne jede Schmähung, will weder Zerstörung noch Ausmerzung, sondern umfängt das altehrwürdige Zeichen bei allen ihm zugefügten Verletzungen mit Ergriffenheit, zudem der Einsicht in die Passion von Gebrochenheit, Scheitern und Tod."[101]

1952 übermalte Rainer aus Materialmangel zum ersten Mal fremde Bilder, eine Technik, an welche er später in unterschiedlicher Ausprägung wieder anknüpfen sollte. 1956–57 entstand die Serie *Kruzifikationen*, eine Übermalung von unterschiedlich großen Holzkreuzen. Ab diesem Zeitpunkt war das Kreuzsymbol in seinem Werk fast durchgehend präsent.

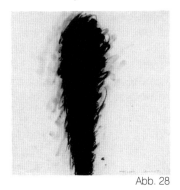
Abb. 28

Abb. 29

101   R. Baumstark: Kreuzaufrichtungen, in: Arnulf Rainer: Kreuz, Köln 2010, S. 11.

In den zwei Bildern aus der handübermalten Serigraphie *Kreuzigung* von 1955/57 (Abb. 28) bzw. 1958/59 (Abb. 29) ist die Form des Kreuzes kaum erkennbar, lediglich seine längliche Gestalt und auf der jeweils rechten Seite der Ansatz des Querbalkens lassen sich erahnen. Das Symbol verschwindet unter einer schwarzen Übermalung, welche jegliche Konkretion gleich einer dichten und undurchsichtigen, aber dynamisch wirkenden Wolke umhüllt. Obwohl Rainer allen theologischen und philosophischen Vereinnahmungen seiner Kunst eine Absage erteilt, gibt er unumwunden zu, dass bei seinen Kreuzübermalungen die oben skizzierten Problematiken religiöser Kunst eine entscheidende Rolle spielen:

> *„Es sei nur noch angemerkt, dass die Bildstreitigkeiten über ‚Präsenz', ‚Repräsenz', ‚Hinweis' usw., die vor hunderten von Jahren in den christlichen Kirchen tobten, schon seit Langem mein Gehirn beschäftigen, da damals schon die Wege zur Kunst des XX. Jahrhunderts begannen."*[102]

Vor diesem Hintergrund ist es legitim, Rainers Übermalungen religiös zu deuten als einen „Vorhang, der das Geheimnis verbirgt"[103] und in diesem Zusammenhang auf die Traditionen der Negativen Theologie zu verweisen. Die ‚Gebrochenheit' im Verhältnis des modernen Menschen zur überkommenen religiösen Symbolik zeigt sich bei näherer Betrachtung als die ‚Gebrochenheit' der Lage des Menschen vor Gott im Allgemeinen. Lediglich vereinzelt schimmert das religiöse Symbol durch, doch können jene Spuren der Transzendenz die allgemeine ‚Nacht', ein Begriff, den Rainer immer wieder verwendet, nicht erhellen.

---

102   A. Rainer: Kreuz, Köln 2010, S. 48.

103   Vgl. R. Fuchs: Kreuze, in: A. Rainer: Kreuz, Köln 2010, S. 31ff.

Abb. 30

Noch deutlicher wird dies in dem 1968 entstandenen *Verti-kalkreuz Dunkelblau auf Hell* (Abb. 30). Die schwarze Farbe läuft wie ein „mehr und mehr sich verdickender Schleier"[104] über das Bild und verdichtet sich zu einer fast monochromen

---

104   R. Fuchs 2010, S. 31.

Fläche. Lediglich im rechten oberen und im unteren Teil des Längsbalkens schimmert die helle Grundierung durch. Rudi Fuchs spricht in diesem Zusammenhang folgerichtig von einem „enigmatischen Effekt"[105]. Das Mysterium bleibt verborgen, es lässt sich lediglich erahnen, es schimmert durch. Die Verbindung zur Negativen Theologie liegt auf der Hand: Die Immanenz ist von der Transzendenz durch einen dicken Schleier getrennt, Gott bleibt, um mit Karl Barth zu sprechen, der unbekannte Gott, von dem der Mensch nie etwas wissen noch haben wird. Jene an den Rändern durchschimmernden Offenbarungslichtblicke können dieses dominierende Faktum nur verstärken.

---

105   R. Fuchs 2010, S. 33.

„Existenz in höherem Sinne
bedeutet stets wiederholte
Annäherung. Kunst sollte, wenn
überhaupt »bedeutend«, Existenz
in höherem Sinne sein […]."[1]

Ernst Jünger

5   Deutungen

Deutungen eines musikalischen Werkes im Sinne von hermeneutischen Interpretationen umfassen intrinsische und extrinsische Verstehensweisen. Der intrinsische Verstehensvor-
gang fragt nach den „internen Sinnzusammenhänge[n] von
Musikwerken, [er ist] ein Deuten struktureller Beziehungen
auf der Ebene der musikalischen Sinnstiftung."[2] Dieser Vorgang geht mit anderen Worten vom musikalischen Material
aus. Der extrinsische Zugang zum musikalischen Werk dagegen kann als inhaltsästhetisch bezeichnet werden, es geht bei
ihm um die „Deutung werkimmanenter Gegebenheiten aus
externen Fakten"[3]. Alle Deutung ist dabei in gewissem Grade
immer subjektiv, sie spiegelt Erfahrungen, Interessen und Erkenntnisse des deutenden Subjekts. Verbinden sich jedoch extrinsische und intrinsische Interpretationsweisen und lassen
sich Deutungen am ästhetischen Gegenstand konkret festmachen, können sie im hermeneutischen Prozess zur Grundlage
eines objektiven Diskurses werden, sofern die der Deutung

---

1   E. Jünger: Annäherungen, Drogen und Rausch, Stuttgart 2008,
     S. 165.

2   H. Danuser: Interpretation, in: MGG2, Sachteil Bd. 4, Kassel 1996,
     Sp. 1054.

3   Ebd.

zugrundeliegenden Thesen und Prämissen offen dargelegt sind.

Die Deutungen von *Lux aeterna, AMN, Consolation II* und *Psalm* im Sinne von avantgardistischer Chormusik als komponierter Negativer Theologie basieren im Wesentlichen auf zwei Grundannahmen, welche sich in den vorausgehenden Kapiteln im hermeneutischen Annäherungsprozess herauskristallisiert haben:

Die erste Grundannahme stellt die Gottwald'sche These von der Verankerung der religiösen Substanz in geistlicher Musik ab einem gewissen qualitativen Niveau im musikalischen Material dar.[4] Jenem Niveau entspräche laut Gottwald eine geistliche Musik, welche sowohl theologische als auch kompositorische Fragestellungen ihrer Zeit in sich aufzunehmen vermag, also eine Musik, welche sich einem bestimmten Reflexionsprozess nicht entzöge.[5] Die vier Werke dieser Arbeit können dieser Kategorie von Musik zugeordnet werden. Für die Deutung des religiösen Gehalts jener Werke wird demnach folgerichtig nicht primär auf die zugrunde liegenden Texte rekurriert, es findet sich also weder eine detaillierte Textinterpretation des *Wessobrunner Gebets* noch von Celans *Niemandsrose*, sondern es werden die Erkenntnisse aus den Analysen herangezogen.

Die zweite Grundannahme schließt an den bereits erwähnten, auf den Philosophen Emmanuel Lévinas zurückgehenden Terminus vom Bruch des kohärenten Diskurses an:

„Der Gott der Bibel, dessen Wege unbekannt sind, dessen Anwesenheit in Abwesenheit besteht und dessen Abwesenheit sich als Anwesenheit aufdrängt, dem der Gläubige gleichzeitig treu und untreu ist,

---

4   Vgl. C. Gottwald: Neue Musik als spekulative Theologie, Stuttgart 2003, S. 14.

5   Vgl. Kapitel 2.4, S. 52ff.

an den er glaubt und gleichzeitig nicht glaubt, offenbart sich dagegen im Bruch des kohärenten Diskurses."[6]

Der Bruch des kohärenten Diskurses steht bei Lévinas in Verbindung mit Negativer Theologie. Für die Deutungen wird dieser Terminus aber, wie bereits in Kapitel 4 geschehen,[7] auch auf den musikalischen bzw. kompositorischen Bereich übertragen: Theologische und kompositorische Negationen bergen jeweils in ihrem Bereich das Potential, immer wieder geltende und in sich geschlossene Systeme zu erneuern und zu durchbrechen. Schock und Provokation können hierbei sowohl in der Theologie als auch in der Musik als Mittel dienen, Althergebrachtes zu hinterfragen. Es sei allerdings darauf hingewiesen, dass sowohl in der Theologie, aber viel mehr noch innerhalb der Musikgeschichte der Bruch von kohärenten Diskursen selbst System ist: Musikalische Brüche manifestieren sich zumeist innerhalb von historischen Entwicklungen, nicht in Form von Einzelereignissen. Wenn also nachfolgend von musikalischen Brüchen kohärenter Diskurse die Rede ist, geschieht dies im Bewusstsein, dass diese Brüche nicht singulär stattfinden und historische Vorbilder haben. Dennoch stellen sie jeweils spezifische Situationen dar, in denen unter bestimmter Verwendung musikalischer Mittel der Zeit Eigenständigkeit und Originalität in der Brechung bzw. Negation von Überkommenem stattfindet.

Unter Annahme dieser Prämissen ergibt sich nun ein für die Deutung maßgebliches Beziehungsgeflecht zwischen ästhetischem Gegenstand, Negativer Theologie und dem deutenden Subjekt:

---

6   E. Lévinas: Außer sich. Meditationen über Religion und Philosophie, München 1991, S. 79.

7   Vgl. Kapitel 4.2, S. 152.

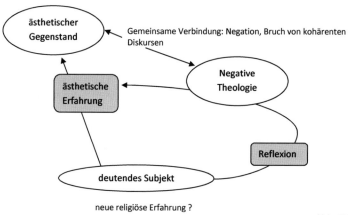

Abb. 31

Das deutende Subjekt hat die Möglichkeit, anhand eines ästhetischen Gegenstandes, in unserem Falle eines musikalischen Werkes, eine ästhetische Erfahrung bzw. unterschiedliche ästhetische Erfahrungen zu machen. Um diese Erfahrung
zu deuten, bedarf es einer Reflexion. Im vorliegenden Falle geschieht diese Reflexion unter den Vorzeichen Negativer
Theologie, was dadurch plausibel erscheint, dass der ästhetische Gegenstand selbst bereits von Negationsstrukturen geprägt ist. An den Reflexions- und Deutungsprozess knüpft
sich schließlich die Frage an, ob die ästhetische Erfahrung die
Möglichkeit neuer religiöser Erfahrungen nach sich zieht. Auf
der Basis dieses Beziehungsgeflechts werden die vier Werke
von Ligeti, Schnebel, Lachenmann und Holliger als jeweils
unterschiedliche Situationsbeschreibungen der Lage des modernen Menschen vor Gott gedeutet.

5.1 Der moderne Mensch und Kategorien der Transzendenz: *Lux aeterna*

György Ligeti verfolgte mit der Komposition von *Lux aeter-na* das Ziel, eine „Vorstellung von Unendlichkeit" zu evo-zieren; er wollte eine „unendliche Musik"[8] komponieren. Es mag verwundern, dass Ligeti im Zusammenhang mit dem lateinischen Terminus *Lux aeterna* den Begriff der Unendlich-keit gebraucht und nicht denjenigen der Ewigkeit. Unend-lichkeit und Ewigkeit hängen allerdings auf transzendentaler Ebene zusammen, beide können als Attribute des Göttli-chen verstanden werden. Sie werden daher in den nachfol-genden Erörterungen oft als Begriffspaar verwendet, welches beispielhaft für transzendente Kategorien stehen mag. Auch wenn die Begriffe Ewigkeit und Unendlichkeit theologisch unterschiedliche Konnotationen besitzen,[9] so ist ihnen doch, wenn auch in jeweils spezifischer Art und Weise, die Negati-on von Zeit gemeinsam. Die Negation von Zeit jedoch ist das zentrale Motiv von Ligetis *Lux aeterna*. Um dieses komposito-rische Ziel zu erreichen, operiert er mit verschiedenen Nega-tionen von musikalischen Kategorien. Einige dieser Katego-rien seien mit Hilfe der Analysen des musikalischen Materi-als[10] dargestellt:

---

8   Vgl. G. Ligeti: Lux aeterna, in: Gesammelte Schriften Bd. 2, hrsg. v. M. Lichtenfeld, Mainz 2007, S. 233.

9   Während Ewigkeit seit Augustinus meist mit Zeitlosigkeit assoziiert wird (vgl. A. Augustinus: Bekenntnisse XI. 30,40, aus d. Lat. übers. u. hrsg. v. K. Flasch u. B. Mojsisch, Stuttgart 1989, 2008, S. 362), vermag der Begriff der Unendlichkeit einen besonderen Akzent auf die räumliche und zeitliche Grenzenlosigkeit und Unbegrenzbarkeit Gottes zu legen (vgl. K.-H. Menke: Unendlichkeit Gottes, in: LTHK Bd. 10, Sp. 387f.).

10   Vgl. Kapitel 3.3, S. 71ff.

5.1.1 Negation von Zeit und ihre Bedingungen

Der Wunsch, innerhalb von Musik bzw. mit Hilfe von Musik Zeit zu negieren, ist keineswegs eine Erfindung György Ligetis. Bereits die Einstimmigkeit des Gregorianischen Chorals, dessen rhythmische Gestalt allein der Silben- und Wortqualität gehorcht und dessen Phrasierungen besonders im melismatischen Stil zu unregelmäßigen Gliederungen führen, stellt in gewisser Weise eine Negation von Zeit zu Gunsten einer Meditation einzelner Worte oder Sinnzusammenhänge dar.[11] Worin liegt also die Besonderheit von Ligetis Versuch einer Negation von Zeit? Zunächst muss der Aspekt der Zeit in Bezug auf Musik genauer analysiert werden.

Musik hängt von ihrem Wesen her mit der Dimension von Zeit zusammen, da sie sich, wie alle immanenten Erscheinungen, innerhalb von Zeit ereignet. Hans Heinrich Eggebrecht bezeichnet Musik als „komponierte Erlebniszeit"[12]: Zeit also, welche einerseits subjektiv erlebt wird und sich somit von objektiv messbarer Zeit unterscheidet, und andererseits Zeit, die künstlich gestaltet, durchkomponiert, geordnet und strukturiert ist. Will man an den Kern der musikalischen Zeiterfahrung gelangen, muss man sich dem komplizierten Beziehungsgeflecht zwischen Subjekt und Objekt stellen. Carl Dahlhaus unterscheidet zwischen der Zeit als objektiver Dauer eines musikalischen Werks und dem Entwicklungsprozess, welcher während der Wahrnehmung eines musikalischen Werkes sowohl im wahrnehmenden Subjekt als auch im Werk selbst im Sinne einer qualitativen Veränderung stattfindet.[13] Hinzu kommt allerdings eine dritte Dimension, die

---

11 Vgl. S. Klöckner: Handbuch Gregorianik, Regensburg 2010, S. 5 u. S. 24.

12 H.H. Eggebrecht: Musik und Zeit, in: ders. u. C. Dahlhaus: Was ist Musik?, Wilhelmshaven ⁴2001, S. 182.

13 Vgl. C. Dahlhaus: Musik und Zeit, in: ders. u. H.H. Eggebrecht: Was ist Musik?, Wilhelmshaven ⁴2001, S. 175.

für unser Thema entscheidend ist: die Struktur eines Werkes,
welche als idealer Gegenstand der Zeit prinzipiell enthoben
ist. Diese strukturelle Dimension kann sich wiederum in Sys-
temerfahrungen (etwa dem Tonsystem) oder in Formerfahrungen ausdrücken.[14] Formerfahrung ist für Dahlhaus eine
ästhetische Erfahrung:

> „ [...] die aneinander gereihten Intervalle einer Melodie [werden] vom
> ästhetischen Bewußtsein, das fähig ist, einen Zeitablauf in einen ein-
> zigen Augenblick zu versammeln, in einer imaginären Gleichzeitig-
> keit vorgestellt, in der sich die Melodie überhaupt erst als Form kon-
> stituiert, die gleichsam überschaubar vor Augen steht.“[15]

Es geht also bei dem Themenkomplex Musik und Zeit letztlich um ein nicht endgültig analysierbares und für jedes Werk
neu zu bestimmendes Ineinandergreifen von
  Prozess-, System- und Formerfahrungen. Dabei können einzelne dieser Kategorien extrem marginalisiert werden. So ist Dahlhaus' Feststellung in Bezug auf Lux aeterna
maßgeblich, dass ein festgesetzter Beginn und ein klar defi-
niertes Ende als formale Eckpfeiler aufgegeben werden können, ohne dass Musik dadurch ihr Wesen preisgeben würde.[16] Es wird ja traditionelle Form negiert, „wo Anfang und
Ende ins Unbestimmte zerfließen“[17], und es wird der „Eindruck einer zielgerichteten Ereignisfolge ebenso ausgelöscht
wie die Möglichkeit eines herausgehobenen Augenblicks, in
dem das Ungleichzeitige in einer imaginären Gleichzeitigkeit erscheint, durch die sich Form im emphatischen Sinne
konstituiert.“[18]

---

14   Vgl. C. Dahlhaus ⁴2001, S. 177.

15   Ebd., S. 177.f.

16   Vgl. ebd.

17   Ebd., S. 179.

18   Ebd., S. 179. In Bezug auf die nachfolgende theologische Deutung
      ist bemerkenswert, dass schon Augustinus den Begriff der
      Gleichzeitigkeit verwendet, um die transzendente Kategorie der

Was heißt nun vor diesem Hintergrund Negation von Zeit im Hinblick auf Ligetis *Lux aeterna*? Zunächst ist es, um mit Eggebrecht zu sprechen, die subjektive Erlebniszeit, welche negiert wird. Das subjektive Gefühl von Zeitlosigkeit wird evoziert durch die Negation traditioneller musikalischer Formschemata, rhythmisch-metrischer Ordnungen und melodisch-harmonischer Strukturen.

Es gelingt Ligeti, in seinen Klangflächenkompositionen ganz neuartige ästhetische Formerfahrungen zu ermöglichen. Das Geflecht aus Kanons und stationären Klangflächen in *Lux aeterna* verleiht der Komposition einen insgesamt statischen Charakter, welcher dem subjektiven Zeitgefühl des Rezipienten eine Art von Zeitlosigkeit suggeriert. Tatsächlich gilt für diese Musik das von Dahlhaus beschriebene Phänomen, dass die Grundbedingungen musikalischer Form negiert werden. Aus einem einzelnen Ton f^I, dem ersten Ton des ersten Kanons, erwächst das gesamte kanonische Stimmengeflecht und es entsteht der Eindruck, „daß die Musik bereits da war, als wir sie noch nicht hörten, und immer fortdauern wird, auch wenn wir sie nicht mehr hören."[19] Diesem Anfang entspricht das Ende von *Lux aeterna*. Die Altstimmen halten das *g* und das *f* der kleinen Oktave über sechs Takte hinweg, bevor sich die Stimmen ins Nichts auflösen und das Stück mit sieben Takten Generalpause endet. Die zwei Nahtstellen (T. 37–39 bzw. 87–90), an welchen das Ende eines aus-

---

Ewigkeit Gottes zu beschreiben: „*Dort verklingt nicht, was gesagt wurde. Dort wird nicht danach etwas anderes gesagt, damit alles gesagt werden kann, dort ist alles ewig und zugleich, sonst gäbe es dort schon Zeit und Veränderung und nicht wahre Ewigkeit und wahre Unsterblichkeit.*" A. Augustinus 1989, 2008, XI. 7,9, S. 337. Die transzendente Ewigkeit ist also gerade dadurch gekennzeichnet, dass sie nicht der Zersplitterung in Zukunft, Gegenwart und Vergangenheit unterliegt.

19   G. Ligeti: Lux aeterna, in: Gesammelte Schriften Bd. 2, Mainz 2007, S. 233.

laufenden Kanons mit dem Anfang eines neuen Kanons verknüpft werden muss, gestaltet Ligeti, wie im Formschema
dargestellt (vgl. Abb. 2), durch stationäre Klangflächen. Diese beiden Stellen, die in den Analysen beschriebene Symmetrieachse des Stückes und das Erscheinen der programmati-
schen hohen Lagen im Sopran bei *luceat* (T. 24ff und T. 94ff)
könnte man zwar, um mit Dahlhaus zu sprechen, als heraus-
gehobene Augenblicke bezeichnen. Eine zielgerichtete Ereignisfolge, welche der Negation von subjektiver Erlebniszeit
wiedersprechen würde, generiert sich aus diesen wenigen
Augenblicken jedoch nicht.

Obwohl *Lux aeterna* also objektiv gesehen ein in sich geschlossenes Werk mit Anfang und Schluss ist, ergibt sich für die
subjektive Erlebniszeit das von Ligeti beschriebene Phänomen, dass „Anfang und Ende der Komposition lediglich vir-
tuelle Grenzen einer an sich unendlichen Musik und die musikalischen Vorgänge und Veränderungen nur imaginäre Aspekte des Unveränderlichen [sind]."[20]
   Mit jenen fließend verlaufenden Vorgängen und Veränderungen meint Ligeti die rhythmisch-metrische und har-
monisch-melodische Struktur des Werkes. Die Metrik und
Rhythmik von *Lux aeterna* ist gekennzeichnet durch das Fehlen jeglicher Taktstruktur im Sinne von geordneten oder wie-
derkehrenden Betonungen, die Vorgabe des 4/4-Takts und
die Setzung der Taktstriche haben lediglich organisatori-
schen Charakter bzw. dienen der Orientierung. Es existiert
kein Hintergrundgerüst musikalischer Schwerpunkte, die
den rhythmischen Verlauf bestimmen würden. Das rhythmische System generiert sich lediglich aus den in jeder beteiligten Stimme unterschiedlichen Dauern der Töne eines Kanons.
Um den Zusammenfall von Tonwechseln und jeden Rest einer nachvollziehbaren rhythmischen Struktur zu vermeiden,

---

20   G. Ligeti: Lux aeterna, in: Gesammelte Schriften Bd. 2, Mainz 2007,
     S. 233.

greift Ligeti auf die in den Analysen beschriebenen serialistischen Organisationsprinzipien zurück. Durch die Überlagerung von triolischen, quintolischen und in diversen Sechzehntel-Punktierungen verlaufenden Rhythmisierungen entsteht der Eindruck eines schwebenden Zustands. Auf der Wahrnehmungsebene entbehrt *Lux aeterna* scheinbar einer fassbaren zeitlichen Struktur, obwohl der Rhythmus bis ins kleinste Detail durchorganisiert ist. Es ergibt sich das Paradoxon einer objektiv hochkomplexen und durchaus logischen Organisation der komponierten Dauern, also einer absolut gesteuerten Zeitstruktur innerhalb des Werkes, welche allerdings auf Seiten der subjektiven Zeiterfahrung jener Musik zu einer Überforderung der Wahrnehmungsfähigkeit führt. Man könnte demnach von einer bewusst gesteuerten Hyperorganisation von Zeit sprechen, welche durch ihre Nicht-Nachvollziehbarkeit ein subjektives Gefühl von zeitlichem Chaos, mit anderen Worten von Zeitlosigkeit und Zeitverlust nach sich zieht.

Ligeti operiert in *Lux aeterna* nicht mit Melodien im herkömmlichen Sinne. Die Kanons weisen zwar ein von Ligeti als „quasi-diatonische Struktur"[21] bezeichnetes Bauprinzip auf, man findet Skalenausschnitte und wiederkehrende melodische Partikel (die Dreitonfolge Halbton aufwärts – Halbton abwärts bzw. Halbton abwärts – Halbton aufwärts findet sich mehrfach in allen vier Kanons). Allerdings werden diese melodischen Strukturen größtenteils (die Ausnahmen wurden auf S. 56 angesprochen) durch die Addition der Stimmen und die Überlappung von Kanons und stationären Klangflächen unkenntlich. Eine wie auch immer geartete melodische Progression weist *Lux aeterna* also nicht auf, was den stationären und schwebenden Charakter des Werkes zusätzlich unterstreicht. Alle melodischen Bauprinzipien gehen vielmehr auf in jenem Phänomen, welches in den Analysen als Bewe-

---

21   G. Ligeti: Lux aeterna, in: Gesammelte Schriften Bd. 2, Mainz 2007, S. 233.

gungsfarbe beschrieben wurde und womit die Dimension
der Harmonik angesprochen ist.

Die Harmonik von Ligetis Klangflächenkompositionen, bedingt durch ihre mikropolyphonen Strukturen, ist tatsächlich
sein ganz individueller Beitrag zur Negation von Zeit innerhalb der Musik der Moderne. Der transformatorische har-
monische Prozess von *Lux aeterna*, in welchem es mit Ausnahme der kurzen Abschnitte mit statischen stationären
Klangflächen keine dauerhaften harmonischen Felder gibt,
reguliert die eigentliche ästhetische Formerfahrung dieses
Werkes. Die differenziert gesteuerten harmonischen Veräs-
telungen ergeben ein ständiges Changieren zwischen mehr
konsonanten und mehr dissonanten Klangflächen, von eher
eintönigen Passagen mit geringem Ambitus bis hin zu viel-
tönigen Clustern mit größtmöglichem stimmlichem Ambitus.
Diese schweifende, unvorhersehbare und nicht zielgerichtete Harmonik bewirkt tatsächlich, um mit Carl Dahlhaus zu
sprechen, dass sich vor dem ästhetischen Bewusstsein eine
imaginäre Gleichzeitigkeit einstellt. Das Werk wird zu einer
einzigen statischen Klangfläche, die dennoch pulsiert und in
unendlicher innerer Bewegung zu sein scheint. Ein „Schein
vollkommener Kontinuität"[22] stellt sich ein, da „diskontinu-
ierliche Einzelereignisse in großer simultaner Häufung als
Kontinuum wahrgenommen werden"[23]. Es lässt sich also
ein ähnliches Phänomen wie auf der rhythmisch-metrischen
Ebene beobachten: Die Überforderung durch eine nicht mehr
fassbare Häufung harmonischer Veränderungen auf engstem
Raum führt zu einer Evokation von Zeitlosigkeit. Der Begriff
der Zeitlosigkeit ist kein Widerspruch zum oben eingeführ-
ten Begriff der Gleichzeitigkeit, denn die Wahrnehmung jenes harmonischen Kontinuums, welche alle harmonischen

---

22   G. Ligeti: Über Lux aeterna, in: Gesammelte Schriften Bd. 2, Mainz
      2007, S. 238.

23   Ebd.

Transformationen zur imaginären Gleichzeitigkeit einer statischen Klangfläche verdichtet, ist nichts anderes als eine subjektiv wahrgenommene Negation von der objektiv während des Stückes ablaufenden Zeit.

Ligetis Ziel der Evokation einer Vorstellung von Unendlichkeit hängt neben den bereits beschriebenen Kategorien des musikalischen Materials mit der Funktion des Vokalstroms und somit der Textbehandlung zusammen. Was in den Analysen als Musikalisierung von Sprache bezeichnet wurde, trägt ebenfalls ein Moment der Negation in sich. Der Zusammenhang und somit die Verstehbarkeit des „Communio"- Textes wird ersetzt durch das Phänomen eines kontinuierlichen und doch sich stets wandelnden Vokalstroms. Der Sinnzusammenhang des Textes wird also negiert und somit seine zeitlich geregelte und rhythmisierte Abfolge von Worten und seine Zielgerichtetheit. Da auch die analysierte Aufhellung der Vokale zur Mitte des Stückes hin und die anschließend erfolgende Abdunkelung als extrem langsame Prozesse ohne scharfe Konturen verlaufen, widersprechen sie nicht dem subjektiven Gefühl einer der objektiven Zeit enthobenen, statischen Musik. Der Vokalstrom hat Anteil an der rhythmisch-metrischen und melodisch-harmonischen Negation von Zeit auf der Ebene des subjektiven Bewusstseins, die Behandlung des sprachlichen Materials korrespondiert mit der des musikalischen.

Da nun die Bedingungen einer Deutung der religiösen Substanz von *Lux aeterna* auf der Grundlage des musikalischen Materials erfüllt sind, können die Begriffe Unendlichkeit und Ewigkeit auf ihre Eignung hinsichtlich einer Interpretation dieser Musik vor dem Hintergrund Negativer Theologie untersucht werden.

5.1.2 Unendlichkeit, Ewigkeit und Negative Theologie

Was haben Begriffe wie Unendlichkeit und Ewigkeit mit Negativer Theologie zu tun und sind mit diesen Begriffen zwangsläufig transzendente Kategorien angesprochen?

Dass der Mensch überhaupt die Fähigkeit besitzt, über Unendlichkeit bzw. Ewigkeit nachzudenken, liegt sicherlich an der komplexen Beschaffenheit des menschlichen Bewusstseins, welches in die Zukunft vorausschauen und von Bekanntem auf Unbekanntes schließen kann. Unendlichkeit ist ein Thema, mit dem sich der moderne Mensch in unterschiedlichster Weise konfrontiert sieht: Die Physik ist auf der Suche nach einer alles beschreibenden Weltformel und wird dabei durch ihre Einstellung gegenüber unendlichen Größen bestimmt, die Kosmologie fragt, ob das Universum ewig existieren kann und was Ewigkeit überhaupt bedeutet, die Mathematik versucht, das Wesen von unendlichen Zahlen und Größen zu erfassen und schließlich fragen auch moderne Philosophen und Theologen wie bereits seit Jahrhunderten nach den Paradoxien der Unendlichkeit und Ewigkeit und ihrem Verhältnis zu den Naturwissenschaften.[24]

Blickt man nur auf den mathematisch-physikalisch-kosmologischen Aspekt von Unendlichkeit, so könnte der Eindruck entstehen, der Mensch der Moderne habe die Unendlichkeit weitestgehend erforscht und rechnerisch gezähmt oder er sei zumindest auf dem besten Wege dazu, die Unendlichkeit sei also gar keine transzendente Kategorie mehr, sie sei alles andere als ein wie im Mittelalter allein Gott vorbehaltenes Attribut.[25] Doch selbst jener rein naturwissenschaftliche Blick trügt. Zwar operiert die moderne Mathematik weitestgehend

---

24 Vgl. J. D. Barrow: Einmal Unendlichkeit und zurück, Reinbek bei Hamburg 2008, S. 11–13.

25 Vgl. W. Breidert: Unendlichkeit, Philosophisch, in: LThK Bd. 10, Sp. 385.

mit unendlichen Größen im Sinne aktualer Unendlichkeiten,[26] doch die physikalischen und kosmologischen Unendlichkeiten werfen weiterhin große Fragezeichen auf und bleiben umstritten. Die Streitfrage ist, ob es extreme Situationen, so genannte Singularitäten geben kann, in denen physikalische Größen unendlich werden.[27] Wäre dem so, würde dies unter Umständen dramatische Umstürze für das Selbstverständnis aller Naturwissenschaft nach sich ziehen. Die Vorhersagbarkeit aufgrund von Gesetzen und Theorien wie der Gravitationstheorie wäre nicht mehr gewährleistet.[28] Elementarteilchenphysiker und Kosmologen äußern sich daher meist skeptisch über physikalische Unendlichkeiten.

Unendlichkeit und Ewigkeit sind als Begriffe auch in der Alltags- und Umgangssprache allgegenwärtig; sie werden in den unterschiedlichsten Bereichen verwendet. So spricht man etwa von ‚ewiger Liebe' oder ‚ewigen Streitereien', einem ‚zeitlos schönen Möbelstück', von ‚unendlicher Langeweile' oder ‚unendlicher Dankbarkeit'. Hierbei sind ebenfalls keineswegs unzugängliche, unverständliche und transzendente Kategorien gemeint.

Diese Ausführungen zeigen, dass es offensichtlich unterschiedliche Arten von Unendlichkeiten bzw. Ewigkeiten gibt und dass nicht alle für die angestrebte Deutung in Frage kommen. Gegenstand der Betrachtung soll weder die mathematische noch die physikalisch-kosmologische Unendlichkeit sein, auch nicht die diversen Ewigkeiten der Alltags- und Umgangssprache. Im Umfeld von *Lux aeterna* muss nach einer anderen Unendlichkeit im Sinne eines »ewigen Lichtes«, eines Gegenteils alles Endlichen und somit eines möglichen

---

26 Siehe J. D. Barrow 2008, S. 103.

27 Siehe ebd., S. 104.

28 Vgl. ebd., S. 111. Barrow führt den großen Erfolg der Stringtheorie seit den 1980er Jahren darauf zurück, dass sich durch sie Unendlichkeiten vermeiden lassen.

Attributes des Göttlichen gefragt werden.[29] In solch metaphysisch-spekulativem Denken hängen Unendlichkeit und Ewigkeit zusammen.[30] Diese transzendenten Kategorien kann der Mensch als Realitäten zwar erahnen oder glauben, er kann sie jedoch mit Hilfe der menschlichen Vernunft nicht erfassen, da seine Wahrnehmung trotz aller oben geschilderten Komplexität des menschlichen Bewusstseins endlichen und zeitlichen Kategorien unterworfen und damit beschränkt ist. An diesem Punkt treffen unsere Überlegungen mit historischen Konzeptionen Negativer Theologie zusammen, stellt doch bereits der Begriff der »Un-Endlichkeit« bzw. des »Un-Endlichen« per se eine Verneinung, eine Negation des Endlichen dar.

Für Nikolaus von Kues stehen Unendlichkeit, Ewigkeit und Negative Theologie in einem engen Sinnzusammenhang. Er konkretisiert dies am Bild des unzugänglichen, ewigen Lichtes, mit welchem ein zentraler Glaubensinhalt benannt ist, der nur im Wissen um unser Nichtwissen und unsere Grenzen, also mittels demjenigen, was Nikolaus die *belehrte Unwissenheit* (s.o.) nennt, erfasst werden kann:

---

29   Eine solche Deutung widerspricht der Auffassung von Ulrich Dibelius, dass ins Mystische hineinreichende Kategorien in Bezug auf *Lux aeterna* nicht von Bedeutung seien. Wenn hier transzendente Kategorien zur Deutung herangezogen werden, bedeutet dies keine „falsche Verklärung", sondern eine folgerichtige Reflexion auf der Grundlage der Prämissen des thematischen Hintergrunds und der Behandlung des musikalischen Materials. Weshalb alles Mystische bei *Lux aeterna* „in konträrer Richtung zum Weltlichen hin transzendiert" sein soll allein aufgrund der Tatsache, dass das Werk wieder in tiefer Lage endet, kann Dibelius nicht stichhaltig begründen. Vgl. U. Dibelius: György Ligeti. Mainz 1994, S. 105.

30   Vgl. A. Paus: Ewigkeit, in: LThK Bd. 3, Sp. 1082: „E. im *eigentlichen* Sinn bez. v.a. in bestimmten Hochreligionen das außerzeitl. eine, absolut weltjenseitige einzige u. einheitliche, unveränderliche Sein […]."

„Sie [die Religion] glaubt, [...] daß der, den sie als unzugängliches Licht verehrt, nicht Licht im Sinne dieses körperhaften Lichtes ist, zu dem die Finsternis in Gegensatz steht, sondern absolut einfaches und unendliches Licht, in dem die Finsternis unendliches Licht ist; daß das unendliche Licht stets im Dunkel unserer Unwissenheit leuchtet, die Finsternis es aber nicht begreifen kann."[31]

Das ewige Licht ist hier als Gegensatz zu einem endlichen oder physikalischen Licht beschrieben, es steht als Metapher für die transzendenten Kategorien der Unendlichkeit und Ewigkeit Gottes. Diese Kategorien sind jedoch dem Menschen letztlich unzugänglich: „Sein [Gottes] Licht ist so stark, dass ihn das Auge des menschlichen Geistes nicht anschauen kann."[32] Hier kommt nun für Nikolaus von Kues die Notwendigkeit Negativer Theologie zum Tragen. Würde man den Begriff des ewigen oder unzugänglichen Lichtes als Glaubensinhalt unkommentiert stehen lassen, so wäre dies im Sinne einer affirmativen Theologie eine positive Aussage über das Absolute. Eine solche positive Aussage ist jedoch, dies wurde im Kapitel „Negationen" ausführlich erörtert, äußerst fragwürdig, unzureichend bzw. in die Irre führend. Ein affirmativer Begriff wie der des ewigen Lichtes muss daher für Nikolaus von Kues unabdingbar mit Negativer Theologie verknüpft werden: „Damit ist jedoch die negative Theologie für die affirmative so unentbehrlich, daß Gott ohne sie nicht als der unendliche Gott verehrt würde, sondern vielmehr als Geschöpf."[33] Die Negative Theologie dient also als Korrektiv, damit Begriffe wie die des ewigen Lichts, der Ewigkeit und der Unendlichkeit nicht für vernunftgemäß fassbare Realitä-

---

31 N. de Cusa: De docta ignorantia. Die belehrte Unwissenheit Buch I, übersetzt u. hrsg. v. P. Wilpert. 4. Erweiterte Auflage besorgt v. H. G. Senger. Hamburg ⁴1994, S. 109.

32 R. Ott: Die menschliche Vernunft und der dreieine Gott bei Nikolaus von Kues. Erläuterungen zu dem Werk „De docta ignorantia – Die belehrte Unwissenheit", Norderstedt 2009, S. 170.

33 N. de Cusa ⁴1994, S. 109/111.

ten gehalten werden, welche transzendente Kategorien quasi
treffend beschreiben würden. Gerade im Begriff der Unendlichkeit drückt sich für Nikolaus von Kues das Wesen Negativer Theologie aus:

> *„Vom Standpunkt der negativen Theologie findet sich in Gott nichts*
> *als Unendlichkeit. Ihr zufolge ist er darum weder in dieser noch in*
> *der künftigen Welt erkennbar, da jedes Geschöpf, welches das unend-*
> *liche Licht zu erfassen vermag, ihm gegenüber Finsternis ist. Er ist*
> *vielmehr nur sich selbst bekannt."*[34]

Negative Theologie ruft durch ständig neue Anfragen, Negationen und den Bruch des kohärenten Diskurses in Erinnerung, was solche Begriffe sind und zu leisten vermögen:
Metaphern für das letztlich Unfassbare. Der Bruch des kohärenten Diskurses impliziert aber auch, dass die Anfragen der
Negativen Theologie ständig zu neuen Versuchen führen, die
Unfassbarkeit transzendenter Kategorien auszudrücken. Zu
diesen Versuchen zählen freilich nicht nur sprachliche Äußerungen (Wie von etwas sprechen, von dem man nicht sprechen kann?), sondern ebenso künstlerische (Wie etwas dar-
stellen, das nicht darstellbar ist?) bzw. musikalische. Einen
musikalischen Antwortversuch, die Unfassbarkeit transzendenter Kategorien vor Augen zu führen, hat Ligeti mit seinem Ansinnen, mit *Lux aeterna* eine Vorstellung von Unendlichkeit zu evozieren, unternommen.

So kann nun die Deutung von *Lux aeterna* im Sinne des oben
dargestellten Schemas (vgl. Abb. 31) zusammengefasst werden: Das deutende Subjekt macht in der Wahrnehmung des
ästhetischen Gegenstands, also des Werks, die ästhetische Erfahrung von Zeitlosigkeit oder Zeitenthobenheit. In der Reflexion dieser ästhetischen Erfahrung wird klar, dass deren
Ursache in der Beschaffenheit des musikalischen Materials
liegt, im Falle von *Lux aeterna* sprachen wir von Negationen
gängiger musikalischer Zusammenhänge. Ligeti ist dabei

---

34   N. de Cusa ⁴1994, S. 113.

keineswegs der erste oder einzige Komponist, welcher innerhalb der musikalischen Avantgarde gängige Form, Harmonik, Melodik, Rhythmik oder Metrik negiert. Herausragende
Komponisten haben zu allen Zeiten Traditionen weiterentwickelt und überkommene Systeme erweitert, verlassen oder
neu interpretiert. Seine Klangflächenkompositionen stellen
jedoch einen ganz individuellen Beitrag dar, bis dato geltende musikalische Ausdrucksmöglichkeiten durch neuartige Behandlungen des musikalischen Materials zu erweitern
und mit herkömmlichen formalen, harmonischen und metri-
schen Verfahrensweisen zu brechen.

Da es sich bei dem ästhetischen Gegenstand um geistliche Musik handelt, ist es legitim und folgerichtig, in der Reflexion der ästhetischen Erfahrung nach Querverweisen zur
Theologie zu fragen. Dass hierbei auf Negative Theologie zurückgegriffen werden kann ist plausibel, da sowohl die Komposition als auch das geistliche Sujet des Werks vom selben
Prinzip durchdrungen sind: dem Prinzip der Negation.

Geschieht nun also die Reflexion der ästhetischen Erfahrung unter theologischem Blickwinkel, so rückt der Mensch
der Moderne ins Zentrum, für den trotz enormer Verlänge-
rung der durchschnittlichen Lebenszeit im Vergleich zu früheren Epochen, trotz aller medizinischen, physikalischen und
kosmologischen Erkenntnisse und Errungenschaften eine
Ewigkeit oder Unendlichkeit innerhalb der Immanenz weder
erreichbar noch fassbar bleibt. Die fundamentale Differenz
kann nicht genug hervorgehoben werden: Auf der einen Seite stehen die scheinbar beherrschbaren mathematischen Unendlichkeiten oder die Ewigkeiten und Unendlichkeiten der
Alltagssprache. Jene immanenten Phänomene können jedoch
kaum darüber hinwegtäuschen, dass gemessen an einer idea-
len, transzendenten Ewigkeit alle menschlichen Begriffe hinterfragt werden müssen. Will Theologie auf transzendente
Kategorien verweisen, muss sie im selben Maße, wie die Musik mit gängigen musikalischen Parametern bricht, mit gän-

gigen religiösen Sprachbildern und Vorstellungen brechen. Will Theologie auf Unfassbares verweisen, muss sie in Erinnerung rufen, dass alles, was sie an Bekanntem zur Erklärung heranzieht, lediglich Annäherung sein kann. Zwangsläufig muss Theologie, will sie glaubhaft bleiben, in diesem Kontext auf Konzeptionen und Verfahren Negativer Theologie zurückgreifen. Unendlichkeit und Ewigkeit, welche theologisch gesehen von der Immanenz durch die Schranke des Todes getrennt sind, gehören zu den letzten Mysterien für den aufgeklärten Menschen, denn die alte Frage bleibt: wie umgehen mit jener Vorstellung von Unendlichkeit und jener Ahnung von Ewigkeit, da doch alles Fassbare der Zeit und Vergänglichkeit angehört? Gerade in jenem Spannungsfeld zwischen Ewigkeit und Zeitlichkeit, zwischen Unendlichkeit und Endlichkeit sah bereits der dänische Philosoph Søren Kierkegaard (1813–1855) den Menschen vor die Aufgabe gestellt, sein eigenes Selbst zu finden.[35]

Ist es Ligeti mit *Lux aeterna* gelungen, so bleibt abschließend zu fragen, unter Verwendung kompositorischer Mittel musikalischer Avantgarde dem Rezipienten über die ästhetische Erfahrung von Zeitlosigkeit hinaus eine neue religiöse Erfahrung zu ermöglichen? Gerade die Reflexion, die zeigt, dass dieses Wahrnehmungserlebnis bei objektiver Betrachtung durch bestimmte Anordnungen des Materials quasi vorgetäuscht wird und dass die objektive Zeit freilich keineswegs außer Kraft gesetzt wird, kann, wenn sie denn vom musikalischen ins theologische gewendet wird, zum Schlüssel für einen neuen Blick auf transzendente Kategorien und menschliche Grenzen werden: Der Mensch ist und bleibt auch in der Moderne im Hinblick auf alles, was über die Immanenz hinausgeht, auf Bilder und Verweise zurückgeworfen. *Lux ae-*

---

35   Vgl. zum Überblick über Kierkegaards Terminus des ‚Selbst': P. Kunzmann/ F.-P. Burkard/ F. Wiedmann: Sören Kierkegaard, in: dtv-Atlas Philosophie, München ¹²2005, S. 163.

terna wäre somit tatsächlich ein Beispiel für komponierte Negative Theologie im Sinne einer ästhetischen Spiegelung theologischer Zusammenhänge und Aussagen im musikalischen Material. Die Negationen innerhalb des musikalischen Materials finden ihre Entsprechung im thematisierten Gegenstand von Unendlichkeit und Ewigkeit als transzendente Kategorien und Sinnbilder des Absoluten, über das der Mensch keine positiven und affirmativen Aussagen machen kann. Dass der Hörer von *Lux aeterna* die strukturellen Grundlagen und somit letztlich die Beschaffenheit der Komposition aufgrund ihrer Dichte und Komplexität nicht erfassen kann, führt im übertragenen Sinne das Faktum der Grenze menschlicher Vernunft vor Augen.[36]

5.2 Der moderne Mensch und das Sprechen zu/vor Gott: *AMN*

Dieter Schnebel stellte insofern eine Ausnahme unter den Komponisten der Avantgarde der 1960er Jahre dar, als er als Theologe gezielt im Kontext moderner, vorwiegend protestantisch-theologischer Fragestellungen komponierte. Er teilte Bonhoeffers Aversion gegen eine institutionalisierte, sprachlich und kirchlich verfestigte Religiosität[37] und setzte sich in Werken wie *Glossolalie* oder *Für Stimmen (…missa est)* kompo-

---

36 Durch Vielstimmigkeit, Komplexität und Dichte wurde bereits im Renaissance-Chorsatz der franko-flämischen Vokalpolyphonie ein hoher Abstraktionsgrad erreicht und somit auch auf geistliche Kategorien der Unverfügbarkeit und Transzendenz verwiesen. Ligeti interessierte sich sehr für die historischen Vorbilder der Polyphonie und deren Wirkung, auch wenn sich freilich die von ihm verwendeten polyphonen bzw. mikropolyphonen Kompositionsverfahren deutlich von diesen historischen Vorbildern unterscheiden.

37 Über die Motivation Schnebels, Theologie aus einem nicht nur musikalischen Avantgarde-Bewusstsein heraus zu studieren,

sitorisch damit auseinander, wie und ob innerhalb moderner Musik Geistliches überhaupt noch angemessen und glaubwürdig zur Sprache kommen könne. Dabei kam er zu dem Schluss: „Jedenfalls genügte die musikalische Verdopplung des Textinhalts, seine gleichzeitige Übertragung in musikalische Sprache, nicht mehr, wenn überhaupt je das ausreichte."[38] Stattdessen versuchte er im Anschluss an Bonhoeffer eine musikalische Antwort auf die Frage zu finden, wie man von Gott ohne Religion, quasi ‚weltlich' sprechen könne. Die theologische Antwort schien klar: „Indem Theologie also die Säkularisierung, die sie schlägt, auf sich nimmt, wird Befreiung von der kirchlichen Sprache zur eigentlichen Aufgabe."[39] Doch wie sollte sich solch eine Befreiung von sprachlich Überkommenem in der Musik, genauer gesagt im musikalischen Material, niederschlagen? Umso brisanter scheint diese Frage im Zusammenhang mit experimenteller Sprachmusik, welche sich ja gerade des Mediums der Sprache, im Falle von geistlicher Musik auch kirchlicher bzw. religiöser Sprache, bedient, wo also das musikalische Material in großem Umfang aus sprachlichem Material besteht.

Schnebels Antwort hierauf kann zusammenfassend als Negation bezeichnet werden: Die musikalische Verfremdung leer gewordener Worte[40] ist eine Negation des Gewohnten. Einer wie auch immer gearteten Neuvertonung eines traditionellen religiösen oder kirchlichen Textes, bei welcher der Text selbst unangetastet bleibt, kann Schnebel demnach wenig geistiges Potential abgewinnen. So wird die oben geschilderte Problematik experimenteller Sprachmusik, welche ja mit

---

welches er theologischerseits bei Barth, Bultmann etc. artikuliert fand, vgl. C. Gottwald 2003, S. 85f.

38 D. Schnebel: Geistliche Musik heute, in: Anschläge – Ausschläge, München 1993, S. 253.

39 Ebd., S. 247.

40 Vgl. ebd., S. 250.

Dekonstruktion von Sprache (auch von religiöser) operiert, zu ihrer Chance. Nur durch Hervorbringung des Ungewohnten und Neuen, auch des Provokativen und Anstößigen,[41] sieht Schnebel die Möglichkeit gegeben, dass geistliche Musik wirklich zum „Medium des Geistes"[42] wird und neue religiöse Erfahrungen ermöglicht.

In Bezug auf *AMN* negiert Schnebel nicht nur herkömmliche religiöse Sprache, er negiert auch andere kompositorische Parameter wie traditionelle Formkategorien oder Funktionen bzw. Rollen der ausführenden Individuen. Rekurse auf Erkenntnisse aus den Analysen mögen diese Negationen verdeutlichen.

5.2.1 Negation von religiöser Sprache

Ob die bei *AMN* komponierten stimmhaften, stimmlosen und halbstimmlichen Laut- und Sprechverläufe nun als Dekonstruktion oder als Negation von Sprache bezeichnet werden, läuft auf dasselbe hinaus. Entscheidend ist, dass es sich nicht lediglich um eine Negation von Sprache, sondern, wie bereits angedeutet, um eine Negation einer bestimmten Art von religiöser Sprache handelt. Schnebels Musikalisierung von Sprache in *AMN*, bei welcher ein ständiges Changieren zwischen den Bedingungen von menschlicher Lautäußerung (z.B. dem Atmen), dem Sprechen und Vorstufen des Singens stattfindet, reißt traditionelle Gebetsäußerungen des Menschen aus vertrauten Kontexten heraus und stellt neue, oft provozierende und ungewohnte Sinnzusammenhänge her. Hier ertönen die

---

41   „Einzig, wo der Dienst der geistlichen Musik zugleich zum Anstoß wird, ist er legitim." D. Schnebel: Geistliche Musik heute, in: Anschläge – Ausschläge, München 1993, S. 250.

42   Ebd., S. 250.

„Worte der Texte kaum noch verständlich oder verborgen und undeutlich; auch bloß sporadisch, gar nur im Negativ."[43]

Der Beginn des Stücks (Teile A und B) mutet wie ein ‚Zurüsten' bzw. wie ein ‚Einschwingvorgang' an, um das Wagnis des Sprechens zu/vor Gott auf sich nehmen zu können. Wie Bruckner in den ersten Takten seiner Symphonien oftmals den Eindruck erweckt, er müsse „mit der Musik schlechthin von vorn anfangen"[44], so erweckt Schnebel in *AMN* den Eindruck, er wolle mit religiösem Sprechen überhaupt nochmals ganz neu beginnen. Regungslos warten die Ausführenden ca. eine halbe Minute und Schnebel fügt die Anweisung *wie hörend*[45]hinzu. Die Voraussetzung für das religiöse Sprechen scheint für Schnebel also in der Bereitschaft zum Hören zu liegen. Erst anschließend wird die erste vernehmbare Aktion ausgeführt: ein einzelner Tenor reißt den Mund weit auf und nach und nach beginnen auch die übrigen Ausführenden mit unterschiedlichen Atemvorgängen, denn der Atem ist bekanntlich physische Bedingung jeder menschlichen Lautäußerung. Dass die Komposition mit ersterbendem Atmen und nachdenklich verharrenden Ausführenden endet (Teil F), rundet diese nicht nur sinnfällig ab, sondern verdeutlicht zudem, dass alles, was während des Stücks an theologischen Aussagen mitschwingt, sicherlich nicht im Sinne einer Affirmation angesehen wird. Ob der Versuch, in neuer Art und Weise zu/vor Gott zu sprechen geglückt ist, wird gerade durch ein solches Ende offengelassen.

Alle Worte, Textfragmente und Texte, welche sich zwischen jenen anfänglichen und finalen Atemvorgängen ereignen, be-

---

43   D. Schnebel: Geistliche Musik heute, in: Anschläge – Ausschläge, München 1993, S. 241.

44   C. Dahlhaus ⁴2001, S. 179. Dahlhaus verwendet diesen Verweis auf Bruckner im Zusammenhang mit der Anfangsproblematik musikalischer Form.

45   D. Schnebel: Für Stimmen (…missa est). AMN, Mainz 1977, S. 1.

inhalten Negativität durch unterschiedlichste Verfahren der Verfremdung. Die Anrufungen von Götternamen, die Hilferufe und Ausrufe, die Flüche, Beschwörungen und Deklamationen in den Teilen A und B bestehen größtenteils aus einer Fülle von einzelnen Worten, die undeutlich und leise artikuliert, überstürzt und in raschem Tempo geflüstert oder in *verzogener Sprechrhythmik*[46] halb stimmhaft ausgeführt werden. Dass hierbei gerade das Zufällige und Unvorhersehbare bzw. das Nicht-Festgelegte entscheidend ist, zeigt sich exemplarisch an der Anweisung *möglichst spontan erfinden*[47], welche Schnebel seinen eigenen Vorschlägen von Aus- und Hilferufen beifügt. Diese Verfremdungsweisen reichen ihm jedoch keineswegs aus, er kombiniert sie mit einer in den Analysen angedeuteten, beinahe unüberschaubaren Anzahl anderer Aktionen. Die fast stotternd anmutenden Aneinanderreihungen des Konsonanten *t*, das Wimmern und Jammern auf dem Konsonanten *m* und das hysterische Lachen auf dem Vokal *i* sind beispielhaft für eine regelrechte Reizüberflutung von stimmlichen Ausdrucksmöglichkeiten. Als eine dieser Ausdrucksmöglichkeiten erscheint nun in Teil B auch das erste Mal Gesang, zunächst als einzelner crescendierender und diminuierender Laut, dann in weinerlichen oder virtuos anmutenden Einzelaktionen ohne genau vorgegebene Tonhöhen. Bevor so überhaupt ein traditioneller Gebetstext auftaucht, ist religiöse Sprache hier Pfingstereignis, unbändig, unberechenbar und durchaus auch verstörend.[48] Der Hauptteil (Teile

---

46   Vgl. D. Schnebel: Für Stimmen (...missa est). AMN, Mainz 1977, S. 8.

47   Ebd., S.6

48   Vgl. Apg 2, 4 bzw. 12-13: „Alle wurden mit dem Heiligen Geist erfüllt und begannen, in fremden Sprachen zu reden, wie es der Geist ihnen eingab. [...] Alle gerieten außer sich und waren ratlos. Die einen sagten zueinander: Was hat das zu bedeuten? Andere aber spotteten: Sie sind vom süßen Wein betrunken." EÜ, Freiburg 1980, S. 1228.

C bis E) von *AMN* ist, wie bereits geschildert, vom Grundgebet der Christenheit, dem *Vater unser* geprägt. Er beginnt mit dem von allen Ausführenden mit höchster Kraft geschienen Wort *abba*. Hier wird eindringlich in ansonsten kaum mehr vorkommender Gleichzeitigkeit und Einmütigkeit die Richtung des Gebets klargestellt. Es soll sich im übertragenen Sinne also nicht um ein zielloses und quasi um sich selbst kreisendes Stammeln, Röcheln, Seufzen, Jammern, Singen und Beten handeln. Die transzendente Adresse der vielfältigen vokalen Aktionen ist mit dieser jesuanischen Gottesbezeichnung benannt.

Es wird in den *Vater unser* - Rezitationen nicht nur eine historische Entwicklung vom Aramäischen bis ins Neuhochdeutsche und andere europäische Sprachen nachgezeichnet, diese scheint in Bezug auf die theologische Aussage sogar eher nebensächlich. Die Vielfalt der sprachlichen Erscheinungsformen des *Vater unser* dient vielmehr als ein Mittel zur Verfremdung, denn unweigerlich wird dem Wahrnehmenden hier Bekanntes in unbekanntem bzw. Gewohntes in ungewohntem Gewand präsentiert, denn wem ist schon der aramäische oder neugotische Wortlaut des *Vater unser* präsent? Gesteigert wird dieser Verfremdungseffekt noch durch die unterschiedlichen Modulationsweisen, vom normalen Sprechen über das Sprechen mit großem Ambitus bis hin zum monotonen Murmeln. Man kann Schnebels Vorgehen durchaus im Sinne einer provokativen Anfrage verstehen, wenn er die große Bedeutung eines traditionellen religiösen Textes wie dem des *Vater unser* relativiert, indem er ihm simultan vorgetragene, diverse andere Texte bzw. Textpartikel in mannigfaltigen vokalen Ausdrucksmöglichkeiten beiseite stellt. Stoßgebete, Bekenntnisse und Gelöbnisse, Gebete des Bittens und Dankens, Kindergebete und Gebetselemente in anderen Sprachen erscheinen hier ebenso wie gesungene Passagen aus traditionellen Kirchenliedern. Anhand dieser Vielfalt wird die Vorstellung negiert, es gäbe angemessenere und weniger angemessenere Formen des Sprechens zu/vor Gott, es wird die Vorstellung negiert, man könne in positivistischer Weise festmachen, in welcher Form zu und vor Gott gesprochen werden solle. Der Geist weht, wie und wo er will. Doch damit nicht genug. Während des gesamten Stücks lässt Schnebel niemals ab von nicht textgebundenen Partikeln bzw. Aktionen. Körpergeräusche, einzelne Laute, Pfeifen, Fauchen, Zischeln und Röcheln, unzusammenhängendes ‚Geschwätz' sowie Murmeln und Raunen rufen bei der Reflexion der ästhetischen Erfahrung von *AMN* stets ins Bewusstsein, dass alle verfasste religiösen Sprache stets zu hinterfragen ist und der Mensch sich immer von Neuem vor die Aufgabe gestellt sieht, nach unverbrauchten und modernen Möglichkeiten der Gottesrede zu suchen. In jenen nicht textgebunden Aktionen, in jenen Vorformen und isolierten Partikeln des Sprechens, welche durch Destruktion verfasster Sprache zu Stande kommen, liegt das eigentliche »negierende Potential« von *AMN*, hier offenbart sich die Verbindung zwischen dem ästhetischen Gegenstand und der Negativen Theologie. Nicht zufällig verliert sich deshalb die Vielsprachigkeit der abschließenden Doxologie des Hauptteils (Beginn von Teil F) mit ihrem geradezu babylonischen Sprachengewirr in *beredtem Flüstern*[49] und schließlich in *Lauten als Sprachresten*[50].

Es sei an dieser Stelle angemerkt, dass sich die im musikalischen Material von *AMN* feststellbare Negation nicht auf die religiöse Sprache beschränkt. Unter Einfluss von John Cages Dekonstruktion des Werkbegriffs hat Schnebel bei *AMN* und vielen anderen Kompositionen dieser Zeit eine offene bzw. prozesshafte formale Anlage gewählt.[51] Die lose miteinander verbundenen, zeitlich nicht eindeutig festgelegten line-

---

49 Vgl. D. Schnebel: Für Stimmen (...missa est). AMN, Mainz 1977, S. 27.

50 Ebd., S. 28.

51 Vgl. Kapitel 2.2.2, S. 28.

aren Prozesse unterstreichen die Unvorhersehbarkeit religiöser Sprache und Schnebels Weigerung, im Zusammenhang mit einer Neubestimmung des Geistlichen in der Musik auf traditionelle und feststehende Formen und Verfahren zurückzugreifen. Die Form korrespondiert also mit dem Inhalt. Sowie sich religiöse Sprache in *AMN* meist unvermittelt, unvorhersehbar und eruptiv ereignet, bleibt auch die Form des Werkes variabel.

Mit der Negation traditionellen Formverständnisses geht die Negation klassischer Rollenverteilung von Dirigent und Ensemblemitgliedern einher. Der Dirigent hat nicht mehr nur zeichengebende Funktion, er ist aktiv an der Musik beteiligt, indem er selbst an formalen Schnittstellen vokale Aktionen auszuführen hat. Die solistisch agierenden Ensemblemitglieder wiederum können sich, um ihre Aktionen auszuführen, nicht allein auf die Zeichengebung des Dirigenten verlassen, sie bilden im wahrsten Sinne des Wortes ein Ensemble, indem sie sich mit Aktionen gegenseitig ablösen und selbst Verantwortung für den formalen Prozess übernehmen müssen. Neben den gesellschaftlichen Implikationen, die bei diesem veränderten Rollenverständnis im Hintergrund stehen,[52] ist die theologische Dimension nicht zu vernachlässigen. Im Zusammenhang mit der Rede zu bzw. vor Gott gibt es keine Anleitung und kein Verfahren im klassischen Sinne. Affirmative und feststehende Begrifflichkeiten, die von einem Kollektiv auf verbale oder nonverbale Zeichengebung hin quasi synchron auszuführen wären, verlieren an Bedeutung vor dem Hintergrund, dass überkommene religiöse Sprache ohnehin kaum zum Wesentlichen des Absoluten vorzudringen vermag und dass in einer säkularen Welt jede traditionelle religiösen Sprache, um mit Bonhoeffer zu sprechen, ausgedient hat.

---

52   Vgl. Kapitel 2.3, S. 35f.

Hier ist nun allerdings bereits der Bereich der Negativen Theologie berührt, welcher nun zur weiteren Deutung von *AMN* herangezogen werden soll.

5.2.2 Gebet und Negative Theologie

Nach Schnebels eigenen Angaben sind die drei Stücke von *Für Stimmen (...missa est)* entsprechend Luthers Theorie konzipiert, dass der Gottesdienst aus Verkündigung, Gebet und Lobpreis besteht.[53] In *AMN* versucht Schnebel somit, das Wesenhafte des Gebets, welches bereits mit dem Atmen und Seufzen beginnt, in Musik umzusetzen. Gebet wird hier einerseits als »Sprechen zu Gott« bezeichnet und impliziert somit die Frage nach der Möglichkeit und den Grenzen eines Dialogs. Andererseits ist das Gebet zugleich immer ein »Sprechen vor Gott« und beinhaltet eine Reflexion der Situation des Menschen vor dem Absoluten.

Nun scheinen Gebet und Negative Theologie auf den ersten Blick nicht viel miteinander gemein zu haben. Ist dem modernen Menschen, so stellt sich die Frage, nicht ohnehin der Adressat des Gebets abhandengekommen, von der Religionskritik als Projektion erkannt oder als Wunschvorstellung in der säkularen Welt überflüssig geworden? Und trägt laut unseren bisherigen Ausführungen nicht gerade Negative Theologie dazu bei, unsere Gottesbilder als Trug zu entlarven und die Betonung auf einen verborgenen und unverfügbaren Gott zu legen? Andreas Benk geht so weit zu sagen, Gott sei weder Adressat, noch ein mächtiges persönliches Gegenüber, das mit »Du« angesprochen werden könne[54] und kündigt somit scheinbar gleich den gesamten traditionellen christlichen

---

53   Siehe Korrespondenz mit D. Schnebel, Kapitel 8.1, S. 248.

54   Vgl. A. Benk: Gott ist nicht gut und nicht gerecht, Ostfildern ²2012, S. 88.

Gebetskontext auf, denn wo kein persönliches Gegenüber als Adressat mehr erreichbar ist, was macht dort eine Anrufung im Gebet noch für einen Sinn? Stehen Gebet und Negative Theologie also im Widerspruch?

Die Antwort hierauf wird wohl davon abhängen, auf welche Weise man Gebet definiert und welche Funktionen man ihm zuspricht. Negative Theologie kann dabei wiederum als Korrektiv gelten, um unaufgeklärte, mystische oder magische Gebetsvorstellungen zu hinterfragen. Dorothee Sölle hat sich nachhaltig für ein vor der säkularen Welt und vor der menschlichen Vernunft verantwortbares Verständnis von Gebet eingesetzt und überkommene Gebetsvorstellungen vor dem Hintergrund der geschichtlich erfahrbaren Abwesenheit Gottes kritisiert.

Sölle kritisiert jedes Verständnis von Gebet als Ersatzhandlung. Gebet in diesem Sinne sei Flucht und Gott werde bei solchem Beten als Lückenbüßer missbraucht für Situationen, in denen der menschliche Verstand nicht weiterkomme, oder in Grenzsituationen, in welchen sich menschliche Ohnmacht offenbare.[55] Sie kritisiert weiterhin Gebet als religiösen Akt im Sinne eines Kultes, eines Fetischs, eines Zaubers oder einer Beschwörung. In einem aufgeklärten Gebetsverständnis hat die Vorstellung, der ohnmächtige Mensch gewinne dem allmächtigen Gott ein Stück seiner Macht ab und mache ihn somit gegenwärtig[56] keinen Platz mehr. Ganz im Sinne ihres humanistischen Ansatzes einer Theologie »von unten« stellt sich Sölle auch dem Missbrauch des Gebets als Ersatz oder Ausflucht vor dem Handeln am Mitmenschen entgegen. „Worte zu einem Höheren anstelle der Taten für die neben uns"[57] bezeichnet sie als verlogen.

---

55 Vgl. D. Sölle: Atheistisch an Gott glauben, in: Stellvertretung, Stuttgart 2006, S. 240.

56 Vgl. ebd.

57 Ebd., S. 241.

Doch in welcher Gestalt soll dann aufgeklärtes Beten stattfinden und welchen Beitrag kann hierbei Negative Theologie leisten?

Die Sprache des Gebetes im jüdisch-christlichen Kontext, wie sie uns bereits im Alten Testament begegnet, ist per se keine Kultsprache, es werden auch keine magischen Beschwörungsformeln verwendet. Vielmehr handelt es sich ganz im Sinne Bonhoeffers und Sölles um eine profane Sprache, eine Alltagssprache, in welcher Fragen und Bitten, Stammeln und Loben und prinzipiell alle Äußerungsformen des Menschen ihren Platz haben. Es ist also ein Beten, welches sich ganz auf die Welt einlässt. Besonders dem Bitten räumt Sölle hierbei eine Schlüsselposition ein:

> *„Wo das Ich sich nur Gott gegenüber weiß, da hat es gut beten, fromm sein, loben und danken; je tiefer es sich aber einlässt auf diese Welt mit ihrem Hunger, ihren Verkrüppelungen und Ängsten allerorts, umso mehr wird das Gebet dem Jesu ähneln, nämlich Bitte sein."*[58]

Solch profanes Beten wird, wo es sich vom Kultus unterscheiden möchte, neben der sprachlichen Entgrenzung auch ganz im Sinne des Neuen Testaments zeitliche und örtliche Begrenzungen überwinden. Beten in diesem Sinne ist keine Beschäftigung, welche zu besonderen Zeiten an besonderen Orten stattfinden muss. Das ganze Leben kann Gebet sein, denn „beten heißt nun: im Gespräch mit Gott leben"[59]. Doch wie ist ein solches Gespräch mit Gott überhaupt denkbar? Damit trotz einer Rückbesinnung auf die bereits in der Bibel angelegten Impulse zur Befreiung des Gebets aus kultischem Kontext und der Entgrenzung dieses nicht wiederum mit Vorstellungen verknüpft wird, welche für den aufgeklärten Menschen unannehmbar sind, bedarf es der Rückbesinnung auf Negative Theologie. Alle menschlichen Gottesvor-

---

58 D. Sölle: Atheistisch an Gott glauben, in: Stellvertretung, Stuttgart 2006, S. 244.

59 Ebd., S. 243.

stellungen sind ungenügend und das Nicht-Begreifenkönnen
Gottes korrespondiert mit der Erfahrung, dass jener verborgene Gott Fragen offen lässt und Antworten schuldig bleibt.
Aus diesem Grund hat Johann Baptist Metz eine Gebetssprache, welche Zweifel und Verzweiflung beinhaltet, welche
Schmerz und Anklage zulässt und welche um die Abwesenheit bzw. Verborgenheit Gottes weiß und sie miteinbezieht,
als „Heimstatt Negativer Theologie"[60] bezeichnet.[61] Beten im
Bewusstsein Negativer Theologie steht also nicht im Widerspruch zu einer aufgeklärten und vernünftigen Gottesrede
der Moderne, es kann in diesem Sinne vielmehr gerade der
Ort sein, an dem modernes Reden zu bzw. vor Gott in glaub-
hafter Weise stattfindet. Dass verfasste Gebetssprache hierbei
in authentischer Weise in Stammeln, Schluchzen oder Seufzen übergehen kann oder vielmehr übergehen muss, ist keine zu vernachlässigende Begleiterscheinung, sondern führt
in das Wesen des Gebets.

Hiermit ist präzise der theologische Kontext von Schnebels *AMN* umschrieben. Die Situation des Betenden wird in
Schnebels Gebetsmusik mit ins Gebet hineingenommen. Alle
Brüche des menschlichen Daseins und so auch die Gebrochenheit und Negativität im ‚Dialogverhältnis' mit dem verborgenen und fremden Gott spiegeln sich im Werk wieder.
Der Terminus der Spiegelung ist hierbei bewusst gewählt, reflektiert er doch eine Problematik, auf die bereits Gottwald
im Zusammenhang mit Schnebels Gebetsmusik hingewiesen
hat. Da im Kunstwerk das Beten ja quasi nur gespielt werde
und somit gerade nicht die Wirklichkeit des Menschen vor
Gott sei, sondern diese nur abbilde, mache sie das Sein also

---

60   J. B. Metz: Gotteskrise. Versuch zur »geistigen Situation der Zeit«,
      in: Diagnosen zurzeit, m. Beiträgen v. G. B. Ginzel, D. Sölle, J.
      Habermas, P. Glotz u. J. B. Metz, Düsseldorf 1994, S. 81.

61   Vgl. auch A. Benk ²2012, S. 88f.

nur als Schein erfahrbar.[62] Dem entgegnet Gottwald, dass gerade in der Abbildung und somit in der erneuten Hervorbringung der Wirklichkeit die »Gewalt des Ästhetischen«[63] liege:

> *„Was wir an der Wirklichkeit, um es paulinisch zu sagen, nur stückweis' erkennen, weil wir selbst Teil dieser Wirklichkeit sind, das erkennen wir in der Kunst, wenn nicht als Ganzes, so doch als Umfassenderes."*[64]

Gerade in der ästhetischen Spiegelung der Wirklichkeit durch den ästhetischen Gegenstand wird also, um den Gedanken Gottwalds fortzuführen, die Situation des Menschen vor Gott erkannt, sofern sich das deutende Subjekt auf eine Reflexion seiner ästhetischen Erfahrung einlässt. Die ästhetische Erfahrung von *AMN* verdichtet sich in den Negationen, Brechungen und Verschleierungen innerhalb des musikalisch-sprachlichen Materials, in der Reflexion unter theologischen Vorzeichen spiegelt sich das ‚Gebrochensein' des Menschen im Hinblick auf seine Gottesbeziehung. Wieder lässt sich also eine Analogie zwischen den musikalischen Brüchen von kohärenten Diskursen und den theologischen erkennen. Diese Analogie tritt allerdings noch unmittelbarer als bei Ligetis *Lux aeterna* zu Tage. Finden sich bei *Lux aeterna* Beziehungen zwischen der Negation von Zeit innerhalb des musikalischen Materials und der angestrebten Evokation von Unendlichkeit mit theologischen Konnotationen, so sind die Negationen innerhalb des musikalischen Materials von *AMN* bereits selbst Brüche von kohärenten religiösen Diskursen, gesehen zwar noch in der Spiegelung durch das ästhetische Werk, aber dennoch unmittelbar wirkend. Schnebels avantgardistische Vokalaktionen der 1950er und 60er Jahre, die Integration von geräuschhaften Elementen und seine Verfremdungen und Dekonstruktionen von Texten, Sätzen und

---

62   Vgl. C. Gottwald 2003, S. 87.

63   Vgl. ebd., S. 88.

64   Ebd.

Wörtern ist einerseits (wohlgemerkt innerhalb der Avantgarde nicht ausschließlich von ihm vollzogene) Negation von überkommenem und bis dato gängigem vokalen Komponieren. Andererseits ist diese Negation nicht nur im Falle von *AMN* zugleich Negation von überkommenen religiösen und theologischen Kontexten. Mit dem Römerbrief-Motto, welches er dem Stück voranstellt, knüpft Schnebel an den neutestamentlichen Ursprung des Betens an, der wie oben erwähnt noch ganz vom Pfingstereignis bestimmt ist:

> *„Wir wissen nicht, was wir beten sollen, wie sich's gebührt; sondern der Geist selbst vertritt uns aufs Beste mit unaussprechlichem Seufzen." (Röm 8,26)*[65]

Die Einheitsübersetzung weicht an dieser Stelle von der Lutherübersetzung ab: „Wir wissen nicht, worum wir in rechter Weise beten sollen"[66]. Schnebel legt sein Augenmerk gezielt auf das »was« und die Fragestellung »in welcher Art und Weise«. Inhalt und Modus des Gebetes sind demnach vielfältig und frei, sie haben sich immer neu dem ‚Wehen des Geistes' zu öffnen, genau diese Botschaft versinnbildlicht Schnebel in *AMN*.

Vor dem Hintergrund von traditionalistischen und institutionalisierten Gebetsvorstellungen mag solche Musik auch heute noch schockieren oder provozieren, und genau dies ist auch ihr Ansinnen. Für viele schockierend bleibt die Tatsache, dass der verborgene Gott nicht unmittelbar antwortet und Fragen offen lässt, für manche provozierend bleibt der Hinweis auf die immer neu zu bedenkenden Grenzen, welche dem Menschen innerhalb der Kommunikation mit dem Absoluten gesetzt sind. Und dennoch muss das Beten in der Religiosität der Moderne nicht als metaphysische Unmöglichkeit ad acta gelegt werden, es bedarf lediglich einer Neu-

---

65 Siehe D. Schnebel: Für Stimmen (…missa est). AMN, Mainz 1977, S. 1. Schnebel zitiert dieses Motto nach der Lutherübersetzung.

66 EÜ, Freiburg 1980, S. 1271.

bewertung, welche in nicht geringem Umfang Rückbesinnungen auf Traditionen der Negativen Theologie beinhaltet.

Schnebel hat mit *AMN* eine Dekonstruktion oder zumindest Verfremdung von religiöser Sprache in Bezug auf das Gebet vorgenommen, das Schaubild im Kapitel Analysen (Abb. 15) verdeutlicht die enorme Erweiterung, Entgrenzung und Offenheit im Kommunikationsverhältnis zwischen Immanenz und Transzendenz. Es ist ihm damit nicht weniger gelungen als eine ästhetisch reflektierte Neubewertung von traditionellen Gebetsäußerungen und eine Neubetrachtung der Möglichkeiten und Grenzen des menschlichen Sprechens zu/vor Gott überhaupt. In *AMN* findet sich alles, was der Mensch im religiösen Kontext zu artikulieren vermag, von magischen Resten wie Beschwörungen bis hin zu Flüchen und Schimpfwörtern. Diese stehen neben liturgischen Formeln und dem theologisch Wertvollsten, was der christliche Gebetsschatz zu liefern vermag, und immer wieder fällt alles ins Stammeln, Stottern und Atmen zurück. Was ist hier angemessen, was unangemessen, was ist besser, was schlechter geeignet? Wenn, wie von Dorothee Sölle gefordert, das ganze Leben Gebet sein soll, so darf wohl keine menschliche Äußerung, auch nicht Fluch, Zweifel und zornige Anklage als minderwertig ausgeschlossen werden. Und tatsächlich nimmt Schnebel in *AMN* keine Wertungen vor, vielmehr werden wir ganz im Sinne der Negativen Theologie daran erinnert, dass, wie der jüdische Philosoph Hans Jonas betont, ja all unsere Rede zu bzw. vor Gott letztlich ohnehin nichts als »Gestammel« ist:

„Selbst die Worte der großen Seher und Beter, der Propheten und Psalmisten, die außer Vergleich stehen, waren ein Stammeln vor dem ewigen Geheimnis."[67]

---

67   H. Jonas: Der Gottesbegriff nach Auschwitz, Baden-Baden 1984, S. 48.

AMN kann in diesem Sinne als komponierte Negative Theologie bezeichnet werden, welche darauf hinweist, dass der verborgene und unverfügbare Gott, „von dem der Mensch als Mensch nie etwas wissen noch haben wird"[68], auch nicht im Akt des Betens vollends zu vergegenwärtigen ist. Negative Theologie stellt klar, und dies ist der inhaltliche Fluchtpunkt von *AMN*, dass alle menschlichen Worte, auch diejenigen des Gebets, nur Hohlraum sein können, welche als Negationen auf das Heilige verweisen.[69] Es ist somit eine der zentralen religiösen Erfahrungen, welche in der ästhetischen Erfahrung von *AMN* ihre Spiegelung findet: Auch das Beten muss letztlich Halt machen vor dem göttlichen Inkognito.

5.3 Der moderne Mensch staunend vor dem Absoluten: *Consolation II*

Man sucht in den Schriften von Helmut Lachenmann weitestgehend vergeblich nach theologischen, spirituellen oder religiösen Deutungen seiner Musik. Nicht einmal seine Beschäftigung mit dem Zen-Buddhismus[70] schlägt sich im Zusammenhang mit seinen Kompositionen verbal nieder im Sinne einer Interpretation. Seine Musik sieht er als autonome Kunst, über deren Wirkung und Deutung er selbst als Schöpfer der Werke nichts sagen möchte: „Das Werk wird sprechen, und der Komponist hat nichts zu sagen, aber etwas zu machen."[71] Lachenmann ist allerdings sehr wohl bewusst, dass auch seine Werke von ihm gar nicht beabsichtig-

---

68   K. Barth: Der Römerbrief 1922, Zürich [18]2011, S. 4.

69   Vgl. ebd., S. 13.

70   Vgl. Korrespondenz mit H. Lachenmann, Kapitel 8.3, S. 252f.

71   H. Lachenmann: Fragen – Antworten (Gespräch mit Heinz-Klaus Metzger), in: Musik als existenzielle Erfahrung, Wiesbaden [2]2004, S. 194.

te Impulse beinhalten,[72] er sieht seine Aufgabe als Komponist jedoch, bei allem was er an Texten über das musikalische Material, die Kompositionsmethoden und Herangehensweisen bzw. über ästhetische und soziologische Fragestellungen veröffentlicht hat, nicht in der weiterführenden Deutung seiner Musik. Umso erstaunlicher scheint es, dass sich in seinem Ende der 1960er Jahre entstandenen Werkkommentar zu *Consolation II* ein Satz finden lässt, in welchem nicht nur eine geistliche Intention, sondern sogar der Terminus der religiösen Erfahrung angesprochen ist:

> *„Ein geistliches Werk? Vielleicht, aber nicht von Schuld und Erlösung ist die Rede, sondern von jener Erfahrung, die jeglichem Denken zugrunde liegt: der Sterblichen Staunen."[73]*

Lachenmann revidiert diese singuläre Aussage rückblickend keineswegs, er präzisiert vielmehr jenen theologisch-philosophischen Begriff des Staunens als religiöser Erfahrung, welcher dieses Werk offensichtlich nicht allein aufgrund des Textes bestimmt: „Die – durchaus (auch) sinnlich vermittelte – Erinnerung an unsere Vergänglichkeit, an den Tod und dadurch an das wunderbare Geschenk oder die Leihgabe an uns als geistfähige Kreaturen: das Leben."[74] Die nachfolgende theologische Deutung eines Lachenmann'schen Werkes ist also weder unstatthaft noch abstrus, sie knüpft vielmehr an Lachenmanns eigene Aussage und Intention an. Doch zuvor soll wiederum geklärt sein, wie jene religiöse Erfahrung des Staunens am musikalischen Material des Werkes greifbar wird.

---

72 Vgl. Korrespondenz mit H. Lachenmann, Kapitel 8.3, S. 254: „Sie [die Komponisten] haben was zu schaffen, und was sie dabei anrichten, ist mehr vielsagend als die Komponisten wissen."

73 H. Lachenmann: Consolation II für 16 Stimmen (1968), in: Musik als existenzielle Erfahrung, Wiesbaden ²2004, S. 377.

74 Korrespondenz mit H. Lachenmann, Kapitel 8.3, S. 253.

5.3.1 Negation und Dekonstruktion als Voraussetzungen neuer Wahrnehmung

Es wurde bereits mehrfach erörtert, dass Lachenmanns Komponieren von Prinzipien der Dekonstruktion und Negation geprägt ist. Wie man es auch immer umschreiben möchte, das Brechen von überlieferten Kontexten (oder kohärenten Diskursen, um mit Lévinas zu sprechen) bzw. die Befreiung von Gewohnheit, das Vermeiden oder Erschüttern von Vertrautem und die Suche nach einer neuen Wahrnehmung von Musik sind bis heute maßgeblich mit dem Werk Helmut Lachenmanns verbunden.[75] In diese Musikästhetik mag sich der Terminus des Staunens nahtlos einfügen, denn wenn jene Dekonstruktionen und Negationen zu einem neuen Wahrnehmungsverständnis von Musik als existenzieller Erfahrung führen, welche Reaktion des wahrnehmenden und deutenden Subjekts wäre naheliegender und angemessener als die eines reflektierten Staunens? Doch verbleiben wir zunächst konkret bei den Dekonstruktionen und Negationen von *Consolation II*, die jene Reaktion hervorrufen.

Lachenmanns Umgang mit Texten und mit der menschlichen Stimme in seinen Vokalwerken wurde in den Analysen als eine Verbindung von dem Nono'schen Verfahren der De- bzw. Rekomposition von Textstrukturen und der Offenlegung physiologischer Bedingungen vokalen Ausdrucks bezeichnet, die neuartige Vokaltechniken, welche das Klangspektrum um geräuschhafte Elemente erweitern, mit einbezieht. Die Ebene der Textbehandlung und die Ebene des Umgangs mit der menschlichen Stimme sind also miteinander verwoben und manifestieren sich auf der Wahrnehmungsebene als ästhetische Erfahrung von Negation im doppelten Sinne. Dies lässt

---

75 Vgl. hierzu auch: M. Scherzinger: Dekonstruktives Denken in der Musik von Helmut Lachenmann, in: Helmut Lachenmann, München 2009, S. 104–107.

sich exemplarisch am Beginn des Stückes verdeutlichen.[76] Die Zerlegung des Wortes *Berg* in Takt 1 und 2 in seine phonetischen Bestandteile stellt zunächst einmal eine Negation des Sinnzusammenhangs der Textvorlage dar, denn das Wessobrunner Gebet beginnt keineswegs mit dem Wort *Berg*. Es wird darüber hinaus aber auch der Sinnzusammenhang des Wortes *Berg* an sich negiert, denn der erste von Alt 1 und 2 ausgeführte Konsonant ist nicht etwa ein *B*, sondern ein *r*. Es wechseln also nicht nur die Worte ihre Positionen gegenüber der Textvorlage, sondern auch die Vokale und Konsonanten innerhalb der Worte selbst. Zu diesen Negationsverfahren auf der Ebene der Textbehandlung kommt die Negation gängiger vokaler Verfahren bzw. die Anwendung neuartiger stimmlicher Aktionen. Während in klassischen Vokalkompositionen besonderes Augenmerk auf den Vokalen als den Trägern des Klangs liegt, spielen diese bei Lachenmann eine geradezu untergeordnete Rolle. Das *e* von *Berg* wird beispielsweise nur kurz gestreift und vom ersten Tenor halblaut gehaucht. Das *r* hingegen, welches gar nicht gesungen, sondern im Sprechton ausgeführt wird, dominiert das Klangfeld, da es in fünf von sechs beteiligten Stimmen in unterschiedlichsten Varianten und Längen erscheint. Dies stellt nichts anderes als eine Umkehrung gängiger Textvertonungspraktika dar.

Dass mit dieser Umkehrung auch musikalische Erwartungshaltungen des Rezipienten negiert werden, zeigt sich bei der Vertonung des Wortes *Licht* in den Altstimmen (T. 119–121). Werden noch in Ligetis *Lux aeterna* vertraute Assoziationen, welche sich bei dem Wort *Licht* einstellen, bestätigt (ein schillernder, glitzernder oder strahlender Klang, meist verbunden mit einer hohen Lage, bei Ligeti aber auch im Sinne eines dunklen Leuchtens aus der Tiefe), so bleibt bei Lachenmann lediglich ein Rauschen übrig, hervorgerufen durch das Aushalten der Konsonanten *L* und *CH*. Das helle *i*, wel-

---

76   Vgl. Kapitel 3.5, S. 106f.

ches sich so gut als Mittel zur assoziativen Tonmalerei eignen würde, fungiert hier in Klammern stehend lediglich noch zur Einfärbung der Konsonanten im Sinne einer entsprechenden Mundstellung.

In den Analysen wurden die konventionell gesungenen Passagen von *Consolation II*, welche durch die Addition von Einzelstimmen vorwiegend aus dissonanten Clustern bestehen, als von Lachenmann gezielt eingesetztes Mittel zur Verfremdung solistisch agierender Singstimmen beschrieben. Lachenmann negiert somit in diesen Clustern die konventionelle Funktion der Singstimme innerhalb des chorischen Kollektivs: Ziel des Chorklangs ist nicht mehr, dass sich die einzelnen Stimmen zu einer bestimmten Harmonie oder einem tonalen bzw. atonalen Klangbild zusammenfügen. Es liegt in den konventionell gesungenen Passagen in der Verfremdung bzw. in der Ablenkung von der menschlichen Singstimme mit ihrer speziellen Aura, ihren individuellen Färbungen und den darin transportierten Emotionen. Dass Lachenmann darüber hinaus auch in den konventionell gesungenen Passagen gängige avantgardistische Vokaltechniken gebraucht, erscheint diesbezüglich als Nebeneffekt jener Ablenkung. Beispielhaft genannt seien das Summen auf isolierten Konsonanten (etwa auf dem *m* der Tenöre ab Takt 7ff.), diverse Arten von Glissandi (vgl. etwa Tenor 1 im Takt 35 oder Alt 2 und 3 in den Takten 37–39, teilweise auch mit Flatterlippe auszuführen wie in den Altstimmen in den Takten 45–48), oder bestimmte Färbungen bzw. Akzentuierungen von Vokalen oder Konsonanten (vgl. z.B. Tenöre 3 und 4 in den Takten 53–55: (i)L→O→U).

Neben den bisher dargestellten Negationen und Dekonstruktionen innerhalb des musikalischen Materials kann der formale Aufbau von *Consolation II* insgesamt als Negations- bzw. Dekonstruktionsprozess auf mehreren Ebenen bezeichnet werden. Die semantischen Zusammenhänge, welche in Teil 1 des Stücks durch die Verstehbarkeit einzelner Worte noch ihre Verbindung zur Textvorlage wahren, verlieren sich im weiteren Verlauf ins Unbestimmte, Unverständliche und bestenfalls Andeutende. Dass parallel dazu die konventionell gesungenen Passagen abnehmen und die geräuschhaften vokalen Aktionen zunehmen und schließlich in den letzten 11 Takten übrigbleiben, zeigt deutlich Lachenmanns Intention: Dem menschlichen Staunen, welches hier als religiöse Erfahrung thematisiert ist, geht ein Negationsprozess voraus. Die Negation des Bekannten, die Destruktion des Gewohnten, das Verlassen der vertrauten Pfade wird hier zur Bedingung, um den Raum für ein metaphysisches Staunen überhaupt erst zu öffnen und solches Staunen zu ermöglichen. Das Prozesshafte dieses Vorgangs wird in *Consolation II* veranschaulicht. Staunen ohne Negationsprozess ist allenfalls ein unreflektiertes Staunen, welches im Gegensatz zu einem vor der menschlichen Vernunft reflektierten Staunen der Sterblichen über das Absolute (Lachenmann spricht ja von einer Erfahrung, die mit dem Denken zusammenhängt) schnell als Naivität bloßgestellt werden kann. Der Kompositionsprozess im Sinne eines Negationsprozesses kann vom deutenden Subjekt im Falle von *Consolation II* also als ästhetische Spiegelung eines Reflexionsvorgangs aufgefasst werden.

Das Staunen der Sterblichen verdichtet sich konkret zu einem Staunen vor dem Absoluten an den zwei in den Analysen beschriebenen Stellen des Werks, an denen das Wort *Gott* vertont ist. An beiden Stellen wird das Wort in seine Bestandteile zerlegt. Geradezu akustisch greifbar versucht der Mensch hier im übertragenen Sinne *Gott* durchzubuchstabieren. Ist dies eine Metapher für das vernunftgemäße Streben des Menschen, das Unergründliche zu erfassen? Jedenfalls verliert sich dieses Wort *Gott* spätestens bei der zweiten Stelle (T. 145–147), am Ende des Stückes, in der Abstraktion. Durch das dreimalige geräuschhafte *G* und das abschließende Klatschen an Stelle des Konsonanten *t* wird die Möglichkeit zu einer Wahrnehmung des Sinnzusammenhangs stark

reduziert. Der fortschreitende Abstraktions- bzw. Negationsprozess des Werks insgesamt lässt sich demnach auch an jenen zwei Schlüsselstellen verifizieren. *Consolation II* endet mit
einer Generalpause. Dem Versuch, das Absolute zu erfassen,
folgt das Schweigen, die Sprachlosigkeit oder vielmehr: das
Staunen.

Das Eröffnen neuer Erfahrungsräume ist ein zentrales
Thema für Lachenmanns Musikästhetik. Im Fall von *Consolation II* verbindet sich diese Weitung mit der Thematik des
Werkes, nämlich dem Hinausblicken über eigene existenzielle Grenzen.[77] Ziele der Komposition sind also nicht Negation und Dekonstruktion; diese dienen lediglich als Mittel. Es
bleibt nicht bei der oben geschilderten ästhetischen Erfahrung von Negation, welche an dieser Musik gemacht werden kann. Die essentielle und schließlich, nach Lachenmanns
Wunsch, existentielle Erfahrung ist diejenige einer neuen
Wahrnehmung. Hier durchdringen sich ästhetische Erfahrung und Reflexion, wie an Lachenmanns Wahrnehmungsverständnis deutlich wird: „Der Gegenstand von Musik ist
das Hören, die sich selbst wahrnehmende Wahrnehmung."[78]
Solches Hören beinhaltet Reflexion über das musikalische
Material. Weshalb diese Art der Textbehandlung, weshalb
diese oder jene vokalen Mittel und Techniken, weshalb der
Prozess von Negation und Dekonstruktion? Auf *Consolation
II* bezogen können die Stufen *Ästhetische Erfahrung von Negation – Reflexion – Eröffnung neuer Wahrnehmungsräume* schließlich hin zu jener Thematik des Staunens führen, die als Idee
das Werk bestimmt. Dies erscheint insofern plausibel, als die
Begriffe Wahrnehmung, Reflexion und Staunen drei Reakti-
onsschemata in Bezug auf einen ästhetischen Gegenstand beschreiben. Während allerdings die Reflexion als von der Ver-

---

77   Vgl. H. Lachenmann: Consolation II für 16 Stimmen (1968), in:
      Musik als existenzielle Erfahrung, Wiesbaden ²2004, S. 377.

78   H. Lachenmann: Hören ist wehrlos – ohne Hören, in: Musik als
      existenzielle Erfahrung, Wiesbaden ²2004, S. 117.

nunft geleitete Tätigkeit eine positive Konnotation besitzt, steht das Staunen nicht erst in der Moderne unter dem Verdacht, genau jener vernünftigen Reflexion zu entbehren bzw. bestenfalls als Anstoß zu einer solchen Reflexion dienen zu können. Was ist in unserem Zusammenhang mit Staunen gemeint und worin besteht schließlich die Verbindung zur Negativen Theologie?

5.3.2   Der Sterblichen Staunen und Negative Theologie

Es mag verwundern, dass sich ein progressiver Komponist der Moderne wie Helmut Lachenmann mit dem menschlichen Staunen beschäftigt, zählt doch, so mag man meinen, das Staunen nicht gerade zu den ausgeprägten und angestrebten Eigenschaften eines aufgeklärten modernen Menschen. In einer naturwissenschaftlich geprägten Welt, in der scheinbar alles erforscht, vermessen und erfasst ist, gibt es wenig Platz zum Staunen. Wer über die Phänomene dieser Welt staunt, weiß es (noch) nicht besser und entlarvt sich somit als naiv oder bestenfalls als romantisch veranlagt. Staunen als *Bewunderung* scheint heute verpönt und allenfalls noch für Kinder angemessen. Staunen als *Verwunderung* im Sinne von *wissen wollen* wird vor allem dann akzeptiert und honoriert, wenn es im Sinne einer wissenschaftlichen Neugier Ausgangspunkt für weitere, von der Vernunft geleitete Reflexionen und Anstrengungen wird.[79] Dies betrifft die phänomenologische Seite des Staunens. Doch wie sieht es in Bezug auf die Grundfragen der menschlichen Existenz aus, welche sich zu allen Zeiten gestellt haben und mit welchen auch der moderne Mensch konfrontiert war? Wie ist etwa dem Staunen über eine der Grundfragen der Philosophie beizu-

---

79   Zur vertiefenden Klärung und Differenzierung des Sammelbegriffes Staunen vgl. E. Martens: Vom Staunen oder Die Rückkehr der Neugier, Leipzig 2003, S. 16.

kommen, die sich im kindlichen Erstaunen über das Dasein artikuliert, dem Staunen darüber, dass überhaupt etwas ist und nicht vielmehr nichts?

Hier ist das Gebiet der Theologie berührt. Es ist zunächst zu klären, welche Rolle das Staunen im religiös-theologischen Kontext überhaupt spielt. Seit der Antike wird Staunen als kontemplative Schau des Göttlichen verstanden. Doch auch diese religiöse Variante des Staunens ist nicht unumstritten. Besonders jenes Staunen über Gott und die Schöpfung, welches in bloße sinnliche Bewunderung oder Neugier umschlägt, wird seit Augustinus keineswegs als erstrebenswert dargestellt. Augustinus, der die Theologie des christlichen Abendlandes wie kein anderer über Jahrhunderte prägte, vertritt in Bezug auf das Staunen eine ebenso radikal konsequente wie auch durchaus plakative Position, welche nur vor dem Hintergrund seiner eigenen Vita verständlich wird. Selbst in jungen Jahren als Häretiker dem Manichäismus[80] nahe stehend, führte er ein ausschweifendes und zügelloses, ganz im Diesseits verhaftetes Leben. Nach seiner Bekehrung zur christlichen Lehre der Kirche, welche er in seinen *Bekenntnissen* schildert,[81] wandte er sich radikal von der Sinneswelt ab und damit auch von sämtlichen ästhetischen Genüssen wie dem Theater oder der Poesie. Dementsprechend ist für Augustinus Neugier und innerweltliches Staunen sündhaft, da es den Blick vom Wesentlichen und einzig Staunenswerten, nämlich Gott, ablenke. Anhand zweier Stellen aus den *Bekenntnissen* kann die augustinische Haltung gegenüber dem Staunen verdeutlicht werden:[82]

---

80 Vgl. H.-J. Klimkeit: Mani, Manichäismus, in: LThK Bd. 6, Freiburg 1993, 2006, Sp. 1267ff.

81 Die Bekehrung des Augustinus wird in den *Bekenntnissen* als langer Prozess beschrieben. Das Bekehrungsereignis selbst findet sich im achten Buch.

82 Siehe E. Martens 2003, S. 56f.

An der ersten Stelle wertet Augustinus alle innerweltliche Neugier, alles Fragen und alle Wissenschaft der Gelehrten und Philosophen ab, da diese nicht zu Gott als dem Urgrund allen Seins vorstoßen: „für die Hochmütigen gibt es keinen Zugang zu dir, auch nicht, wenn sie aufgrund von Neugier und Sachkunde die Sterne und die Sandkörner am Strand zu zählen, die Gestirnsregionen zu vermessen und die Sternenbahnen zu berechnen in der Lage sein sollten."[83] Ganz deutlich wird die negative Konnotation dieses Staunens im Sinne einer Blödheit bzw. eines Unverständnisses im darauffolgenden Absatz: „Die davon [in diesem Fall von den Berechnungen der Astronomen] nichts verstehen, wundern sich darüber und sind erstaunt [...]."[84]

An der zweiten Stelle in Buch 10 erklärt Augustinus, weshalb er das Staunen über sinnlich erfassbare Dinge der Außenwelt für eine Sünde hält: Es führe zum Vergessen des Staunens über die Innenwelt, den Ort des Gedächtnisses und der Erkenntnis, wo der Mensch letztlich Gott begegne und so zu sich selbst finde, während der Mensch, welcher sich an die äußerliche Sinneswelt verlöre, sich von Gott abwende.[85]

Geht es Lachenmann in *Consolation II* also im Sinne von Augustinus um ein religiöses Staunen, welches sich von der äußeren Sinneswelt abwendet um sich staunend allein dem Absoluten zuzuwenden? Ist dieses Werk eine ästhetische Metapher für die Abkehr vom Staunen als *Bewunderung* und ein Lobpreis des Staunens als *Verwunderung* mit transzenden-

---

83 A. Augustinus 1989, 2008, V. 3,3, S. 129.

84 Ebd., V. 3,4, S. 130.

85 „Da gehen die Menschen hin und bestaunen die Gipfel der Berge, die ungeheuren Wogen des Meeres, das gewaltige Strömen der Flüsse, die Größe des Ozeans und die Kreisbahnen der Sterne, aber sich selbst vergessen sie." A. Augustinus 1989, 2008, X. 7,15, S. 285. „Mein Herz ist angefüllt mit solchen Zerstreuungen und trägt Unmengen eitler Nichtigkeiten mit sich herum. Oft unterbrechen sie störend meine Gebete." Ebd., X. 35,57, S. 320.

tem Endziel? Der Textausschnitt des *Wessobrunner Gebets*, der über Erde, Himmel, Baum und Berg, Sonne, Licht, Mond und Meer hinweggeht um sich staunend dem Höchsten, dem allmächtigen Gott zuzuwenden, scheint zumindest von Augustinus inspiriert zu sein und in diese Richtung zu deuten. Doch Lachenmann wäre kein Komponist, der die Situation des modernen Menschen in seinem Werk ständig neu reflektiert, wenn er bei diesem Denken stehen bliebe. Der Sinnesfeindlichkeit eines Augustinus' erteilt er in seinem Verständnis vom Staunen der Sterblichen jedenfalls eine Absage: „‚der Sterblichen Staunen' – die durchaus (auch) sinnlich vermittelte – Erinnerung an unsere Vergänglichkeit, an den Tod und dadurch an das wunderbare Geschenk oder die Leihgabe an uns als geistfähige Kreaturen: das Leben."[86] Es geht also in *Consolation II* nicht um eine Abwendung vom sinnlich-ästhetischen Staunen, sondern um eine Feier der Geheimnisse und des Wunders des Lebens mit all seinen Sinneseindrücken. Auch die Kompositionsstruktur von *Consolation II*, welche ja als Negationsprozess beschrieben wurde, stellt keine Negation des Sinnlichen dar und taugt somit nicht als Metapher für eine augustinische Sinnesfeindlichkeit. Vielmehr werden innerhalb dieses Negations- und Dekonstruktionsprozesses gerade neue Sinneserfahrungen möglich und somit neue ästhetische Räume zum Staunen eröffnet. In diesem Zusammenhang ist nach einem weiten metaphysischen Begriff des Staunens zu suchen, welcher die engen augustinischen Fesseln sprengt. Er findet sich in jener Tradition, auf die sich Augustinus beruft, von dem sich seine Metaphysik in dieser Hinsicht jedoch gravierend unterscheidet: im platonisch-aristotelischen Verständnis des Staunens.

Für Platon wie für Aristoteles ist das Staunen der Ursprung der Philosophie. Dabei ist nicht mehr wie noch bei Homer ein bewunderndes Staunen über die Götter und de-

---

86   Korrespondenz mit H. Lachenmann, Kapitel 8.3, S. 253.

ren Eigenschaften gemeint, denn die Entmythologisierung der Welt etwa durch Xenophanes hatte bereits stattgefunden. Es ist vielmehr ein verwundertes Staunen gemeint, welches nach Wissen und Erkenntnis strebt.[87] Auch für Platon, hier stimmt Augustinus mit ihm überein, liegt das Ziel des Staunens darin, zum wirklich Staunenswerten vorzudringen. Innerhalb Platons Ideenlehre ist dieses Ziel die Schau des Ideenkosmos und das Staunen über die Schönheit der Ideen. Während aber Augustinus auf dem Weg hin zum wirklich Staunenswerten das äußere Staunen über die sinnlich erfahrbaren Dinge als sündhaft ablehnt, wird die Neugier und das Staunen über die Sinneswelt von Platon und Aristoteles nicht als negativ gewertet. Dieses Staunen wird vielmehr als notwendige Voraussetzung bzw. als Vorstufe zum Staunen über das ewig Seiende, Unvergängliche und absolut Schöne und Gute gesehen:

> „[...] den Anfang machen bei den verschiedenen schönen Erscheinungen im Hiesigen um jenes Schönen willen, dann wie auf Stufen immer weiter emporzusteigen, von einem zu zweien und von zweien zu allen schönen Körpern, und von den schönen Körpern zu den schönen Tätigkeiten, und von den Tätigkeiten zu den schönen Wissenschaften, bis man im Aufbau der Wissenschaften schließlich bei der Wissenschaft [der Philosophie] anlangt, deren einziger Gegenstand jenes Schöne selbst ist, und es in seinem wahren Wesen erkennt."[88]

In *Consolation II* ist ein offenes metaphysisches Staunen thematisiert, welches die von Augustinus radikal gestellte Frage nach dem Urgrund und Ziel unseres Staunens ernst nimmt und sich dennoch der Sinneswelt zuwendet. Gerade solch ein offenes metaphysisches Staunen vermag dem aufgeklär-

---

87   Vgl. E. Martens 2003, S. 33ff.

88   Platon: Symposion, neu übers. v. A. v. Schirnding, München 2012, S. 87. Vgl, auch E. Martens 2003, S. 59: „Die Augenlust geht bruchlos in die Lust der höchsten Erkenntnis oder des Staunens über [...]."

ten Menschen einen neuen Blick auf die Welt zu eröffnen, es sträubt sich gegen die moderne Illusion eines totalen Bescheidwissens, es fordert zur Skepsis auf gegen bestehende Weltdeutungen und zu einem Hinausblicken über selbstverständlich erscheinende Zusammenhänge. Genau diese Skepsis gegenüber kohärenten Diskursen manifestiert sich als ästhetische Spiegelung in den Negationen und Dekonstruktionen des musikalischen Materials von *Consolation II*. Dies beginnt ganz grundsätzlich mit der Skepsis Lachenmanns gegenüber der menschlichen Singstimme mit ihren individuellen Färbungen und ihrem emotionalen Potential, setzt sich auf der Ebene der Textbehandlung als Skepsis gegenüber vorgegebenen Sinn- und somit unweigerlich auch Deutungszusammenhängen fort und geht bis hinein in das, was Lachenmann als »Aura«[89] jedes einzelnen Klanges bezeichnet, welcher durch Assoziationen, Erinnerungen und Anklänge besetzt ist. Lachenmanns Komponieren im Sinne eines Aufbrechens jener Besetztheit des Materials kann nicht nur als Aufforderung zu neuem Hören und neuer Wahrnehmung, sondern auch als musikalischer Verweis auf das Unerklärbare, Wunderbare und auch Erschreckende gesehen werden. Und so wie offenes metaphysisches Staunen mit Augustinus auch die Frage nach dem Sinn und Wert des normalerweise Bestaunten aufwirft, ist Lachenmanns Komponieren stets ein Hinterfragen von überlieferten ästhetischen Zusammenhängen und letztlich auch ein Hinterfragen dessen, was wir

---

89   Vgl. H. Lachenmann: Vier Grundbestimmungen des Musikhörens, in: Musik als existenzielle Erfahrung, Wiesbaden [2]2004, S. 60ff. Lachenmann bezeichnet Aura als „Trägerin von vertrauten Erfahrungen aus der existentiellen Wirklichkeit: des Alltags, der verschiedenen Gesellschaftsschichten, der religiösen Sphäre […]." Ebd., S. 61. Genau diese Aura gilt es auch im religiösen Bereich aufzubrechen, um Raum für neues metaphysisches Staunen zu schaffen.

als ‚schön', ‚gut' und ‚wahr' befinden.[90] Nicht umsonst wurde der Negationsprozess von *Consolation II* oben als ästhetische Spiegelung eines Reflexionsprozess beschrieben, denn mit dem offenen metaphysischen Staunen geht ein Vorgang der Bewusstmachung einher. Es handelt sich also nicht um ein naives, rein bewunderndes Staunen, welches unter Ausklammerung des Verstandes und der menschlichen Vernunft alles, was es nicht auf Anhieb begreift, als göttliches Wunder deklariert. Es geht um ein Staunen, welches bei der Bewunderung seinen Ausgang nimmt und über die unterschiedlichsten Stufen der Erkenntnis und Reflexion am Ende schließlich wiederum, aber in einem neuen Wahrnehmungsraum, staunend vor dem Absoluten steht.

Es ist offensichtlich, dass solch reflektiertes metaphysisches Staunen mit Negativer Theologie zusammenhängt. Das religiöse Staunen über das überwältigend Andere, das Staunen über das Unbegreifliche und Unfassbare und mit ihm die Skepsis gegenüber dem Vorgegebenem und Normalen findet in einem Raum statt, welcher von unterschiedlichen, teilweise Jahrhunderte alten Konzeptionen Negativer Theologie offengehalten wird.[91]

---

90 Vgl. dazu etwa Lachenmanns Schönheitsbegriff (Bewusstmachung, Verweigerung von Gewohnheit). H. Lachenmann: Zum Problem des musikalisch Schönen heute, in: Musik als existenzielle Erfahrung, Wiesbaden ²2004, S. 104-110.

91 Vgl. Dionysius Areopagita, dessen Denken wie bei Augustinus im Neoplatonismus wurzelt: „Denn gleichwie das geistig Erkennbare von den Sinnen nicht zu fassen und zu schauen ist…, so ist nach demselben Gesetz der Wahrheit die überwesentliche Unbegrenztheit über alle Wesen erhaben. […] Jeder Denktätigkeit ist das über alles Denken Erhabene, das Eine unausdenkbar; jeglicher Rede ist das alle Rede übersteigende Gute unaussprechlich." G. Wehr: Dionysius Areopagita, Wiesbaden 2013, S. 57f.

Gerade Negative Theologie mit ihrem Verweis auf die Unbegreiflichkeit des Absoluten und ihrer Warnung vor der Unzulänglichkeit überkommener menschlicher Vorstellungen und Metaphern will zu reflektiertem Staunen anregen, will auf das Absolute verweisen, ohne den Raum des Staunens zu schließen.

Und so, wie es Lachenmann in *Consolation II* nicht per se um kompositorische Negation oder Dekonstruktion geht, sondern um das Eröffnen neuer Wahrnehmungsräume (man könnte auch sagen: neuer Räume, in denen sich Staunen ereignen kann), geht es in der Negativen Theologie nicht primär um ein Verharren in der Negation.[92] Es geht vielmehr um das Fördern von neuen Wahrnehmungen und das Offenhalten eines Raumes für Fragen und Anfragen, Skepsis, Zweifel und: Staunen. Durch die Kapitelüberschrift wird daher nicht grundlos der Fokus auf den modernen Menschen gelegt, da doch gerade der durch Wissenschaft und Gesellschaft zunehmend definierte, durchrationalisierte, vernetzte und durchleuchtete Mensch der Moderne aufgefordert war, das Hinterfragen von Lebensentwürfen und Deutungsangeboten nicht aufzugeben und auch in Bezug auf seine Spiritualität nach einem richtigen bzw. angemessenen Staunen zu suchen.[93]

Zusammenfassend lässt sich eine übereinstimmende Funktion der Negationen innerhalb des ästhetischen Gegenstandes und der Negationen innerhalb des gewählten Reflexions- bzw. Deutungsansatzes unter Prämissen Negativer Theologie konstatieren. Die Negationen dienen als Werkzeuge zur Öffnung und Offenhaltung von Wahrnehmungsräumen, in welchen sich reflektiertes metaphysisches Staunen ereignen kann. Der ästhetische Wahrnehmungsraum korrespondiert mit dem geistigen bzw. theologischen. In diesem Sinne kann *Consolati-*

---

92   Vgl. die *via eminentiae* des Nikolaus v. Kues, Kapitel 4.1.1, S. 132.

93   Vgl. auch die philosophische Forderung nach einer neuen Lebenskunst des Staunens, etwa bei E. Martens 2003, S. 120ff.

on II als komponierte Negative Theologie verstanden werden, welche zwei wesentliche Elemente dieser Theologie, nämlich Negation und Öffnung, als ästhetische Spiegelung im musikalischen Material veranschaulicht.

5.4 Der moderne Mensch im Angesicht von Katastrophen, Leid und Tod – Theodizee nach Auschwitz: *Psalm*

Mit verbalen Annäherungen wie »Psalm nach dem Ende von Psalm«, »theologische Hohlform« und »Lobgesang, gesungen mit durchschnittener Kehle«[94] hat Clytus Gottwald die Vertonung Heinz Holligers von Paul Celans *Psalm* umschrieben, die wohl treffender als Verweigerung bzw. Negation einer Vertonung bezeichnet wäre. Holliger hat in diesem Werk den Gedanken der Verweigerung, Negation bzw. Dekonstruktion, welcher in allen vier analysierten Werken dieser Arbeit in unterschiedlichen Facetten eine wesentliche Rolle spielt, bis zu einer radikalen kompositorischen Grenze geführt, über die es kein weiteres Hinausgehen mehr gibt. In Bezug auf Vokalmusik scheint mehr Negation unmöglich.[95] Als inneren Beweggrund, dieses Moment der Negation in Bezug auf *Psalm* auszureizen, nennt Holliger rückblickend neben thematischen Aspekten, welche auf den Text von Celan zurückzuführen sind, einen psychologischen Vorgang, der beinahe wie ein Befreiungsschlag anmutet:

> *„Psalm schrieb ich, als ich mit nichts mehr weiter kam. Die Komposition stieg einfach in mir auf, entsprach keiner bewussten Handlung.*

---

94 Vgl. C. Gottwald: Psalm, in: Heinz Holliger. Komponist, Oboist, Dirigent, hrsg. v. Anette Landau, Bern 1996.

95 Holliger war in dieser Phase seines Schaffens das Erreichen einer kompositorischen Grenze durchaus bewusst: „Ich war an einem völligen Endpunkt angelangt, wo ich alles kaputt geschlagen hatte, das sich kaputt schlagen lässt." Vgl. K. Ericson: Heinz Holliger. Spurensuche eines Grenzgängers, Bern 2004, S. 330.

Gleichzeitig ist dies für mich aber die einzige Möglichkeit, mit Celan umzugehen."[96]

In dieser Aussage Holligers klingen bereits die thematischen Bereiche der Verarbeitung bzw. des Umgangs mit dem Holocaust und somit auch das Thema der Theodizee des modernen Menschen nach Auschwitz an, denn diese Themen sind bestimmend für Celans *Psalm* und hierbei ist, wie Gottwald zurecht feststellt, ohne Zweifel auch Religiöses angesprochen.[97] Auch für Holliger spielten bei der kompositorischen Bewältigung der Celan'schen Thematik durchaus religiöse Motive eine Rolle, die nicht zufällig um das Themengebiet der Negativen Theologie kreisen: „*Psalm* handelt ja davon, dass der Gottesbegriff nicht ausgesprochen, sondern durch ‚Nichts' oder ‚Niemand' ersetzt wird."[98] Wie sich dieses Religiöse im musikalischen Material manifestiert und welche negativ-theologischen Deutungen damit konkret möglich werden, zeigt sich an den nachfolgend analysierten Dimensionen von Negation.

5.4.1 Negation des Tons oder Negation des Klangs?

Dass Musik eine Negation des Tons anstrebt, scheint an sich schon paradox. Allerdings, so könnte man einwenden, nicht im Rahmen avantgardistischer Musik, in der mit John Cage die Öffnung der Musik zur Nichtmusik stattgefunden hat. Es geht ja lediglich um eine Negation des Tons und nicht um eine Negation des Klangs, welcher neben Tönen auch Geräusche beinhalten kann. Ist Psalm also eine Art Geräuschmusik, welche lediglich den klassischen Gesangston negiert? Die einfache Unterscheidung zwischen Ton bzw. Gesang, der vermie-

---

96   K. Ericson 2004, S. 330.

97   Vgl. C. Gottwald 1996, S. 91.

98   K. Ericson 2004, S. 330.

den werden soll, und geräuschhaften vokalen Aktionen, die erwünscht sind, geht an Holligers Intention von *Psalm* vorbei. Nach seinen eigenen Angaben ist die Frage nach den kompositorischen Mitteln und somit die Frage, ob nun Töne oder Geräusche verwendet werden, zweitrangig. Vielmehr geht es ihm tatsächlich um eine Negation jeglichen Klangs an sich:

> *„Es ist wie ein Stück, das genau so gut traditionell hätte komponiert sein können, dem jedoch ein riesengrosser Filter übergestülpt wurde, so dass kein Ton mehr nach aussen dringt, nichts mehr klingt."*[99]

Dennoch entschied sich Holliger nicht wie John Cage in 4'33 für die ‚absolute' Stille, sondern, wie bereits in den Analysen dargelegt, für eine Musik, welche sich gleichsam an den Rändern der Wahrnehmung bewegt. Man könnte somit von dem Ziel einer Evokation der Negation des Klangs mit klanglichen Mitteln an der Hörbarkeitsgrenze sprechen. Diese angestrebte Negation ist mit Hilfe der analytischen Einblicke mannigfaltig belegbar.

Bereits die durch acht Generalpausen gegliederte formale Anlage zeigt, dass diese Musik immer wieder in die Stille mündet und aus der Stille heraus neu anhebt. Dieses Verstummen ist keine kompositorische oder dramaturgische Spielerei. Der Drang zum Decrescendo und zur Stille, welcher *Psalm* durchzieht, ist integraler Bestandteil der ästhetischen Aussage: hier scheint etwas derart Ungeheuerliches zur Sprache gebracht zu sein, dass es einem sprichwörtlich die Sprache verschlägt. Das klingende Resultat der Komposition fällt ins Schweigen zurück. Der Umgang Holligers mit der Sprache in dieser Komposition zeugt von nichts anderem als dem Versagen der Sprache angesichts des Inhalts. Am Text zwar entlangkomponiert bleibt dieser dennoch unverständlich und von den Worten und Strukturen der Celan'schen Lyrik bleibt nichts als ein Flüstern, Stammeln, Röcheln, Brummen, Knarren oder Atmen. Nur vor diesem

---

99   K. Ericson 2004, S. 330.

Hintergrund ist die vollständige Negation des klassischerweise gesungen Tons, welche ja auch bei *AMN* und *Consolation II* angelegt ist, verständlich. Wo vor dem Inhalt nicht nur die Sinnhaftigkeit und der Zusammenhang der Sprache versagen, sondern wo es einem gleich die Stimme komplett verschlägt, dort hat freilich auch der Gesang nichts mehr verloren, denn der berühmte Satz Ludwig Wittgensteins lautet ja nicht „Wovon man nicht reden kann, darüber muss man singen", sondern: „Wovon man nicht reden kann, darüber muss man schweigen"[100]. *Psalm* also als das auskomponierte Resultat jenes Wittgenstein-Zitats? Nicht nur, denn dann würde ganz im Cage'schen Sinn lediglich eine einzige große Generalpause stehen. Hinzu muss mit Friedrich Nietzsche kommen: „Man soll nur reden, wo man nicht schweigen darf."[101] In der Spannung zwischen jenen zwei Aphorismen bewegt sich Holligers *Psalm*. Auf der einen Seite steht die erfahrbare Ohnmacht der Unmöglichkeit des Ausdrucks, auf der anderen deren gefühlte innere Notwendigkeit.[102]

Aller Rest an Klingendem in *Psalm* ist also ein Versuch, jener Notwendigkeit gerecht zu werden, und verdeutlicht gleichzeitig die Ausdrucksproblematik. Das aleatorische Feld von Takt 76 über den Textausschnitt *Staubfaden himmelswüst* erhält vor diesem Hintergrund als offener Prozess mit ungewissem Resultat seine Berechtigung. Gerade jene Offenheit, welche durch die freie Ausführung der Einsätze und die freie Wahl der Aktionen entsteht, symbolisiert im Kontext von *Psalm* weniger die Freiheit des Ausdrucks, sondern eine Ohn-

---

100 L. Wittgenstein: Tractatus logico-philosophicus, Frankfurt [34]2013, S. 7.

101 F. Nietzsche: Menschliches, Allzumenschliches I und II, hrsg. v. G. Colli u. M. Montinari, München [6]2012, S. 369.

102 Mit jener inneren Notwendigkeit, welche aus dem Nietzsche-Zitat spricht, korrespondiert Holligers psychologische Deutung des Kompositionsprozesses von *Psalm* im Sinne eines auch thematisch bedingten ‚nicht-anders-Könnens'.

macht: Was hier erklingen soll, kann kaum gesteuert werden, vorgefertigte Ausdrucksformen taugen nur bedingt und das Resultat wird bei jedem Versuch ein anderes sein. Der nachfolgende dramaturgische Höhepunkt (Takt 77ff.) mit seiner Atomisierung des Textes versinnbildlicht ebenfalls die Ausdrucksproblematik. Die gehäuften Explosivlaute wirken wie ein extrem verdichtetes Stottern. So bleibt als Negativbild der Poetik des Celan'schen Textes beim dramaturgischen Höhepunkt von Holligers Komposition lediglich ein Stottern übrig, welches schließlich in Takt 82 gänzlich verebbt und wiederum in eine Generalpause mündet, die als beklemmende Stille erfahren wird. Diese Beklemmung wird durch den Schlussteil des Stückes nicht etwa gelöst, sondern noch gesteigert. Der improvisatorische Schluss ab Takt 84, welcher die stimmlosen Aktionen mittels eines ausgedehnten Diminuendo und Ritardando zurück in die Stille führt, stellt nichts Anderes als das endgültige Verstummen aller Akteure dar. Im übertragenen Sinne endet das Werk zugunsten Wittgensteins. Auch religiöse Sprache und in Bezug auf *Psalm* mit ihr geistliche Musik fällt letztlich ins Schweigen zurück angesichts eines Ereignisses wie des Holocausts.

Am Deutlichsten wird das Ringen um klanglichen Ausdruck und die Ohnmacht der Unmöglichkeit des Ausdrucks jedoch an den Stellen, an welchen das Subjekt *Niemand* zur Sprache kommt. Das erste *Niemand* erscheint noch als tonlos gehauchter Beginn des Stückes. Die Verfremdung durch die Neuanordnung der Buchstabenfolge[103] bewirkt allerdings ein Versiegen im Nebulösen. Die Anrufung des Subjekts von *Psalm* verliert sich bereits zu Beginn im undeutlich Dahingehauchten und somit nicht klar Benannten. Es ist im Grunde eine Verdopplung der Negation, die Holliger hier betreibt: Wird schon bei Celan das Subjekt eines Psalms, welches traditionell Gott ist, negiert und durch *Niemand* ersetzt, so bleibt

---

103   Vgl. Kapitel 3.6, S. 118.

bei Holliger selbst dieses *Niemand* undeutlich oder gar nicht ausgesprochen. Die lautlos gemimten Stellen (Takt 28/44–45) sind ein Rückfall ins Schweigen, eine Kapitulation vor der Unmöglichkeit des Ausdrucks. Der Mund formt mittels Lippenbewegungen das Wort *Niemand* zwar deutlich, doch es kommt kein Klang mehr hervor. Die Negation des Tons beim ersten *Niemand* ist einer Negation des Klangs an sich gewichen.

Es bedarf keines großen Gedankenschrittes, um auf den Zusammenhang zwischen der Negation des Klangs in *Psalm*, welche einher geht mit der gezielten Vermeidung des Wortes *Gott* und dessen Ersatz durch ein auskomponiertes Schweigen, und Negativer Theologie aufmerksam zu werden. Die anhand der Analysen beschriebene Ausdrucksproblematik von *Psalm* erscheint im Kontext Negativer Theologie als Theodizee-Problematik innerhalb der Moderne.

5.4.2 Verstummen und Negative Theologie

Das Theodizeeproblem thematisiert die uralte Frage nach der Vereinbarkeit des Übels in der Welt mit bestimmten Gottesvorstellungen bzw. Gottesattributen. Bereits in der griechischen Antike stellte Epikur einen Gottesbegriff, welcher an der Einheit von Macht und Gutheit hängt, aufgrund der Übel in der Welt in Frage.[104] In der Neuzeit erfolgte die philosophische Zuspitzung der Theodizee auf die menschliche Vernunft hin durch G. W. Leibniz, auf den auch der Begriff selbst zurückgeht.[105] Innerhalb der Moderne gerät die Theodizee gerade im theologischen Kontext in eine fundamentale Krise: Die erfahrbare Abwesenheit Gottes kulminiert im Geschehen

---

104 Vgl. J. Schmidt: Philosophische Theologie, Stuttgart 2003, S. 398.

105 Vgl. T. Pröpper/M. Striet: Theodizee, in: LThK Bd. 9, Freiburg 1993, 2006, Sp.1396.

des Holocausts.[106] Der Mensch der Moderne im Angesicht von Katastrophen, Leid und Tod, das ist der Mensch der Moderne nach dieser alles verändernden Zäsur. Die Theodizee des Menschen der Moderne ist immer eine Theodizee nach Auschwitz. Wie soll Theologie, also die Rede von Gott, nach Auschwitz aussehen? Es ging hier um die „Zukunftsfrage des Gottesbildes" und um einen „Paradigmenwechsel in der Gottesfrage"[107]. War Holligers *Psalm* ein musikalischer Antwortversuch auf diese Zukunftsfrage des Gottesbildes? Welche theologische Antwort wurde dann mit dieser Komposition am Rande des Verstummens gegeben?

Sicherlich sind für die Deutung von *Psalm* jene oftmals als radikal bezeichneten Theologien zu berücksichtigen, welche sich schwerpunktmäßig in den 1960er Jahren, also in zeitlicher Nachbarschaft zur Werkentstehung, als Theologien nach dem Tode Gottes verstanden, den sie als Faktum der Moderne so ernst wie möglich nehmen wollten.

Auf jüdischer Seite erregte der Amerikaner Richard L. Rubenstein, der sich als Theologe des Holocaust versteht,[108] mit seinem 1966 veröffentlichten Buch *After Auschwitz* Aufsehen. Darin lehnte er die Vorstellung von einer göttlichen Vorsehung angesichts der jüdischen Geschichte des 20. Jahrhunderts ab. Anstelle eines Gottes als mächtigen Herrn der Geschichte setzte er die philosophische Konzeption eines Gottes als *das Heilige Nichts*.[109] Mit dieser Gottesvorstellung,

---

106 Vgl. Kapitel 4.1.1, S. 135f.

107 Vgl. T. D. Wabbel: Vorwort zu: Das Heilige Nichts. Gott nach dem Holocaust, hrsg. v. T. D. Wabbel, Düsseldorf 2007, S. 12.

108 Vgl. R. L. Rubenstein: Der Tod Gottes ist keineswegs endgültig, in: Das Heilige Nichts. Gott nach dem Holocaust, hrsg. v. T. D. Wabbel, Düsseldorf 2007, S. 78.

109 „In this conception, God is spoken of as the Holy Nothingness, *das Heilige Nichts*, and, in Kabbalah, as the *En-Sof*, that which is without limit or end." R.L. Rubenstein: After Auschwitz, Baltimore ²1992, S. 298.

welche dem Celan'schen *Niemand* sehr nahe kommt, knüpf-
te Rubenstein nicht nur an mystische Traditionen der Kabbalah oder des Buddhismus an, sondern in hohem Maße auch
an Konzeptionen der Negativen Theologie. In Aussagen wie
„the infinite God is not a thing; the infinite God is no-thing"[110]
steht er mit seinem Topos des *Heiligen Nichts* neben antiken
christlichen Theologen wie Dionysius Areopagita, der Gott
als „Nicht-Wort", „Nicht-Wissen" und „Nicht-Name" bezeichnet hat, als „Grund des Seins für alle Dinge, und [...]
doch selbst nicht seiend".[111]

Auf christlicher Seite wurde beispielhaft Dorothee Sölle
als Vertreterin einer Theologie nach Auschwitz genannt, welche den Tod Gottes innerhalb der Moderne im Sinne eines fak-
tischen geschichtlichen Prozesses zum Ausgangspunkt ihres
Theologisierens macht. Gott ist für den modernen Menschen
nach Sölles Überzeugung nicht mehr gegenwärtig und unmittelbar erfahrbar, er ist, um mit Nietzsche zu sprechen, tatsächlich tot im Sinne von abwesend, was natürlich nicht bedeutet, dass er nicht dennoch existieren kann.[112] Für Sölle als
christliche Theologin bleibt allerdings die Lücke, die Gott hin-
terlässt, nicht leer, sie muss vielmehr vertreten werden, und
sie wird dies durch Orientierung am beispielhaften Wirken
Jesu von Nazareth, dem „Stellvertreter des Lebendigen"[113].
Im Kontext dieser Arbeit sind jedoch weniger Sölles theologische Konzeption der Stellvertretung oder ihr Versuch einer dialektischen Vermittlung zwischen der Erfahrung des
Todes Gottes und dem Glauben an die Auferstehung Christi
entscheidend.[114] Vielmehr rückt ihre radikale Zurückweisung

---

110   R. L. Rubenstein ²1992, S. 298.

111   Vgl. G. Wehr 2013, S. 58.

112   Vgl. D. Sölle: Stellvertretung. Ein Kapitel Theologie nach dem
       »Tode Gottes«, in: Stellvertretung, Stuttgart 2006, S. 114ff.

113   Ebd., S. 117.

114   Vgl. ebd.

aller positivistischen und naiven Gottesvorstellungen innerhalb einer weitestgehend ‚Gott-los‘ gewordenen Moderne ins Blickfeld. Hier überschneidet sich Sölles Theologie mit Konzeptionen Negativer Theologie.

Was tragen nun die modernen jüdischen und christlichen Theologien nach dem Tode Gottes zur Deutung von Holligers *Psalm* bei? Die Frage nach dem Umgang mit unverschuldetem Leid, welche sich nach dem Holocaust in einer geschichtlich nie dagewesenen, abgründigen Tiefe stellt, wirft die Frage nach Gott in einer historisch singulären Dimension auf. Plädiert *Psalm* also in Bezug auf ein modernes Gottesverständnis im Sinne Rubensteins dafür, an theologische bzw. philosophische Spekulationen der Mystik anzuknüpfen und von Gott als dem ‚Nicht-Seienden‘ zu sprechen? Ist diese Musik geradezu Klang bzw. Nicht-Klang gewordene Negative Theologie, da sie endgültig allen positivistischen und affirmativen Gottesvorstellungen eine Absage erteilt? Oder kann die Lücke, welche in *Psalm* hinterlassen wird, sogar christlich ausgedeutet werden im Sinne einer Sprachlosigkeit, die nur durch das Handeln am Mitmenschen in christlicher Nächstenliebe überwunden werden kann?

Manches an solchen Deutungsansätzen scheint aus theologischer Sicht plausibel. Sicherlich hat alle affirmative Gottesvorstellung ausgedient, wo Gott zum *Nichts* und *Niemand* wird und ohne Zweifel ist damit Negative Theologie berührt.[115] Insgesamt bewegt man sich hier jedoch zu sehr im Bereich der Spekulation. Die Frage muss daher vielmehr lau-

---

115 „Wenn Gott nicht mehr vom Verdacht der Nichtigkeit entlastet werden kann, wird jede affirmative Rede von Gott problematisch. Als unproblematisch galt dieses Sprechen so lange, wie es von Gottes Notwendigkeit für die Bewältigung innerweltlicher Sachverhalte als von einer als evident erachteten Prämisse ausgehen konnte, die Gott bestimmbar machte." H.-J. Höhn: Der fremde Gott. Glaube in postsäkularer Kultur, Würzburg 2008, S. 53.

ten: Was lässt sich am musikalischen Material konkret fest machen?

Auch wenn sich vom musikalischen Material her kein unmittelbarer Bezug zu manchen Theologien nach dem Tode Gottes der 1960er Jahre herstellen lässt, korrespondieren Holligers auskomponiertes Verstummen und seine Negation des Klangs zumindest mit einer in Bezug auf den Holocaust von Hans Küng favorisierten »Theologie des Schweigens«[116]. Schweigen und Verstummen als die vielleicht letzten möglichen und angemessenen Reaktionen auf das grauenhaft Unerklärbare. Küng gesteht als Theologe ein, dass es eine theoretische Antwort auf das Theodizee-Problem wohl nicht gibt,[117] schon gar nicht in Bezug auf Auschwitz. Er spricht sich gegen traditionelle wie moderne theologische Erklärungsversuche ebenso aus wie gegen philosophische Spekulationen und widerspricht damit indirekt sowohl Rubenstein als auch Sölle:

> *„Welche Vermessenheit des Menschengeistes, ob er nun im Kleid der theologischen Skepsis, der philosophischen Metaphysik, der idealistischen Geschichtsphilosophie oder der trinitarischen Spekulation daherkommt!"*[118]

Küng geht es letztlich nicht um eine Negation Gottes, sondern um ein Bekenntnis zu Gott, und dennoch oder gerade deshalb ist er sich ganz im Sinne von Karl Barth bewusst, dass der Mensch nicht hinter das Geheimnis Gottes kommen kann. Jeglicher Versuch, das Theodizee-Problem zu lösen, wird demnach scheitern, man findet dort „bestenfalls sein eigenes Theologumenon, sein eigenes Theologenfündlein"[119].

---

116 Vgl. H. Küng: Das Judentum, München 2007, S. 727.

117 Oder im Sinne Kants: Eine doktrinale Theodizee, welche aus der Welt die Endabsicht Gottes begreifen will, ist zum Scheitern verurteilt. Vgl. J Schmidt 2003, S. 264f.

118 H. Küng 2007, S. 727.

119 Ebd., S. 726.

Die »Theologie des Schweigens«, welche bei Holliger als Theologie des Verstummens ihren Niederschlag im musikalischen Material findet, deckt sich mit einem Grundimpuls der im Zusammenhang mit Nikolaus von Kues beschriebenen *via eminentiae*.[120] Es besteht demnach ein Zusammenhang zwischen der »Theologie des Schweigens«, dem auskomponierten Verstummen in Holligers *Psalm* und einer Negativen Theologie, welche auch um die Grenzen ihrer eigenen Negationen weiß. Das Wesen des Absoluten lässt sich nicht durch Affirmationen, aber letztlich eben auch nicht durch Negationen erfassen. Es ist daher keine theologische Verlegenheit, sondern eine theologische Redlichkeit und Ehrlichkeit, wenn es einem bei dieser schwierigsten aller Theodizee-Fragen (Wo war Gott in Auschwitz?) die Sprache verschlägt, wenn die Erklärungen und Rechtfertigungen hier verstummen und man wie Hans Küng zum Schweigen rät. Dieses Schweigen ist bei Holliger allerdings ganz im Sinne von Karl Rahner ein Schweigen, dem das Ringen um Ausdruck vorangegangen ist: „Wir können nicht bloß von Gott schweigen, weil man dies nur kann, wirklich kann, wenn man zuerst geredet hat."[121]

Falls, wie Clytus Gottwald feststellte, mit Holligers *Psalm* ohne Zweifel eine religiöse Dimension berührt ist, dann ist es genau jene Theologie, welche sich zwischen dem Ringen um Ausdruck und dem Verstummen und Schweigen bewegt. Und selbstverständlich finden sich negativ-theologische Impulse in einer Theologie, die eingesteht, dass der menschliche Verstand und mit ihm das religiöse Suchen, Fragen und Erklären-Wollen angesichts eines Ereignisses wie des Holocaust an Grenzen geraten.

---

120 Vgl. Kapitel 4.1.1, S. 132.

121 K. Rahner: Von der Unbegreiflichkeit Gottes. Erfahrungen eines katholischen Theologen, hrsg. v. A. Raffelt m. e. Vorwort v. K. Lehmann, Freiburg 2004, S. 27.

So sei zur abschließenden Konkretisierung noch einmal ein Blick auf das Deutungsschema geworfen. Das deutende Subjekt hat die Möglichkeit, anhand des ästhetischen Gegenstandes, nämlich Holligers *Psalm*, eine ästhetische Erfahrung zu machen. Diese Erfahrung wird im Wesentlichen eine Negationserfahrung sein, welche zusammenfassend als intendierte Negation des Klangs an sich beschrieben wurde. Wird die ästhetische Negationserfahrung reflektiert, drängt sich aus thematischen Gründen, die um das Theodizee-Problem der Moderne kreisen, auch eine Reflexion unter religiösen bzw. theologischen Vorzeichen auf. Hierzu erscheint das Heranziehen von theologischen Strömungen plausibel, die das Prinzip der Negation berücksichtigen, da dieses sowohl den ästhetischen Gegenstand im Sinne der Auswahl und Behandlung des musikalischen Materials als auch die ästhetische Erfahrung dominiert. Jene theologischen Strömungen operieren in fundamentaler Weise mit Konzeptionen Negativer Theologie. Es ist somit möglich, innerhalb eines hermeneutischen Deutungsprozesses Holligers *Psalm* als komponierte Negative Theologie zu bezeichnen, als Komposition, die durch ihre spezifische Behandlung des musikalischen Materials auch eine theologische Aussage transportiert. Dies geschieht freilich nicht in dem Sinne konkret, dass sich Holligers Werk etwa als ästhetischer Ausdruck einer ganz bestimmten Theologie, etwa der von Rubenstein, Sölle oder Küng, bezeichnen ließe. Und doch besteht eine Analogie zwischen den Negationsmustern der Komposition und den Negationsmustern, die all jenen Theologien der Moderne, welche sich mit der erfahrbaren Abwesenheit Gottes, dem Tod Gottes und der Gottesfrage nach Auschwitz auseinandersetzten, eingeschrieben sind. Wenn, um auf die Anfangs gestellte Frage zurückzukommen, Holligers *Psalm* ein moderner Antwortversuch auf die Zukunftsfrage des Gottesbildes darstellt, dann begnügt sich diese Antwort nicht mit althergebrachten, positivistischen Gottesvorstellungen, sie bezieht die Ohnmacht des Ausdrucks, mit welcher sich der Mensch der Moderne nach Auschwitz in radikaler Weise konfrontiert sah, mit ein.

6 Epilog

Der Versuch, avantgardistische Chormusik als komponierte Negative Theologie zu deuten, hat im hermeneutischen Annäherungsprozess theologische Schichten von großer historischer Tragweite und gleichzeitig radikaler moderner Aktualität frei gelegt. Diese Ergebnisse betreffen vier zentrale Bereiche, welche unter folgenden Fragestellungen zusammengefasst werden können:

I.   Gibt es zwischen den vier Werken von Ligeti, Schnebel, Lachenmann und Holliger in Bezug auf die Grundlage der Deutung, nämlich die spezifische Beschaffenheit bzw. Behandlung des musikalischen Materials, ein verbindendes Element?

II.   Erscheint rückblickend die Deutung der Werke auf der Grundlage des musikalischen Materials als negativ-theologische Aussagen plausibel?

III.   Handelt es sich bei diesen Werken um geistliche Musik, die das Potential in sich trägt, neue religiöse Erfahrung zu ermöglichen?

IV.   Lässt sich durch die gewonnenen Erkenntnisse eine Neubewertung der Werke rechtfertigen?

Ad I:

Es gibt trotz der kompositorischen Unterschiede, welche freilich am offensichtlichsten zwischen *Lux aeterna* und den drei
als experimentelle Sprachkompositionen bezeichneten Werke feststellbar sind, ein wesentliches Element, das allen vier
Werken gemeinsam ist. *Lux aeterna, AMN, Consolation II* und
Psalm verbindet eine spezifische kompositorische Absicht,
die mit dem Terminus des »negierenden Potentials« beschrieben werden kann. Alle vier Werke beschäftigen sich in essen-
tieller Weise mit Negation: *Lux aeterna* mit der Negation von
Zeit, *AMN* mit der Negation von religiöser Sprache, *Consolation II* mit einem Negations- bzw. Dekonstruktionsprozess
und *Psalm* mit der Negation von Klang. Diese Negationen
bergen jedoch unterschiedliche Potentiale, so dass sich durch
die Negation eine neue Positivität einstellen kann. Die Negation von Zeit bei *Lux aeterna* birgt das Potential einer Evokation von Zeitenthobenheit. Die Negation von religiöser Sprache bei *AMN* birgt das Potential einer neuen, offenen und sich
ihrer Unzulänglichkeit und Bildhaftigkeit bewussten religiösen Sprache. Der Negationsprozess bei *Consolation II* birgt das
Potential einer neuen ästhetischen Wahrnehmung und eines
neuen Hörens und die Negation des Klangs bei *Psalm* birgt
das Potential einer Auseinandersetzung mit den Grenzen des
musikalischen Ausdrucks. Das »negierende Potential« wurde
somit zurecht als kompositorische Absicht bezeichnet, da die
Negationen für die Komponisten kein Selbstzweck sind sondern Mittel zum Zweck. Der Begriff des Potentials erscheint
in diesen Zusammenhängen geeignet, da die positiven Konsequenzen der musikalischen Negationen keinem Automatis-
mus unterliegen. Die Negationen eröffnen lediglich die Möglichkeiten neuer Wahrnehmung und vertiefter Reflexionen.

Ad II:

Der Terminus des »negierenden Potentials« beinhaltet neben den oben dargestellten Aspekten eine weitere entscheidende Dimension. Alle vier analysierten Werke sind in einem thematischen Umfeld angesiedelt, welches religiöse bzw. theologische Grundfragen berührt. Das »negierende Potential« verweist ausgehend von den Negationen innerhalb des musikalischen Materials auf diese religiösen bzw. theologischen Zusammenhänge. So vermag etwa die Negation von Zeit bei *Lux aeterna* auf transzendente Kategorien wie Unendlichkeit und Ewigkeit zu verweisen, die Negation von traditioneller religiöser Sprache bei *AMN* auf ein theologisch neu überdachtes Sprechen zu bzw. vor Gott, die Negationen und Dekonstruktionen bei *Consolation II* auf eine Kultur des Staunens vor dem Absoluten und die Negation des Klangs bei *Psalm* auf die menschliche Sprachlosigkeit und Erklärungsnot im Angesicht von Katastrophen, Leid und Tod, die auch der Theologe durch keine noch so gelungene philosophische oder mystische Spekulation durchdringen kann. Die vielfach angeführte Beobachtung hat sich demnach bewahrheitet: Die musikalischen Negationen korrespondieren mit theologischen Negationen, denn all jene im Zusammenhang mit den Werken genannten religiösen Bereiche zeichnen sich durch Negation aus, und zwar im Wesentlichen durch Negation von immanenten Erklärungsmustern für transzendente Kategorien.

Ganz im Sinne des oben verwendeten Begriffs des Potentials bergen auch diese theologischen Negationen die Option der Eröffnung neuer religiöser Wahrnehmungsräume und Zugangsweisen. Der Begriff der Korrespondenz trifft dabei den Kern der Analogien, denn neue ästhetische Wahrnehmungen korrespondieren mit neuen religiösen Wahrnehmungen und die Erfahrungen von Möglichkeiten und Grenzen des musikalischen Ausdrucks korrespondieren mit den Erfahrungen von Möglichkeiten und Grenzen des religiösen.

Das musikalische und theologische Prinzip der Annäherung durch Negation[1], welches als Grundprinzip der Deutungen bezeichnet werden kann, war und ist Anliegen vieler historischer und moderner Konzeptionen bzw. Denkfiguren Negativer Theologie, welche in dieser Arbeit dargestellt und zur Deutung herangezogenen wurden. Die Deutung der Werke auf der Grundlage der Analyse des musikalischen Materials als negativ-theologische Aussagen erscheint somit plausibel, auch wenn dieser Deutungsansatz freilich keine Ausschließlichkeit für sich in Anspruch nehmen kann, da vielschichtige Werke stets vielschichtige Zugänge erlauben.

Ad III:

Der Begriff der religiösen Erfahrung ist vielschichtig, er kann u.a. philosophisch, systematisch-theologisch oder praktisch-theologisch definiert werden. In musikwissenschaftlichem Kontext bzw. im Zusammenhang mit musikalischen Werken von religiöser Erfahrung zu sprechen, bleibt aus definitorischen Gründen äußerst problematisch. In diesem Kontext kann daher die abschließende Betrachtung nur ein Ausblick unter theologischen Vorzeichen und Anfragen sein.

Hinter dem Versuch, den Gehalt des Geistlichen jener vier Werke zu bestimmen, steht abermals der Begriff des Potentials, wie in einer Aussage Dieter Schnebels deutlich wird:

---

1   Hier scheint in Bezug auf die musikalischen Negationen tatsächlich ein qualitativer Unterschied zu sein zwischen den musikhistorisch schon immer bewusst oder unbewusst stattfindenden kompositorischen Negationen vorherrschender Zusammenhänge und Parameter und der gezielten Entscheidung von Komponisten, sich einer ganz bestimmten ästhetischen Fragestellung (z.B. der Evokation von Zeitlosigkeit oder der Evokation eines auskomponierten Verstummens) über das Prinzip der Negation zu nähern.

„Ich denke, dass *AMN, Consolation I* und *II* von Lachenmann und *Psalm* von Holliger insgesamt zu einer negativen Theologie der Musik gehören. Und also ein sicher nicht ausreichend beachtetes ‚negatives Potential moderner Gottesrede' implizieren."[2]

Ohne also den Terminus der religiösen Erfahrung überstrapazieren zu müssen, kann doch festgestellt werden, dass diese Chormusik der Avantgarde dem Menschen innerhalb der Moderne ein ästhetisch neu vermitteltes Verhältnis zur Transzendenz zu eröffnen vermochte. Unter den Vorzeichen avantgardistischen Komponierens wurde in diesen vier Werken beispielhaft, denn die Liste könnte sicherlich ergänzt werden, und unter Berücksichtigung stilistischer Vielfalt die Lage des modernen Menschen vor Gott aus verschiedenen Blickwinkeln beleuchtet. Die Ergebnisse und Konsequenzen dieses ästhetischen Reflexionsprozesses für ein aufgeklärtes religiöses Selbstverständnis und Bewusstsein sind aufgrund ihrer Negativität teilweise radikal, so radikal wie die kompositorischen Verfahrensweisen mit dem musikalischen Material. Doch genau jene Radikalität, die sich in den 1960er Jahren als Kompromisslosigkeit im Dialog zwischen religiöser Aussage bzw. theologischem Potential und aktuellem künstlerischem Zeitgeschehen manifestierte, macht jene Chormusik zu einer geistlichen Musik, zu einer Musik, welche die Option zur aufrichtigen, radikalen und tiefgreifenden Auseinandersetzung mit geistlichen Inhalten innerhalb der Moderne ermöglichte. Hier liegt das »negierende Potential« moderner Gottesrede dieser Werke, welches bislang weder von musikwissenschaftlicher noch von theologischer Seite in vollem Ausmaß erkannt wurde.

---

2   Korrespondenz mit D. Schnebel, Kapitel 8.1, S. 249.

Ad IV:

Die Offenlegung des »negierenden Potentials« führt demnach zu Konsequenzen für die Rezeption jener Chormusik innerhalb des Kanons geistlicher Musik der Moderne, denn während etwa *Lux aeterna* mittlerweile durchaus im Repertoire vieler ambitionierter Vokalensembles zu finden ist, mögen die Erkenntnisse der vorliegenden Arbeit als beispielhafte Beiträge für eine Neubewertung unter theologischen Vorzeichen auch anderer Werke dienen:

Experimentelle und radikale avantgardistische geistliche Chorwerke müssen nicht länger als Randerscheinungen einer musikhistorisch zu Ende gegangenen Ära mit womöglich dubioser religiöser Aussagekraft gesehen werden, sondern können ausgehend von jenem musikalischen und theologischen Potential zurecht ins Zentrum des Kanons geistlicher Musik der Moderne rücken. Ein reflektiertes Verständnis jener geistlichen Musik der Avantgarde ist zudem unabdingbare Voraussetzung für eine aktuelle Bewertung von Musik im geistlichen Kontext. Eine solche neue Wertschätzung unter theologischen Vorzeichen würde darüber hinaus der Stellung jener Chorwerke im Gesamtœuvre der jeweiligen Komponisten gerecht:

Lux aeterna fällt gemeinsam mit *Lontano* in eine kompositorische Umbruchphase, in der György Ligeti nach den großen Erfolgen von *Atmosphères* (1961) oder dem *Requiem* (1964) versuchte, neue „Typen komplexer Polyphonie" zu entwickeln und neue „Wege harmonischen Denkens" zu finden, heraus aus einer als „Sackgasse" empfundenen totalen Chromatik.[3]

Dieter Schnebel beurteilt die drei Stücke *Für Stimmen (...missa est)*, zu denen *AMN* zählt, als Höhepunkt seines Schaffens, nämlich als „radikale, experimentelle geistli-

---

3   Vgl. G. Ligeti: Über meine Entwicklung als Komponist, in: Gesammelte Schriften Bd. 2, Mainz 2007, S. 119.

che Musik"[4]. Sie stehen im Zentrum einer kompositorischen Phase der „Entfesselungen" und „Freisetzungen".[5] *Consolation II* (1968) markiert gemeinsam mit *Consolation I* (1967) und *temA* (1968) den Beginn von Helmut Lachenmanns intensiver kompositorischer Auseinandersetzung mit der menschlichen Stimme Ende der 1960er Jahre. Die aus dieser Auseinandersetzung entwickelten Verfahrensweisen sollten bis in die jüngere kompositorische Vergangenheit hinein für Werke wie *Das Mädchen mit den Schwefelhölzern* (1988–1996) oder *Got lost* (2007–2008, 2012) maßgeblich bleiben. Dass *Psalm* für Heinz Holliger ein Werk am kompositorischen Scheideweg zwischen dekonstruktiver Krise und Neuorientierung war, wurde mehrfach erörtert. Es sind also, wenn man die Vitae der Komponisten betrachtet, zusammenfassend gesagt die Wendepunkte, die Phasen des Um- oder Aufbruchs, in denen die hier gedeutete avantgardistische geistliche Chormusik angesiedelt ist. Ist es daher so verwunderlich, dass diese Musik auch das theologische Potential der Neuorientierung bzw. Neubewertung in sich trägt?

---

4   Vgl. Korrespondenz mit D. Schnebel, Kapitel 8.1, S. 247.

5   Vgl. G. Nauck: Schnebel. Lesegänge durch Leben und Werk, Mainz 2001, Kapitel 3, S. 65–117.

7 Quellenverzeichnis

7.1 Abkürzungen

DH: Denzinger, Heinrich: Kompendium der Glaubensbekenntnisse und kirchlichen Lehrentscheidungen. Verbessert, erweitert, ins Deutsche übertragen und unter Mitarbeit v. Helmut Hoping hrsg. v. Peter Hünermann, Freiburg [40]2010

EÜ: Die Bibel, Einheitsübersetzung, Stuttgart 1980

LThK: Lexikon für Theologie und Kirche, Sonderausgabe 2009 (durchgesehene Ausgabe der 3. Auflage 1993–2001), hrsg. v. Walter Kasper u.a., Freiburg 1993, 2006

MGG2: Die Musik in Geschichte und Gegenwart. Allgemeine Enzyklopädie der Musik, 26 Bände in zwei Teilen: Sachteil Bd. 1-9 und Personenteil Bd. 1-17, sowie jeweils einem Register, begründet v. Friedrich Blume, hrsg. v. Ludwig Finscher, Kassel [2]1994-2008

PL: Patrologiae cursus completus/ Series Latina, hrsg. v. Jacques Paul Migne, Paris 1844–1855 (Nachdrucke durch Migne bis 1865)

7.2 Musikalien

Holliger, Heinz: **Psalm** für gemischten Chor, Mainz 1971 (Schott Verlag)

Lachenmann, Helmut: **Consolation II** (Wessobrunner Gebet) für 16 Singstimmen, Wiesbaden 1973 (Musikverlage Hans Gerig, Köln, 1980 übereignet an Breitkopf & Härtel)

Ligeti, György: **Lux aeterna** für gemischten Chor a capella, Frankfurt 1968 (Verlag C. F. Peters)

Messiaen, Olivier: **Cinq rechants** pour douze voix mixtes, Paris 2001 (Éditions Salabert)

Nono, Luigi: **Il canto sospeso** für Sopran-, Alt- und Tenor-Solo, gemischten Chor und Orchester, Mainz 1957 (Ars Viva Verlag)

Schnebel, Dieter: **Für Stimmen (...missa est). AMN**, für 7 Vokalgruppen (Sprechchor), Mainz 1977 (Schott Verlag)

7.3   Musikwissenschaftliche Literatur

Adorno, Theodor W.: Gesammelte Schriften Bd. 1–20, hrsg. v. Rolf Thiedemann, Frankfurt 1970ff.

— Einleitung in die Musiksoziologie, Frankfurt ^{3}1990 (Gesammelte Schriften Bd. 14), S. 169–433
— Fragment über Musik und Sprache, in: Quasi una fantasia. Musikalische Schriften II, Frankfurt 1978 (Gesammelte Schiften Bd. 16), S. 251–256
— Philosophie der neuen Musik, Frankfurt 1975 (Gesammelte Schriften Bd. 12)
— Strawinsky. Ein dialektisches Bild, in: Quasi una fantasia. Musikalische Schriften II, Frankfurt 1978 (Gesammelte Schriften Bd. 16) S. 382–409

Albèra, Philippe: Ein Gespräch mit Heinz Holliger, in: Heinz Holliger. Komponist, Oboist, Dirigent, hrsg. v. Anette Landau, Bern 1996, S. 18–58

Baumgartner, Michael: Holliger, Heinz, in: MGG2, Personenteil Bd. 9, Kassel 2003, Sp. 226–232

Borio, Gianmario: «Ein fremdes Phänomen»: Zum Einfluss
  Varèses auf die europäische Avantgarde, in: Edgard
  Varèse. Komponist, Klangforscher, Visionär, hrsg. v. Felix
  Meyer und Heidy Zimmermann, Mainz 2006, S. 361–370

Borio, Gianmario: Musikalische Avantgarde um 1960. Entwurf einer
  Theorie der informellen Musik, Laaber 1993 (Freiburger Beiträge
  zur Musikwissenschaft Bd. 1, hrsg. v. Hermann Danuser)

Brinkmann, Reinhold: Der Autor als sein Exeget. Fragen an Werk
  und Ästhetik Helmut Lachenmanns, in: Nachgedachte Musik.
  Studien zum Werk von Helmut Lachenmann, hrsg. v. Jörn Peter
  Hiekel und Siegfried Mauser, Saarbrücken 2005, S. 116–127

Bühl, Walter Ludwig: Musiksoziologie, Bern 2004 (Varia
  Musicologica Bd. 3, hrsg. v. Peter Maria Krakauer)

Charles, Daniel: John Cage oder Die Musik ist los, aus dem
  Französischen übers. v. Eberhard Kienle, Berlin 1979

Dahlhaus, Carl: Musik und Zeit, in: ders. und Hans Heinrich Eggebrecht:
  Was ist Musik?, Wilhelmshaven [4]2001 (Taschenbücher zur
  Musikwissenschaft 100, hrsg. v. Richard Schaal), S. 174–180

Danuser, Hermann: Interpretation, in: MGG2, Sachteil
  Bd. 4, Kassel 1996, Sp. 1053–1069

Danuser, Hermann: Neue Musik, in: MGG2, Sachteil
  Bd. 7, Kassel 1997, Sp. 75–122

Dibelius, Ulrich: György Ligeti. Eine Monographie in Essays, Mainz 1994

Dibelius, Ulrich: Ligeti, György, in: MGG2, Personenteil
  Bd. 11, Kassel 2004, Sp. 108–121

Ebbeke, Klaus: Nicht-relationale Musik – und Varèse (und Cage),
  in: Edgard Varèse: Die Befreiung des Klangs, hrsg. v.
  Helga de la Motte-Haber, Hofheim 1991, S. 134–142

Eggebrecht, Hans Heinrich: Musik und Zeit, in: ders. und Carl Dahlhaus:
  Was ist Musik?, Wilhelmshaven [4]2001 (Taschenbücher zur
  Musikwissenschaft 100, hrsg. v. Richard Schaal), S. 181–186

Ericson, Kristina: Heinz Holliger. Spurensuche eines
  Grenzgängers, Bern 2004

Fubini, Enrico: Geschichte der Musikästhetik, Stuttgart
1997/2007 (Sonderausgabe)

Gentilucci, Armando: Luigi Nonos Chortechnik, in: Luigi
Nono. Texte. Studien zu seiner Musik, hrsg. v. Jürg
Stenzl, Zürich 1975, Bd. 1, S. 394–408

Gottwald, Clytus: »Hallelujah« und die Theorie des kommunikativen Handelns, Stuttgart 1998

Gottwald, Clytus: Neue Musik als spekulative Theologie. Religion
und Avantgarde im 20. Jahrhundert, Stuttgart 2003

Gottwald, Clytus: Psalm, in: Heinz Holliger, Komponist, Oboist,
Dirigent, hrsg. v. Anette Landau, Bern 1996, S. 90–93

Gottwald, Clytus: Religion und Neue Musik – eine
Mesalliance?, in: Musikalische und theologische
Etüden. Zum Verhältnis von Musik und Theologie, hrsg.
v. Wolfgang W. Müller, Zürich 2012, S. 127–149

Gottwald, Clytus: Rückblick auf den Fortschritt. Eine
Autobiographie, Stuttgart 2009

Gruber, Gerold W.: Analyse, in: MGG2, Sachteil
Bd. 1, Kassel 1994, Sp. 577–591

Heiligendorff, Simone: Experimentelle Inszenierung von
Sprache und Musik. Vergleichende Analysen zu
Dieter Schnebel und John Cage, Freiburg 2002

Herbst, Wolfgang: Musik in der Kirche, in: MGG2,
Sachteil Bd. 6, Kassel 1997, Sp. 715–727

Hiekel, Jörn Peter: Lachenmann verstehen, in: Der Atem des
Wanderers. Der Komponist Helmut Lachenmann, hrsg. v.
Hans-Klaus Jungheinrich, Frankfurt 2006, S. 11–25

Hindemith, Paul: „Wie soll der ideale Chorsatz der Gegenwart
oder besser der nächsten Zukunft beschaffen sein?",
in: Paul Hindemith. Aufsätze, Vorträge, Reden, hrsg.
v. Giselher Schubert, Zürich 1994, S. 25–28

Holliger, Heinz: Ein Brief, in: Heinz Holliger. Komponist, Oboist,
Dirigent, hrsg. v. Anette Landau, Bern 1996

Junkerman, Charles: "nEw / foRms of living together": The Model of
the Musicircus, in: John Cage. Composed in America, hrsg. v.
Marjorie Perloff u. Charles Junkerman, Chicago 1994, S. 39–64

Kassel, Matthias: Das Fundament im Turm zu Babel. Ein weiterer Versuch, Anagrama zu lesen, in: Mauricio Kagel, München
2004 (Musik-Konzepte 124, hrsg. v. Ulrich Tadday), S. 5–26

Klöckner, Stefan: Handbuch Gregorianik. Einführung
in Geschichte, Theorie und Praxis des
Gregorianischen Chorals, Regensburg 2010

Klüppelholz, Werner: Sprache als Musik. Studien zu Vokalkompositionen
bei Karlheinz Stockhausen, Hans G Helms, Mauricio Kagel,
Dieter Schnebel und György Ligeti, Saarbrücken ²1995

Kunkel, Michael: «Wandlungen musikalischer Form». Über
György Ligetis Formartikulation, Saarbrücken 1998

Lachenmann, Helmut: Musik als existenzielle Erfahrung, Wiesbaden ²2004

— Bedingungen des Materials, S. 35–53

— Consolation II für 16 Stimmen (1968), S. 377

— Die gefährdete Kommunikation, S. 99–103

— Fragen – Antworten (Gespräch mit Heinz-Klaus Metzger), S. 191–
204

— Hören ist wehrlos – ohne Hören, S. 116–135

— Komponieren im Schatten von Darmstadt, S. 342–350

— Luigi Nono oder Rückblick auf die serielle Musik, S. 247–257

— Vier Grundbestimmungen des Musikhörens, S. 54–62

— Zum Problem des musikalisch Schönen heute, S. 104–110

— Zum Verhältnis Kompositionstechnik – Gesellschaftlicher Standort,
S. 93–97

— Zur Frage einer gesellschaftskritischen (-ändernden) Funktion der
Musik, S. 98

Ligeti, György: Gesammelte Schriften Bd.1 und 2,
hrsg. v. Monika Lichtenfeld, Mainz 2007

— Apropos Musik und Politik, in: Gesammelte Schriften Bd. 1,
S. 232–236

— Atmosphères, in: Gesammelte Schriften Bd. 2, S. 180

— Lux aeterna, in: Gesammelte Schriften Bd. 2, S. 233–235

— Selbstbefragung, in: Gesammelte Schriften Bd. 2, S. 95–10

— Über Lux aeterna, in: Gesammelte Schriften Bd. 2, S. 236–242

— Über meine Entwicklung als Komponist, in: Gesammelte Schriften
Bd. 2, S. 119–121

— Wandlungen der musikalischen Form, in: Gesammelte Schriften
Bd. 1, S. 85–105

Luckner, Andreas: »Wortferne Kunst und doch im Umkreis der Sprache
zu Haus«. Überlegungen zu einer Philosophie der Musik, ausgehend von einer Sentenz Albrecht Wellmers, in: Musik und
Sprache. Dimensionen eines schwierigen Verhältnisses,
hrsg. v. Christian Grüny, Weilerswist 2012, S. 51–72

Lück, Hartmut: Philosophie und Literatur im Werk von
Helmut Lachenmann, in: Der Atem des Wanderers.
Der Komponist Helmut Lachenmann, hrsg. v. Hans-
Klaus Jungheinrich, Frankfurt 2006, S. 41–55

Mahrenholz, Simone: Was macht (Neue) Musik zu einer »Sprache«? Die Metapher der Sprachähnlichkeit und
ihr Verhältnis zum musikalischen Denken, in: Musik und
Sprache. Dimensionen eines schwierigen Verhältnisses,
hrsg. v. Christian Grüny, Weilerswist 2012, S. 109–118

Mertens, Wim: Basic Concepts of Minimal Music, in: Audio
Culture. Readings in Modern Music, hrsg. v. Christoph
Cox und Daniel Warner, New York 2004, S. 307–312

Metzger, Heinz-Klaus: Die freigelassene Musik. Schriften zu John
Cage, hrsg. v. Rainer Riehn und Florian Neuner, Wien 2012

Metzger, Heinz-Klaus: Webern und Schönberg, in: Anton
Webern, Wien 1955 (Die Reihe 2, hrsg. v. Herbert Eimert
u. Mitarbeit v. Karlheinz Stockhausen), S. 47–50

Meyer-Kalkus, Reinhart: Klangmotorik und verkörpertes Hören in der Musik Helmut Lachenmanns, in: Der Atem des Wanderers. Der Komponist Helmut Lachenmann, hrsg. v. Hans-Klaus Jungheinrich, Frankfurt 2006, S. 91–110

Meyer-Kalkus, Reinhart: Stimme und Sprechkünste im 20. Jahrhundert, Berlin 2001

Nauck, Gisela: Schnebel. Lesegänge durch Leben und Werk, Mainz 2001

Nonnenmann, Rainer: Angebot durch Verweigerung. Die Ästhetik instrumentalkonkreten Klangkomponierens in Helmut Lachenmanns frühen Orchesterwerken, Mainz 2000 (Kölner Schriften zur Neuen Musik Bd. 8, hrsg. v. Johannes Fritsch und Dietrich Kämper)

Nonnenmann, Rainer: Jenseits des Gesangs. Sprach- und Vokalkompositionen von Schwitters bis Schnebel, in: MusikTexte 126, hrsg. v. Gisela Gronemeyer und Reinhard Oehlschlägel, Köln 2010, S. 31–40

Nono, Luigi: Text – Musik – Gesang, in: Luigi Nono. Texte. Studien zu seiner Musik, hrsg. v. Jürg Stenzl, Zürich 1975, Bd. 1, S. 41–60

Nöther, Matthias: Als Bürger leben, als Halbgott sprechen. Melodram, Deklamation und Sprechgesang im wilhelminischen Reich, Köln 2008

Op de Coul, Paul: Sprachkomposition bei Ligeti: ›Lux aeterna‹. Nebst einigen Randbemerkungen zu den Begriffen Sprach- und Lautkomposition, in: Über Musik und Sprache. Sieben Versuche zur neueren Vokalmusik, hrsg. v. Rudolf Stephan, Mainz 1974, S. 59–69

Sabbe, Herman: György Ligeti. Studien zur kompositorischen Phänomenologie, München 1987 (Musik-Konzepte 53, hrsg. v. Heinz-Klaus Metzger und Rainer Riehn)

Salmenhaara, Erkki: Das musikalische Material und seine Behandlung in den Werken Apparations, Atmosphères, Aventures und Requiem von György Ligeti, Regensburg 1969 (Forschungsbeiträge zur Musikwissenschaft Bd. 19)

Scherzinger, Martin: Dekonstruktives Denken in der Musik von Helmut Lachenmann, in: Helmut Lachenmann, München 2009 (Musik-Konzepte 146, hrsg. v. Ulrich Tadday), S. 97–114

Schnebel, Dieter: Anschläge – Ausschläge. Texte
zur Neuen Musik, München 1993

— Der Ton macht die Musik oder: Wider die Versprachlichung, S. 27–
36

— Die Tradition des Fortschritts und der Fortschritt der Tradition,
S. 113–127

— Geistliche Musik heute, S. 238–256

— Sprache hin und zurück (Neue Chormusik), S. 213–233

Schnebel, Dieter: Denkbare Musik. Schriften 1952–
1972, hrsg. v. Hans Rudolf Zeller, Köln 1972

— Die kochende Materie der Musik – John Cages experimentelle
Formen, S. 139–144

— Für Stimmen … missa est II, S. 416–417

— Glossolalie 61 für Sprecher und Instrumentalisten, S. 384–396

Schnebel, Dieter: »Wie ich das schaffe?«, die Verwirklichung
von Cages Werk, in: John Cage, München 1978
(Musik-Konzepte, Sonderband, hrsg. v. Heinz-
Klaus Metzger und Rainer Riehn), S. 51–55

Seedorf, Thomas/ Seidner, Wolfram: Singen, in: MGG2,
Sachteil Bd. 8, Kassel 1998, Sp. 1412–1470

Stockhausen, Karlheinz: Texte zu eigenen Werken, zur Kunst
Anderer, Aktuelles, Bd. 2: Aufsätze 1952–1962 zur musikalischen Praxis, hrsg. v. Dieter Schnebel, Köln 1964

Sziborsky, Lucia: Adorno, in: Musik in der deutschen
Philosophie, hrsg. v. Stefan Lorenz Sorgner und
Oliver Fürbeth, Stuttgart 2003, S. 191–207

Thein, Wolfgang: Lachenmann, Helmut Friedrich, in: MGG2,
Personenteil Bd. 10, Kassel 2003, Sp. 968–974

Wellmer, Albrecht: Über Negativität, Autonomie und Welthaltigkeit
der Musik oder: Musik als existenzielle Erfahrung, in: Der Atem
des Wanderers. Der Komponist Helmut Lachenmann, hrsg.
v. Hans-Klaus Jungheinrich, Frankfurt 2006, S. 131–151

Wellmer, Albrecht: Versuch über Musik und Sprache, München 2009

Zeller, Hans Rudolf: Produktionsprozesse – Atemzüge,
    Maulwerke, Mainz 1976 (Schallplattentext zu
    Atemzüge aus Maulwerke/ Choralvorspiele I/II)

Zender, Hans: Happy New Ears. Das Abenteuer, Musik zu hö-
    ren, Freiburg [2]1997 (Herder Spektrum Bd. 4049)

7.4   Theologisch-philosophische Literatur

Adorno, Theodor W.: Gesammelte Schriften Bd. 1–20,
    hrsg. v. Rolf Thiedemann, Frankfurt 1970ff.

— Minima Moralia. Reflexionen aus dem beschädigten Leben, Frankfurt 1980 (Gesammelte Schriften Bd. 4)

— Negative Dialektik, Frankfurt [5]1996 (Gesammelte Schriften Bd. 6),
  S. 7–400

Augustinus, Aurelius: Bekenntnisse, aus dem Lateinischen übersetzt u.
    hrsg. v. Kurt Flasch und Burkhard Mojsisch, Stuttgart 1989, 2008

Augustinus, Aurelius: Sermo CXVII, Caput III, in: Sancti
    Aurelii Augustini, Hipponensis Episcopi, Opera om-
    nia, Bd. 5.1, Paris 1861 (PL 38), Sp. 663–664

Barrow, John D.: Einmal Unendlichkeit und zurück. Was wir über
    das Zeitlose und Endlose wissen, Reinbek bei Hamburg
    2008 [Die englische Originalausgabe »The Infinite
    Book. A Short Guide to the Boundless, Timeless and
    Endless« erschien 2005 bei Jonathan Cape, London.]

Barth, Karl: Der Römerbrief 1922, Zürich [18]2011

Beintker, Michael: Dialektische Theologie, in: LThK
    Bd. 3, Freiburg 1993, 2006, Sp. 189–191

Benk, Andreas: Gott ist nicht gut und nicht gerecht. Zum
    Gottesbild der Gegenwart, Ostfildern [2]2012

Bonhoeffer, Dietrich: Widerstand und Ergebung. Briefe
    und Aufzeichnungen aus der Haft, hrsg. v.
    Eberhard Bethge, Gütersloh [21]2013

Breidert, Wolfgang: Unendlichkeit, Philosophisch, in: LThK
    Bd. 10, Freiburg 1993,2006, Sp. 385–386

de Cusa, Nicolai [Nikolaus von Kues]: De docta ignorantia. Die belehrte Unwissenheit Buch I, übersetzt und mit Vorwort und
Anmerkungen hrsg. v. Paul Wilpert, 4. erweiterte Auflage
besorgt v. Hans Gerhard Senger, Hamburg [4]1994

Eckert, Michael: Negative Theologie und ästhetische
Erfahrung: Kunst und Religion, in: Als gäbe es ihn
nicht. Vernunft und Gottesfrage heute, hrsg. v. Gerhard
Kruip und Michael Fischer, Berlin 2006, S. 145–152

Gadamer, Hans-Georg: Wahrheit und Methode. Grundzüge einer philosophischen Hermeneutik, Tübingen [7]2010

Halbmayr, Alois/ Hoff, Gregor Maria (Hrsg.): Negative Theologie heute? Zum aktuellen Stellenwert einer umstrittenen Tradition, Freiburg
2008 (Quaestiones Disputatae 226, begründet v. Karl Rahner und
Heinrich Schlier, hrsg. v. Peter Hünermann und Thomas Söding)

Hegel, Georg Wilhelm Friedrich: Phänomenologie des
Geistes, Frankfurt [4]1993 (Werke Bd. 3, auf der Grundlage
der Werke von 1832-1845 neu ed. Ausgabe. Red.
Eva Moldenhauer und Karl Markus Michel)

Hell, Leonhard: Spekulative Theologie, in: LThK Bd.
9, Freiburg 1993,2006, Sp. 829–830

Hochstaffl, Josef: Negative Theologie, in: LThK Bd. 7,
Freiburg 1993,2006, Sp. 723–725

Höhn, Hans-Joachim: Der fremde Gott. Glaube in postsäkularer Kultur, Würzburg 2008

Jonas, Hans: Der Gottesbegriff nach Auschwitz. Eine jüdische Stimme, Baden-Baden 1987

Klimkeit, Hans-Joachim: Mani, Manichäismus, in: LThK
Bd. 6, Freiburg 1993, 2006, Sp. 1265–1269

Kunzmann, Peter/ Burkard, Franz-Peter/ Wiedmann, Franz:
dtv-Atlas Philosophie, München [12]2005

Küng, Hans: Das Judentum, München 2007

Lévinas, Emmanuel: Außer sich. Meditationen über
Religion und Philosophie, hrsg. und aus dem
Französischen v. Frank Miething, München 1991

Martens, Ekkehard: Vom Staunen oder Die
Rückkehr der Neugier, Leipzig 2003

Metz, Johann Baptist: Gotteskrise. Versuch zur »geistigen Situation
der Zeit«, in: Diagnosen zurzeit, mit Beiträgen v. Günther
Bernd Ginzel, Dorothee Sölle, Jürgen Habermas, Peter
Glotz u. Johann Baptist Metz, Düsseldorf 1994, S. 76–92

Menke, Karl-Heinz: Unendlichkeit Gottes, in: : LThK
Bd. 10, Freiburg 1993, 2006, Sp. 387–388

Nietzsche, Friedrich: Menschliches, Allzumenschliches I und II, hrsg.
v. Giorgio Colli und Mazzino Montinari, München [6]2012

Nordhofen, Eckhard: Der Engel der Bestreitung. Über das Verhältnis
von Kunst und Negativer Theologie, Würzburg 1993

Oelmüller, Willi: Negative Theologie heute. Die Lage
der Menschen vor Gott, München 1999

Ott, Rudi: Die menschliche Vernunft und der dreieine Gott bei
Nikolaus von Kues. Erläuterungen zu dem Werk „De docta ignorantia – Die belehrte Unwissenheit", Norderstedt 2009

Paus, Ansgar: Ewigkeit, in: LThK Bd. 3, Freiburg 1993, 2006, Sp. 1082

Platon: Symposion, neu übersetzt von Albert
von Schirnding, München 2012

Pröpper, Thomas/Striet, Magnus: Theodizee, in: LThK
Bd. 9, Freiburg 1993, 2006, Sp. 1396–1398

Rahner, Karl: Von der Unbegreiflichkeit Gottes. Erfahrungen eines katholischen Theologen, hrsg. v. Albert Raffelt, mit einer Einführung v. Karl Kardinal Lehmann, Freiburg 2004

Rubenstein, Richard L.: After Auschwitz. History, theology,
and contemporary Judaism, Baltimore [2]1992

Rubenstein, Richard L.: Der Tod Gottes ist keineswegs endgültig, in: Das Heilige Nichts. Gott nach dem Holocaust, hrsg.
v. Thomas Daniel Wabbel, Düsseldorf 2007, S. 78–90

Schmidt, Josef: Philosophische Theologie, Stuttgart
2003 (Grundkurs Philosophie Bd. 5)

Sölle, Dorothee: Stellvertretung, Stuttgart 2006 (Gesammelte Werke
Bd. 3, hrsg. v. Ursula Baltz-Otto und Fulbert Steffensky)

— Atheistisch an Gott glauben. Beiträge zur Theologie, S. 185–253

— Stellvertretung. Ein Kapitel Theologie nach dem »Tode Gottes«, S. 9–140

Striet, Magnus: Grenzen des Nicht-Sprechens. Annäherungen an die negative Gottesrede, in: Negative Theologie heute? Zum aktuellen Stellenwert einer umstrittenen Tradition, hrsg. v. Alois Halbmayr und Gregor Maria Hoff, Freiburg 2008 (Quaestiones Disputatae 226, begründet v. Karl Rahner und Heinrich Schlier, hrsg. v. Peter Hünermann und Thomas Söding)

Theunissen, Michael: Negativität bei Adorno, in: Adorno-Konferenz 1983, hrsg. v. Ludwig von Friedburg und Jürgen Habermas, Frankfurt 1983, S. 41–65

Thümmel, Hans Georg: Bild, historisch-theologisch, in: LThK Bd. 2, Freiburg 1993, 2006, Sp. 444–445

Wabbel, Thomas Daniel (Hrsg.): Vorwort zu: Das Heilige Nichts. Gott nach dem Holocaust, Düsseldorf 2007

Wehr, Gerhard: Der Mystiker Dionysius Areopagita, Wiesbaden 2013

Westerkamp, Dirk: Via negativa. Sprache und Methode der negativen Theologie, München 2006

Wittgenstein, Ludwig: Tractatus logico-philosophicus, Frankfurt [34]2013

Xenophanes: Die Fragmente, übers. und hrsg. v. Ernst Heitsch, München 1983 (Sammlung Tusculum Bd. 198)

7.5 Sonstige Literatur

Andronikashvili, Zaal: Die Erzeugung des dramatischen Textes. Ein Beitrag zur Theorie des Sujets, Berlin 2009 (Allgemeine Literaturwissenschaft – Wuppertaler Schriften Bd. 11, hrsg. v. Ulrich Ernst, Michael Scheffel, Dietrich Weber und Rüdiger Zymner)

Ball, Hugo: Eröffnungs-Manifest, 1. Dada-Abend Zürich, 14. Juli 1916, in: Hugo Ball: Zinnoberzack, Zeter und Mordio, alle Dada-Texte, hrsg. v. Eckhard Faul, Göttingen [2]2011, S. 12–13

Baumeister, Willi: Das Unbekannte in der Kunst, Köln [2]1960

Baumeister, Willi: Ansprache in Darmstadt Juli 1950. Verteidigung der modernen Kunst gegen Sedlmayr und Hausenstein, in: Das Unbekannte in der Kunst, Köln ²1960, S. 199–212

Baumstark, Reinhold: Kreuzaufrichtungen, in: Arnulf Rainer: Kreuz, Köln 2010, S. 11–14

Celan, Paul: Gesammelte Werke Bd. 1, Frankfurt 1986

Fuchs, Rudi: Kreuze, in: Arnulf Rainer: Kreuz, Köln 2010, S. 31–33

Jünger, Ernst: Annäherungen. Drogen und Rausch, Stuttgart 2008

Meibauer, Jörg/ Demske, Ulrike/ Geilfuß-Wolfgang, Jochen/ Pafel, Jürgen/ Ramers, Karl Heinz/ Rothweiler, Monika/ Steinbach, Markus: Einführung in die germanistische Linguistik, Stuttgart ²2007

Rainer, Arnulf: Kreuz, Köln 2010

Rötzer, Hans Gerd: Geschichte der deutschen Literatur, Bamberg ²2013

Walser, Martin: Über Rechtfertigung, eine Versuchung, Reinbek bei Hamburg 2012

Watzlawick, Paul/ Beavin, Janet H./ Jackson, Don D.: Menschliche Kommunikation. Formen, Störungen, Paradoxien, Bern ¹²2011

7.6 Verzeichnis der Abbildungen

8   Anhang

Die drei nachfolgenden Korrespondenzen fanden allesamt während des Jahres 2013 statt. Die Korrespondenz mit Dieter Schnebel erfolgte in brieflicher Form, die Korrespondenzen mit Clytus Gottwald und Helmut Lachenmann per E-Mail. Da besonders bei den E-Mail-Korrespondenzen ein eher informeller Sprachduktus vorliegt, wurden einige wenige sprachliche Korrekturen vorgenommen, ohne jedoch den Inhalt und den Schreibstil grundlegend zu verändern, so dass die Authentizität jener Dokumente gewahrt bleibt.

8.1   Korrespondenz mit Dieter Schnebel vom 29.8.2013
Wie beurteilen Sie rückblickend die Bedeutung der drei Stücke von (… missa est) innerhalb Ihres Schaffens von „geistlicher Musik"?

Schnebel: **Die drei Stücke für Stimmen (…*missa est*) beurteile ich nach wie vor als Höhepunkt meines Schaffens, nämlich radikale, experimentelle geistliche Musik.**

Sie haben in *Geistliche Musik heute* (1967) geschrieben: „Der Gegenstand geistlicher Musik ist der von Theologie und kann nur von ihr her bestimmt werden." Was halten Sie von

der These, dass u.a. *AMN* »komponierte Negative Theologie«
sei und somit als Versuch gedeutet werden könne, die Lage
des modernen Menschen vor dem verborgenen, unbekannten Gott (Barth) zu beschreiben nach dem Motto: Wie von
bzw. zu etwas sprechen (oder beten?!), von bzw. zu dem man
eigentlich nicht sprechen kann?

Schnebel: **Alle drei Stücke könnte man als „komponierte negative Theologie" sehen (siehe hierzu auch das Buch von
Clytus Gottwald).**

„Theologie stößt als Negative Theologie an unüberwindliche
Grenzen ihrer Rede von Gott – dieses Ungenügen jeder Theologie und das unerträgliche *Nichtbegreifenkönnen* Gottes und
der himmelschreienden Verhältnisse seiner und unserer Welt
brechen im hemmungslosen Gebet hervor."[1]

AMN kreist um die Thematik des Betens. Sehen Sie vor
dem Hintergrund dieses Zitates einen Zusammenhang zwischen den Lautäußerungen von *AMN* (vom Hören über das
Atmen bis hin zum Artikulieren) und einer Negativen Theologie des Gebets? War Ihnen ein solcher Zusammenhang bei
der Komposition des Stückes bewusst bzw. wichtig?

Schnebel: **Die drei Stücke sind ja entsprechend Luthers Theorie, dass der Gottesdienst aus Verkündigung, Gebet und
Lobpreis besteht, tatsächlich Versuche, diese drei Elemente wesenhaft in Musik umzusetzen. So in *dT 31,6* Verkündigung als musikalisch-räumliche Gesten der Zuwendung,
AMN als wesenhaftes Beten, das bereits mit dem Atmen
bzw. dem Seufzen beginnt (siehe das Motto des Paulus-Zi-
tates über dem Stück). Lobpreis aber – in *Madrasha II* – ist
dann schlicht die freigesetzte Stimme.**

In *Geistliche Musik heute* haben Sie in Bezug auf die Situation
in den 50er und 60er Jahren geschrieben:

---

1   Andreas Benk: Gott ist nicht gut und nicht gerecht. Zum Gottesbild
     der Gegenwart, Ostfildern 2008, S. 88.

„Indes ist fatal, daß Kraft des venerablen Gegenstands der Musik eine Dignität verliehen werden kann, die sie aus sich nicht so leicht gewänne. Nicht wenige neue Werke zehren davon und geraten darob affirmativ."[2]

— Würden Sie im Gegenzug Werke wie *AMN* oder *Consolation I* und *II* (Lachenmann) oder *Psalm* (Holliger) als negativ auch im Sinne einer Negativen Theologie beschreiben?

— Die Negative Theologie ist in den letzten Jahren zu einer Hauptströmung moderner und aufgeklärter Theologie aufgestiegen. Sehen Sie in musikalischen Werken wie *AMN* ein noch nicht ausreichend beachtetes negatives Potential moderner Gottesrede?

Schnebel: Ich denke, dass AMN, Consolation I und II von Lachenmann und Psalm von Holliger insgesamt zu einer negativen Theologie der Musik gehören. Und also ein sicher nicht ausreichend beachtetes „negatives Potential moderner Gottesrede" implizieren.

8.2 Korrespondenz mit Clytus Gottwald vom 11.9.2013

Sie beschreiben spekulative Theologie als eine Theologie im Sinne Hegels mit ausgeprägtem selbstreflektivem Moment auf der Grundlage von Rationalität. Wie sehen Sie das Verhältnis von spekulativer Theologie und Negativer Theologie? Könnte man sagen, dass Negative Theologie in spekulativer Theologie mit inbegriffen ist?

Gottwald: Nein. Ich würde mit dem Begriff Negative Theologie sehr sparsam umgehen. Denn in der Theologie fand er Anwendung darauf, dass sich von Gott nur in dem Sinne reden lässt, was er nicht ist. Von Gott zu sagen, er sei so

---

2   Dieter Schnebel: Geistliche Musik heute, in: Anschläge – Ausschläge, München 1993, S. 239.

und so, steht uns Menschen nicht zu, weil der qualitative Unterschied zwischen ihm und uns zu gewaltig ist. Der Begriff Negative Theologie ist deshalb mißverständlich. Mit ihm wird die Existenz Gottes nicht angezweifelt, im Gegenteil: Es soll dadurch eine Überhöhung beschrieben werden.

Sie greifen viele Elemente einer Negativen Theologie auf, wie etwa von Kierkegaard, Barth oder Horkheimer (*„es sind keine positiven Aussagen über das Absolute möglich"*) und setzen diese auch in Beziehung zu Neuer Musik, etwa in Kagels musikalischer Theologie (Auffassung vom „Bösen Gott", Rede von Gott nach Auschwitz, Vermeidung bzw. Tilgung des Namens Gottes etc.). Allerdings vermeiden Sie den Begriff der „Negativen Theologie" weitgehend und beziehen diese Elemente lediglich im Zusammenhang mit Schnebel (S. 92) auf die reichhaltige historische Tradition einer Negativen Theologie (Dionysius Areopagita, Cusanus). War diese Beziehung von Neuer Musik und Negativer Theologie nur einer von vielen Aspekten, die Sie aufzeigen wollten?

Gottwald: **Barth und Gogarten, später auch Bultmann sind die Hauptvertreter der Dialektischen Theologie. Diese nahm bei Kierkegaard ihren Ausgang (Entweder/Oder). Bultmanns Entmythologisierungs-Konzept, obwohl von Bonhoeffer als unzureichend kritisiert, markierte Höhepunkt und Ende dieser theologischen Richtung. Schnebel hat sich theologisch an Bonhoeffer angeschlossen: „Wie reden wir von Gott – ohne Gott". Die Negative Dialektik ist Adornos Kritik an der klassischen Dialektik Hegels. Hegel folgend terminiert der endlose Regress nach Aufhebung des letzten Widerspruchs in einem Positivum, das Wahre, während für Adorno das Ganze das Falsche ist. Helmut Heissenbüttel veranschaulichte dies in einer schönen Textgrafik (vgl. H.H. Ödipus-Komplex made in Germany. Stuttgart 1981, 18)**

Holliger schreibt über *Psalm*, er sei ein *Negativ geistlicher Musik*, Sie selbst haben von einem *Lobpreis mit durchschnittener Kehle* gesprochen. Würden Sie zustimmen, dass Psalm im Prinzip eine komponierte Negative Theologie par exellence ist, eine aufgeworfene Frage nach einer angemessenen Gottesrede innerhalb der Moderne (nach Auschwitz)?

Gottwald: Bei Holliger würde ich zustimmen. Aber Holliger ist kein Theologe, sondern Agnostiker. Bei Kagels „Erschöpfung der Welt" bin ich nicht sicher. Er dechiffriert zwar Gott als Popanz, ist jedoch orthodoxer Jude geblieben.

Lachenmanns *Consolation II* thematisiert das menschliche Staunen vor dem Absoluten. Ist dieses Staunen verbunden mit Lachenmanns Kompositionstechnik der Verweigerung bzw. Negation nicht ebenfalls Negative Theologie: Letztlich bleibt dem Menschen in Konfrontation mit dem gänzlich Anderen und Unbekannten nur das Staunen ...

Gottwald: Bei Lachenmann sollte man bedenken, dass er aus einem streng protestantischen Milieu kommt. Doch ist seine theologische Orientierung ambivalent. Als ich Lachenmann um Consolation II bat, war ich noch Kirchenmusiker und insistierte auf einem geistlichen Text, weil ich das Stück nur in meiner Kirche aufführen konnte.

8.3   Korrespondenz mit Helmut Lachenmann vom 14.11.2013

Was halten Sie von der These, dass es zwischen avantgardistischen Kompositionen, die in bestimmter Weise mit Negation operieren, und dem Anliegen der Negativen Theologie, welche affirmativen und positivistischen Aussagen über das Absolute mit Skepsis begegnet, eine Verbindung gibt?

Lachenmann: Ich ziehe vor dem Begriff Negative Theologie die Fühler ein. Ich bin außerstande, Musik, gar meine eigene – als autonome Kunst verstanden – unmittelbar mit

Theologie in Verbindung zu bringen, obwohl dies dauernd geschieht. Dass Musik als funktionales Medium im Gottesdienst und vergleichbaren Umgebungen genutzt wird, hat eine alte Tradition, die ich studiere und der wir wunderbare Musik verdanken, die sich aber durchweg ihrer theologischen Funktionalisierung entzieht. Ich denke, als der junge Bach in Arnstadt die guten alten Lutherchoräle mit seinen Zwischendominanten und Vorhaltsdissonanzen in den Ohren der mit frommem Gesang ihren Gott lobenden Gläubigen total versaut und ihnen die Andacht verdorben hat, hat er vielleicht negativ theologisch gehandelt einfach dadurch, dass er künstlerisch bzw. kreativ gehandelt hat. Heute läuft uns beim Erleben eines Bachchorals ein Schauer der Ergriffenheit den Rücken hinunter, den wir theologisch deuten, missverstehen – oft auch missbrauchen. Wenn dann noch das Vordringen in Schnebel'sche, Kagel'sche, Holliger'sche, oder Cage'sche ästhetische Räume mit der „negativen Theologie" verbunden (und dadurch eher wieder akzeptabel, gar verharmlost!) wird, dann scheint mir die Verwirrung irreparabel, denn dann sind die Webern'schen Bagatellen op. 9 oder Cage's 4'33, aber eigentlich auch die Musik Schuberts, vielleicht gar Mozart's und Haydn's nicht weniger negativ-theologisch zu verstehen. Die Erfahrung von Kunst als Magischem Medium hat, als vom Logos geladene, als Nachricht von zu sich selbst findendem Geist die Autorität der herrschenden Religion(en) radikal selbst dort verdrängt, wo sie zum Mittel der gepflegten Unterhaltung heruntergekommen ist.

Vielleicht komme ich dem, was die „negative Theologie" – durch Loslassen, gar Verweigern – zu fassen versucht, näher durch meine Beschäftigung mit dem ZEN-Buddhismus der „Kyoto-Schule", die unter dem Eindruck der westlichen Philosophien versucht hat, ihr Wissen ebenfalls sprachlich zu artikulieren, was nur durch Verneinungen geht: Das „Nicht-Ich", die „Selbstlosigkeit", die Koans: absurde Antworten auf die Fragen nach Erkenntnis („wie finde ich den Weg zur Erkenntnis?" Antwort: „MU!"). Die „Leere" als die wahre Fülle. „Negative Theologie" – bei mir Bildungslücke, zumal die „Positive Theologie" (=Katechismus?) für mich immer noch die ehrlichste, glaubwürdigste Form von frommem Selbstbetrug darstellt, sozusagen in meinem Denken als mein Kinderglauben unter Naturschutz steht.

Sie schreiben im Zusammenhang mit *Consolation II*: „Ein geistliches Werk? Vielleicht, aber nicht von Schuld und Erlösung ist die Rede, sondern von jener Erfahrung, die jeglichem Denken zugrunde liegt: der Sterblichen Staunen."[3]

Nun ist religiöse Erfahrung, und diese ist, denke ich, gemeint, ein viel strapazierter Begriff. Könnten Sie etwas ausführen, was Sie damit andeuten wollten?

Lachenmann: Religiöse Erfahrung – kann man es besser artikulieren als „der Sterblichen Staunen"? Die – durchaus (auch) sinnlich vermittelte – Erinnerung an unsere Vergänglichkeit, an den Tod und dadurch an das wunderbare Geschenk oder die Leihgabe an uns als geistfähige Kreaturen: das Leben. Darüber hinaus mit Begriffen sich dem nähern zu wollen, ist „lächerlich". „Wovon man nicht reden kann, darüber soll man schweigen" (oder so ähnlich ...). Als Kunstschaffender würde ich dieses „schweigen" präzisieren und sagen „[...] soll man arbeiten".

Dieter Schnebel schreibt in einem Brief an mich:

>»Ich denke, dass AMN, Consolation II von Lachenmann und Psalm von Holliger insgesamt zu einer negativen Theologie der Musik gehören. Und also ein sicher nicht ausreichend beachtetes „negatives Potential moderner Gottesrede" implizieren.«

---

3   H. Lachenmann: Consolation II für 16 Stimmen (1968), in: Musik als existenzielle Erfahrung, Wiesbaden ²2004, S. 377.

Clytus Gottwald hingegen ist in Bezug auf *Consolation II* eher zurückhaltend und schreibt mir:

> »Bei Lachenmann sollte man bedenken, dass er aus einem streng protestantischen Milieu kommt. Doch ist seine theologische Orientierung ambivalent. Als ich Lachenmann um Consolation II bat, war ich noch Kirchenmusiker und insistierte auf einem geistlichen Text, weil ich das Stück nur in meiner Kirche aufführen konnte.«

Was würden Sie auf die Einschätzungen der Kollegen hin antworten?

Lachenmann: Ich habe Riesenrespekt vor den Interpretationen des tief religiösen Dieter Schnebel, dessen Schaffen und den ich total verehre. Ich nehme sie hin und bin glücklich über solche Zuwendung. Ich selber fühle mich überfordert (siehe oben). Gottwald erinnert sich nicht korrekt: Niemand hat mir einen geistlichen Text vorgeschrieben. Ich finde, Komponisten haben zu ihrem Schaffen bzw. sie haben überhaupt nichts zu sagen. Sie haben was zu schaffen, und was sie dabei anrichten, ist mehr vielsagend als die Komponisten wissen. Alles, was man verbal interpretiert, oxydiert und verfälscht sich durch das ihnen [den Kompositionen?, Anm. d. Verf.] überhaupt nicht gerecht werdende bürgerlich-standardisierte Medium „Sprache". Dass ich aus einem „streng protestantischen Milieu" komme: Na und? Das eigene Denken und Fühlen hat mein „Milieu" mir nicht ausgetrieben, eher im Gegenteil. Auch Gudrun Ensslin und Nietzsche etc. kamen aus „streng protestantischem Milieu".